労働法

［第3版］

和田 肇・相澤美智子
緒方桂子・山川和義
［著］

日評ベーシック・シリーズ

日本評論社

第3版　はしがき

このたび、本書第３版を公刊することになりました。2015年の初版、2019年の第２版、そしてこのたびの第３版と、本書が多くの学生の方や働く方々、市民の方々にとって労働法を学ぶきっかけとなっていることを思うとたいへん嬉しく、また同時に、より一層良い教科書にしていかねばと、身の引きしまる思いがいたします。

本書第２版を公刊して１年になろうとする2020年初頭、新型コロナウイルス感染症による大規模な災禍（コロナ禍）が世界中を襲いました。感染症対策は人の移動や接触によって生じる感染拡大の防止を基本としていました。そのため人々は通勤や旅行などのアクティビティを控え、学校を含む施設は使用を停止され、音楽やスポーツイベントなどの開催は制限されました。飲食店も酒類提供の制限や営業時間の短縮を要請されました。

その結果、サービス業を中心に労働者、とりわけ有期労働契約やパート労働契約、派遣労働契約の下で就労していた労働者は職を失いました。オンラインで結ばれた自宅は「職場」となり、仕事が時間的・物理的に私生活のなかに侵入しました。営業時間の短縮等に対応するため一方的な労働時間のカットが行われ、支払われるべき休業手当が支払われないといった事態が頻発しました。

保育園や幼稚園、小学校等の閉鎖は乳幼児や児童のケアと仕事との両立の問題を深刻化させました。飲食店に出かけずに自宅で「外食」をとる習慣が広がり、それを支えるフードデリバリー配達員の安全確保や就労・収入の保障といった問題が顕在化しました。フリーランサー（個人事業主）が多い芸術分野やスポーツインストラクターなどはコロナ禍の影響を強く受け売り上げが落ち込みましたが、その生活を保障する十分な法制度はありませんでした。

また、このように生活が制限される一方で、人々の日常生活を支える仕事は多忙を極めました。そして、そこで働く人々（エッセンシャルワーカー）の健康や安全の確保、仕事の重要性に見合った収入が保障されているのかといった問題が投げかけられました。

これらは、解雇、雇止め、休業手当、労働時間、両立支援制度、労働安全衛生、最低賃金制度、労働者性の問題等として捉えることができます。いずれも労働法の重要な課題です。コロナ禍の経験は、災禍は社会のなかのもっとも弱い部分を執拗に襲うという事実を私たちにはっきりと示しました。私たちは、このような状況を目の当たりにして、あらためて労働法の重要性を実感することになりました。

本書は大学や市民講座等で労働法を体系的に学ぶために書かれたものです。しかし、それだけでなく、働くことについて問題を抱えたとき、理不尽を感じるとき、働く自分の置かれている状況を客観的に知りたいとき、本書をひもといてみてください。

本書は初版以来、労働法は労働者を守る法でなければならない、という信念に基づいて書かれています。本書のなかから、みなさんが抱えている問題を克服するためのきっかけが見つかるならば、それにまさる喜びはありません。

また、フリーランサーや個人事業主など、その就労実態から労働契約上の「労働者」とされていない人も、法に守られるということがどのような意味を持つのかを知ることは有意義です。そこで得られた知識は、立法要求の社会的なムーブメントにもつながるほか、労働組合の結成および団体交渉を通じ、自らよりよい就労条件を獲得しようと行動するきっかけにもなると思います。

本書は現時点で最新の法制度を取りあげています。執筆に際しては、執筆者間での議論を踏まえつつも、意見が異なる場合には、各章の執筆者の意見を尊重しました。

また、第３版への改訂に当たっては、初版以来、日本評論社の武田彩さんに行き届いたサポートと的確なご助言をいただきました。

心より感謝申し上げます。

2023年２月

執筆者を代表して

緒方　桂子

第2版　はしがき

労働法の基礎的な仕組みや考え方を、できるだけわかりやすく、多くの方に伝えていきたいとの思いをもって、初版を出版してから、はや4年経ちます。この間、本書は、多くの学生や働く人、市民の方々に読まれました。「労働法は、労働者の権利や労働条件を保護するための法である」という、本書の明確な立場が、多くの方に受け入れられたのだと実感しています。この立場を堅持しつつ、この間に行われた法改正や新たな裁判例等を組み込んで、第2版を出版することにしました。また、第2版への改訂作業に併せて、全体を見直し、よりわかりやすい構成や記述を目指して必要な加筆、修正をしました。

本書の初版から第2版を公刊するまでの間、労働法の領域では、さまざまな法改正が行われました。そのなかでも、もっとも大きな法改正は、2018年6月末に成立した「働き方改革関連法」（正式名称「働き方改革を推進するための関係法令の整備に関する法律」）でしょう。同法は、労働基準法を含む8本の法律（労働基準法、じん肺法、雇用対策法、労働安全衛生法、労働者派遣法、労働時間設定改善特別措置法、パート労働法、労働契約法）を改正することを内容とする法律ですが、その大きな柱は、労働時間法制の見直しと雇用形態に関わらない公正な待遇の確保にあります。

詳細は本文に譲りますが、この働き方改革関連法は、日本の労働法にとって大きな転換点となる可能性を含むものです。その変化は、労働者に有利な影響を与える面もありますが、より過酷な労働環境を招来する危険性もあります。いずれにしても、働く者が主体的に考え、行動することが強く求められる時代となったといえるでしょう。これらの法律は、2019年4月以降、順次、施行される予定になっています。本書では、公刊時に未施行の法律についても、施行を前提に説明をしていますので、今後の対応を検討していく際にも役立つと思います。大学の講義やゼミ、あるいは労働組合や職場の仲間たちとの学習のなかで、ぜひ本書をひもといてみて下さい。

本書が、労働法を、単なる労働関係・労使関係のルールではなく、労働者の権利や労働条件を保護する法であると位置づけるのは、労働の現場において、いまなお生じる労働者の人権侵害の実態を、克服すべき重要な課題だと考えるからです。ずさんな労働時間管理、バランスを欠いた仕事と私生活との関係、横行するハラスメント、企業としてのコンプライアンス（遵法精神）の欠如等は、労働者の人間としての尊厳（Menschenwürde）を傷つけます。労働者の尊厳を傷つける職場は、けっして健全な職場とはいえません。そして、健全ではない職場を抱える企業は、いつしかその存立を危険にさらすでしょう。それは、やがて日本社会全体を弱らせていくおそれがあります。

1946年に制定された憲法27条２項は、「賃金、就業時間、休息その他の勤労条件に関する基準は、法律でこれを定める。」と規定し、労働者の労働条件の保護を国家の責務としました。そして、それを受けて1947年に制定された労働基準法は、１条１項で、「労働条件は、労働者が人たるに値する生活を営むための必要を充たすべきものでなければならない。」と高らかに宣言しました。この理念は、労働基準法だけのものではありません。国が、憲法から付託された責任を果たすために制定する、労働に関わる諸法令に通底する理念です。本書は、この「人たるに値する生活」を労働者にとって現実のものとするという立場から、労働法のあり方やその解釈を考えていこうとしています。

もちろん、本書は、法律学という「学問」としての立場を離れるものではありません。法律の条文や裁判所の判決を客観的にながめ、法的、理論的に分析を加えていきます。その際、「労働法は、労働者の権利や労働条件を保護するための法である」という立場からみて、不十分なあるいは問題のある法令、裁判例もあります。それらについても、本書は、理論的に批判をしています。読者のみなさんには、それらの批判を手がかりに、未来の日本社会にとってあるべき労働法のかたちを考えていっていただきたいと思います。

社会が複雑化し、労働者の価値観が多様化していくなかで、より社会の現状に沿った働き方やそれに合う法規制のあり方を求めていくことは当然のことでしょう。しかし、それが、本当に労働者の「人たるに値する生活」を実現するのにふさわしいものといえるかは、問い続けられなければなりません。

読者のみなさんが、そのような問いを胸に抱き、日本社会の未来や法制度を考えていく一つのきっかけとなれば、本書を執筆した意図は果たされると考えています。

本書の執筆に際しては、執筆者間での議論を踏まえつつも、意見が異なる場合には、各章の執筆者の意見を尊重しました。

また、第2版への改訂にあたっては、旧版に引き続き、日本評論社の武田彩さんに行き届いたサポートと的確なご助言をいただきました。

心より感謝申し上げます。

2019年2月

執筆者を代表して
緒方　桂子

初版　はしがき

本書は、これから雇用社会に歩み出そうとする学生、労働問題に関心を持ち基礎から勉強し直したいと考えている労働者あるいは市民を念頭に置いて書かれた労働法の教科書である。

本書を書くに際して次のような点に注意を払っている。

第１に、労働法は生きた法であるから、社会の実態に十分に対応できるものでなければならない。労働法を勉強するには、労働の現場がどうなっているのか、何が問題なのか、何が解決を求められているのか、といったことをまず理解しなければならない。たとえばいま、ブラック企業が大きな問題となっているが、その実態を正しく認識していないと、適切な解決策も見つからない。まだ働いた経験がない学生にとっては難しい作業であるかもしれないが、その場合には想像力を働かせて労働の現場のことを考えてほしい。

第２に、多くの教科書は労働法の条文の解釈に既述の重点を置いているが、本書は労働法の基礎的な仕組みや考え方を重視している。そのため、労働法の全分野を網羅しているわけではなく、重要な部分に力点を置いた構成になっている。何事も基礎がしっかりしていないと、その上にきちんとした構造物ができあがらないからである。

第３に、本書では、労働法を紛争調整のための法としてではなく、労働者の権利や労働条件を保護するための法と考えている。労働紛争は、多くは労働者と使用者の間で（個別労働関係紛争という）、あるいは労働者の集団である労働組合と使用者の間で（集団的労使紛争という）発生する。労働者と労働組合での紛争もあるが（労労紛争などという）、数的には少ない。したがって労働法は、こうした紛争を調整する法ということもできる。その結果、労働者が勝つこともあれば、使用者が勝つこともある。

しかし、労働法は、単純な勝ち負けのルールを設定しているわけではない。労働法の理念は、労基法１条、労契法１条、均等法２条、労組法１条等において示されているように、労働者の権利や労働条件を保護することにある。本書は、この理念を大切にしている。この点にこだわるのは、ブラック企業やコンプライアンスの欠如、あるいは労働者の人権侵害があまりにも平然と行われている現実が多々あるからである。職場が健全であるためには、何よりもまず労働者が職場でどのように保護されているかを知ることが必要である。労働法は単に労働関係·労使関係のルールではなく、労働者の権利や利益を保護する点にこそ、そのレゾンデートル（存在意義・価値）がある。これが私たちの立脚点である。

労働法の重要性については、今さら言うまでもないが、ここでは労働法の難しさを指摘しておきたい。法律一般がそうであるように、労働法もまた特殊な言語（専門用語）を用いており、時には難解な論理を駆使している。本書ではできるだけかみ砕いた説明を心がけるが、それにも限度がある。

第１に、法の規定は一般性や汎用性を備えていなければならないので、どうしても抽象的な文言を使わざるをえない。労契法16条では、解雇権濫用法理が定められているが、そこでは「客観的に合理的な理由」とか「社会通念上相当」といった文言が使われている。こうした抽象的な文言が何を意味するかについては、判例・裁判例にも踏み込んでいかなければならない。

第２に、今日の労働法規はパッチワーク型になっており、どこに何が定められているのか、あるいはそれぞれの規定の関係はどうなっているのか、しばしば理解が困難である。たとえば期間の定めのない労働契約を解約する場合、民法627条の規定があるが、使用者が行う解約（解雇）には、さらに労基法19条や20条、そして労契法16条が適用される。これ以外にも労基法３条、均等法６条４号と９条、労組法７条１号等が関係している。

非正規雇用についても、有期労働契約の規定は労基法14条、労契法17条以下が、パートタイム労働についてはパート労働法が、労働者派遣については労働者派遣法がそれぞれ定めている。これらには共通に平等取扱いに関する規定が置かれているが（労契法20条、パート労働法８条以下、派遣法30条の２）、その内容や規定方法はかなり異なっている。

これらの関連した法規定や制度間のつながりを理解しないと、思わぬ落とし穴にはまってしまう。

第3に、昨今の労働法は頻繁に法改正が行われている。労基法の大きな改正は、労働時間に関する規定に手を付けた1987年以降あまりないが、2007年には労契法が制定され、2012年にこれに大きな改正が施されている。1985年に制定された均等法は、1997年と2006年に大きな改正がなされ、また1985年に制定された労働者派遣法も、1999年、2003年、2012年に大きな改正を経験してきた（現在も改正案が国会に上程されている）。このほかにも比較的大きなものとして1991年の育児休業法の制定、1999年改正（育児介護休業法へ）と2004年改正、1993年のパート労働法の制定、2006年の同法改正、2004年の高年齢者雇用安定法の改正、2013年の障害者雇用促進法の改正等があげられる。

このように労働法、とりわけ個別労働法・労働保護法といわれる分野は、荒波にもまれている。こうした改正を丹念にフォローしなければならないが、しかしあまりにも小さなことに目を奪われると、木を見て森を見ないようなことになってしまう。つまり、労働法の原理は何か、それがどのような変容を受けているのか、望ましい法のあり方は何か、といった点に常に注意を払っておかなければ、本質を見失うことになる。本書はできるだけその導きの糸になりたいと考えている。

なお、本書の執筆に際して執筆者間で相当議論したが、意見が異なる点も多々ある。これについては各章の執筆者の意見を尊重することにした。

2015年2月

著者一同

労働法

第2部　労働関係の当事者

第3部　労働関係の成立と労働条件の決定・変更

略語一覧

＊(　) 内は通称名。施行規則については「法」を「則」に代えている。

Ⅰ　主要法令名

育介法	育児休業、介護休業等育児又は家族介護を行う労働者の福祉に関する法律（育児・介護休業法）
一般法人法	一般社団法人及び一般財団法人に関する法律
求職法	職業訓練の実施等による特定求職者の就職の支援に関する法律（求職者支援法）
均等法	雇用の分野における男女の均等な機会及び待遇の確保等に関する法律（男女雇用機会均等法）
憲法	日本国憲法
健保法	健康保険法
高年法	高年齢者等の雇用の安定等に関する法律（高年齢者雇用安定法）
雇対法	雇用対策法
雇保法	雇用保険法
最賃法	最低賃金法
承継法	会社分割に伴う労働契約の承継等に関する法律（労働契約承継法）
職安法	職業安定法
女性活躍推進法	女性の職業生活における活躍の推進に関する法律
短時有期法	短時間労働者及び有期雇用労働者の雇用管理の改善等に関する法律
パート法	短時間労働者の雇用管理の改善等に関する法律（パート労働法）
徴収法	労働保険の保険料の徴収等に関する法律
賃確法	賃金の支払の確保等に関する法律
派遣法	労働者派遣事業の適正な運営の確保及び派遣労働者の保護等に関する法律（労働者派遣法）
労安法	労働安全衛生法
労基法	労働基準法
労契法	労働契約法
労災法	労働者災害補償保険法
労審法	労働保険審査官及び労働保険審査会法（労働審査法）
労組法	労働組合法
労働施策総合推進法	労働施策の総合的な推進並びに労働者の雇用の安定及び職業生活の充実等に関する法律
労調法	労働関係調整法

Ⅱ　行政解釈等

基収	労働基準局長が疑義に応えて発する通達
基発	労働基準局長通達
発基	（厚生労働）事務次官通達
労告	厚生（労働）省告示

Ⅲ　判例集等

労判	労働判例
労旬	労働法律旬報
労経速	労働経済判例速報
民集	最高裁判所民事判例集
刑集	最高裁判所刑事判例集
判時	判例時報
判タ	判例タイムズ

労働立法の発展

※改正は重要なものに限定した。

労働法分野	立法と改正
労使関係	1945　労働組合法制定（旧労組法） 1946　労働関係調整法制定 1948　公共企業体等労働関係法制定 　1986　同法改正により国営企業労働関係法へ 　2002　同法改正により特定独立行政法人法へ 1949　労働組合法改正（現労組法）
労働者保護	1947　労働基準法制定 　1987、1998、2008、2018　同法改正 1947　労働者災害補償保険法制定 1959　最低賃金法制定 1972　労働安全衛生法制定 1976　賃金支払い確保法制定 1985　男女雇用機会均等法制定 　1997、2006　同法改正 1991　育児休業法制定 　1995　同法改正により育児介護休業法へ 2000　労働契約承継法制定 2003　公益通報者保護法制定 2007　労働契約法制定 　2012、2018　同法改正
非正規雇用	1985　労働者派遣法制定 　1998、2012、2018　同法改正 1993　パート労働法制定 　2018　同法改正により短時有期法へ
雇用政策	1947　職業安定法制定 1960　身体障害者雇用促進法制定 　1987　同法改正で障害者雇用促進法へ 1966　雇用対策法制定 　2018　同法改正により労働施策総合推進法へ 1969　職業訓練法制定 　1985　同法改正により職業能力開発促進法へ 1970　勤労青少年福祉法 　2015　同法改正により若者雇用促進法へ 1971　中高年齢者雇用促進法 　1986　同法改正により高年齢者安定促進法へ 1974　雇用保険法制定 2015　女性活躍推進法制定
労働紛争解決	2001　個別労働紛争解決促進法制定 2004　労働審判法制定

第1部　労働法の体系と雇用社会

第1章

労働法の仕組みと理念

Introduction

労働法が前提とする労働市場の状況について、簡単にみておきたい。

現在の日本の人口は約1億2,500万人で（総務省統計局人口推計2022年10月）、そのうち就業者（働いて収入を得ている人）数は6,766万人である。就業者のうち自営業者を除いた雇用者の数は6,070万人で（経済統計では労働者ではなく雇用者という概念が用いられている）、この雇用者が労働法の対象となる人、つまり「労働者」である。

雇用者数はほぼ一貫して増加しているが、正規従業員数は減少傾向にあり、それに対して非正規従業員数は増加傾向にある。現在の正規従業員は3,600万人弱、非正規従業員は約2,100万人強であるから、後者の割合は約37％である。1980年代半ばでのその割合は16％強であったから、非正規雇用がいかに急増しているかが分かる。

男性の場合、正規職が78％強、非正規職が22％弱であるのに対して、女性の場合、それぞれ46％と54％である。このように非正規職はもっぱら女性が占めていることが分かる（以上の数値は、総務省統計局労働力調査2022年9月分による）。

また、労働組合の組織率は全体で16.9％、労働法が適用となる民間企業部門では16％強である（以下の統計は厚生労働省「令和3年労働組合基礎調査」）。従業員数1,000人以上の企業では40％弱に労働組合が存在しているが、従業員数29人以下の小規模企業では1％以下となっている。日本には中小企業が圧倒的に多いから、労働組合が存在している企業は1～2割ということになる。

1　労働法の定義と理念

(1)　労働法とは

労働法とは、「労働」に関する法律あるいはその体系をいう。労働は「雇用」といわれることもある。日本には労働法という実定法があるわけではなく、労働に関するさまざまな法律によって労働法は成り立っている。

人は生きていくために働いて収入を得なければならない。働く人たちを一般に「就業者」というが、その中には「自営業者」と「労働者」が含まれる。労働法は「労働者」に関する法である。今日ではこの中間に位置する労務提供者が数多くおり、その者が労働法の適用を受ける「労働者」かが、大きな問題となっている（第３章を参照）。労働者は、他人のために労務を提供して報酬を得る者（民法623条、労契法３条１項）を指すから、家事労働のような無償労働、あるいは他人のために労務を提供していても報酬を得ていないボランティアは、労働法の対象とはならない。

労働法を定義する際の重要な概念が、「従属労働」である。民法にも「雇用」の規定があるが（623条以下）、そこでは労働者と使用者は対等な関係として扱われている。たとえば期間の定めのない雇用契約の解約については、使用者と労働者のどちらから「いつでも」自由に行え、意思表示から２週間経過したらその効果が生じる（民法627条）。ここでいう「いつでも」とは、時期も、理由も問わないことを意味している。しかし、従業員が何万人も働いている大企業と、貯金もなく賃貸住宅に住んでいて、養う家族のたくさんいる労働者とでは、雇用契約の解約（使用者からは解雇、労働者からは辞職）がもつ意味は当然に異なる。この点に着目したのが労働法である。

労働者は、労働契約を締結して雇用されなければ生活できないし、解雇されれば同じく生活できなくなる。しかし、大企業からみれば、一人の労働者が辞職しても、ただちに事業自体が立ち行かなくなり倒産してしまうことはない。また情報に接する可能性や法的知識（たとえば労働法）の点でも、使用者は労働者より優位な立場にある。こうした状態を「経済的従属性」という。労働法はこれを克服し、労使の対等性の確保を試みる。

さらに、労働契約関係に入った後には、日々の仕事の内容から時間外労働

(残業) そして人事異動にいたるまで、労働者は使用者の指揮命令に従って働くことになる。仕事の仕方について基本的に労働者には自由な決定権はない。この状態を「人的従属性」という。

労働者がこうした状態にあることから、労働関係では往々にして支配服従関係が生じやすい。封建的な風土が残っている職場ではなおさらである。このような状態を克服し、解消するために使用者の自由や権利に規制を加えるのが、労働法である。

(2) 労働法の理念

労働法の理念は、労働法を構成する各法の目的から浮かびあがる。まず、中心的な法律である労基法、労組法および労契法は、「労働者が人たるに値する生活を営むための必要を充たす」最低の労働条件の基準を定めること (労基法1条)、「労働者が使用者との交渉において対等の立場に立つことを促進すること」(労組法1条)、「労働者の保護を図りつつ、個別の労働関係の安定に資すること」(労契法1条) を労働法の理念とする。

また、たとえば男女雇用機会均等法は、「雇用の分野における男女の均等な機会及び待遇の確保を図るとともに、女性労働者の就業に関して妊娠中及び出産後の健康の確保を図る」ことを目的とする。最低賃金法は、「賃金の最低額を保障することにより、労働条件の改善を図り」、「国民経済の健全な発展に寄与すること」を目的とする。

このように、労働法は、契約の自由や自己決定の尊重の考え方を基礎に置きながら、労働者と使用者の関係の特殊性、言い換えれば社会的、経済的に弱者の立場にある労働者の尊厳 (憲法13条) や生存 (同25条) を保護するための法ということができる。

2 憲法と労働法

(1) 憲法の諸規定と労働法

労働法も、法体系の頂点にある憲法の価値を体現する。

労働法に直接関係しているのは、憲法27条と28条である。憲法27条1項は、国に対し、社会権である勤労権 (労働権) を保障する積極的施策を求めている。

これに対応して制定されたのが、労働施策総合推進法（従来は雇用対策法）、職業安定法、職業能力開発促進法、雇用保険法などの「雇用政策の法」である。また同条２項は、勤労条件（労働条件）に関する基準を法律で定めることを求めている。これを受けて制定されたのが、労働基準法、労働契約法、男女雇用機会均等法、最低賃金法、労働安全衛生法、労働者災害補償保険法、育児・介護休業法などの「労働（条件）保護法」である。

憲法28条は、団結権、団体交渉権および団体行動権のいわゆる労働基本権・労働三権を保障している。これを受けて労働組合法や労働関係調整法が制定されている。

これ以外にも憲法の基底的な権利とされている13条あるいは基本的人権保障の諸規定が、労働法でも重要な役割を担っている。

(2) 憲法28条の労働基本権保障の意義

労働基本権の主体である「勤労者」とは、労働者と同義である。この労働者には、私企業部門の労働者のみならず、国や特定独立行政法人、地方自治体あるいは地方特定独立行政法人に勤務する公務員等も含まれる。しかし、公務員の労働基本権は法律（国家公務員法、地方公務員法）によって大幅に制限されており、その合憲性が問題となる。裁判で特に問題となるのは争議行為の禁止とその違反に対する刑事罰や懲戒処分である。現在の判例は、公務員の地位と勤務の特殊性（憲法15条２項）、財政民主主義（同83条）を中心とした議会制民主主義を根拠に、身分保障や人事院制度等の代償措置の存在を条件として、この法体系を合憲と解している（全農林警職法事件・最大判昭和48・４・25判時699号22頁等）。しかし、このような広範な労働基本権制限は国際的にみてもかなり例外的な立法である（日本では禁止されている争議行為を認めている国、あるいは警察官の団結権を認めている国もある）。

憲法28条は、同25条に連なる社会権に属する権利である。同条は単に合理性のない制限が許されないというだけでなく、国に対し積極的な労働基本権保障の施策を講じることを求めている。これを受けて労働組合法が制定されているが、同法では労働基本権侵害である不当労働行為について（労組法７条参照）、労働委員会という特別な行政機関による救済制度（同19条以下）等が定められている。

憲法の人権規定は、後述するように、私人間には直接適用されないが、憲法28条の労働基本権保障はその例外で私人間での直接適用が認められている。同条の権利主体は国民ではなく勤労者であり、それは対抗的な使用者を予定しているからである。したがって、労働基本権を制限したり制限する行為は、同条違反として違法・無効となる（民法90条が援用されることもある）。

(3) 憲法13条・14条の意義

個人の尊重や幸福追求を保障した憲法13条は、憲法の基本権保障の全体を貫く基底的な権利を保障したものとされており、労働法においても重要な意義をもつ。個人の尊重やそれとつながる人間の尊厳は、生存権や労働権あるいは労働基本権の基底ともなっていると考えられるからである。

また憲法13条は、環境権、プライバシー権、人格権、自己決定権など、必ずしも明文がない権利の根拠規定ともなる。労働法においても、個人情報（健康情報や私的なメール等）の保護や私生活の自由（服装、髪型など）、あるいは自己決定の尊重（家族責任やワーク・ライフ・バランスの尊重など）が重要な問題となっているが（詳しくは第11章を参照）、それを支えているのが憲法13条である。

法の下の平等を定めた憲法14条の重要性も増している。労基法制定当時には、労基法３条、４条を除き、平等取扱い・差別禁止の規定は存在しなかったが、今日では男女雇用機会均等法の制定と数次にわたる改正、パートタイム労働者や有期雇用労働者の差別禁止規定の導入、募集・採用時の年齢差別の禁止、障害者差別の禁止等、雇用平等法といわれる法分野が拡充されてきている（詳しくは第12章を参照）。雇用の多様化（ダイバーシティ）政策によって急増した非正規雇用については、無期雇用化あるいは正規雇用化とともに、雇用改善策として不合理な差別の禁止を強化する方向で政策が進展している（詳しくは第８章を参照）。

(4) 憲法の基本的人権保障の私人間適用

憲法14条や19条の基本権保障規定の私人間適用について、判例は次のような立場を採っている（三菱樹脂事件・最大判昭和48・12・12労判189号16頁）。すなわち、憲法のこれらの規定は、国あるいは地方自治体と国民の法的関係を規律するもので、私人相互間の関係を直接規律することを予定しないとして、いわゆる私人間での直接適用を否定する。ただし私人間でも事実上の支配関係が生じており、個人の自由や権利が社会的に許容できる範囲を超えている場合には、民法90条や同709条等の規定を介して違法・無効となることがありうるとする（間接適用説。同判決では限りなく無適用説に近い間接適用説）。

しかし、労働関係においてこの見解が徹底されているわけではない。第1に、使用者による思想信条や性別等を理由とした差別的取扱い、あるいはそれへの侵害は、労基法3条、男女雇用機会均等法の諸規定等によって大幅に制限を受けており、それは今後も拡大する傾向にある。

第2に、個人情報保護法では、労働者の個人情報について、使用者の不正な手段による取得の禁止、利用目的の特定、目的外使用の禁止等が定められている。したがって、使用者は労務遂行能力や人事配置、賃金決定等に関連しない情報の収集については慎重でなければならない。裁判例でも、HIV 感染やウイルス感染などのセンシティブ情報について、その取得には労働者の同意が必要とされている（B金融公庫事件・東京地判平成15・6・20労判854号5頁）。

第3に、最高裁も、男性60歳・女性55歳という差別定年制の適法性が争われた（男女雇用機会均等法制定以前の）事案において、憲法14条を援用しながら民法90条違反と判断している。これは、直接適用説に限りなく近い間接適用説の立場ともいえる。

憲法の基本権保障規定の私人間適用に関する先の最高裁判例法理は、労働法においてはその射程範囲が次第に狭まっていく傾向にある。

3　民法と労働法

労働法は、その基になる労務給付契約が「雇用契約」という形で民法に規定されている点では、民法に根を置いている。市民革命後に市民社会が登場するが、そこでは「身分から契約へ」（ヘンリー・メイン）というスローガンに示されるように、法的関係は契約によって形成されるようになる。これを規制する基本法（市民法）である民法は、契約当事者の対等性という基本的な思想を前提としている。民法623条以下の雇用に関する規定もまた然りである。

しかし、現実社会での労働者はこれとはかけ離れた存在であり、対等平等という「抽象的な法人格」像ではとらえきれない。現実の生身の「具体的な労働者」像に着目しているのが、労働法である。このことは、次のような意味をもっている。

まず、労働法は多くの点で民法の規定を修正している。たとえば、先にも紹介したが、期間の定めのない労働契約について、民法では当事者は「いつでも」解約できるが、労働法では使用者からの解約である解雇について「解雇権濫用法理」のような厳しい制限が加えられている（労契法16条）。労働者が勝手に職場放棄をしたら、民法では債務不履行責任を問われるが（415条）、労働法では、それが正当な争議行為として行われた場合には、労働者がこうした責任を負うことはない（労組法８条）。

このこととも関連しているが、民法には任意規定が多く、当事者の契約の自由が尊重される。しかし、労働法では、その多くは強行規定であり、しかも最低基準として直接に労働契約の内容を規律する機能が認められている（労基法13条参照）。労働関係法規の中には、違反に対して罰則が科されたり、労働基準監督署等による監督行政が行われるものも多い（労基法、労安法、最賃法等）。前者の意味で労働法は刑法に属し、後者の意味で労働法は行政法に属している。こうした性格から労働法は、市民法に対して「社会法」といわれる。

契約当事者の対等性と労働者の自己決定を実質的に確保するために、労働者が労働組合という団結体を結成し、これを通じて使用者と交渉すること（団体交渉）を認めている点にも、労働法の大きな特徴がある。労働組合からの申込みに対して、使用者は正当な理由なくこれを拒否することができない（労組法７条２号）。正当な理由なく拒否した場合には、不当労働行為として、労働者および労働組合は労働委員会による救済（行政救済）や裁判所による救済（司法救済）を求めることができる。

4　労働法の体系

労働法は、大別して４つの分野から構成される。その１は、憲法28条に基づいて形成される「集団的労使関係法」である。労働組合法がこの分野に含まれる。その２は、憲法27条２項を受けている「労働条件保護法」である。労働基準法、労働契約法、男女雇用機会均等法、最低賃金法、労働安全衛生法、パート労働法等がこれに含まれる。その３は、憲法27条１項を受けている「雇用政策法」である。労働施策総合推進法、職業安定法、雇用保険法等がこの分野に含まれる。その４は、「労働紛争処理・解決法」であり、労働審判法、個別労働関係紛争解決促進法、労働関係調整法等がこれに含まれる。

5　労働法の権利実現システム

どのように立派な法律をもっていても、実効性が確保されない「ざる法」では意味がない。労働者の権利や利益が侵害された場合に、どのような手段をとりうるのか。労働紛争については、裁判上および裁判外のものも含めて多様な制度が用意されている。

(1)　訴　訟

「何人も……裁判を受ける権利」を有しており（憲法32条）、労働者も使用者も裁判によって権利救済を受けることができる。労働訴訟には本案訴訟と仮処分手続があり、後者については、労働者の側から利用されるものとして、解雇された場合に労働者としての仮の地位と賃金の仮払いを求める仮処分、あるいは団交応諾の仮処分などがある。また使用者の側からは、違法と考えられる争議行為や組合活動に対する禁止仮処分がしばしば申し立てられる。

労働訴訟、とりわけ本案訴訟は、紛争を最終的に解決するシステムである。たとえば解雇無効を争い労働者が勝訴した場合、労働者としての地位が確保され、賃金支払いについても使用者が支払わない場合、強制執行によってその支払いがなされる。しかし他方で、解決までに一定の時間と費用を要し、訴訟の遂行は精神的にも負担となることがある（とりわけ労働組合の支援がない場合など）。そこでこうした難点を克服するための制度設計がなされている。

(2)　労働審判

裁判所における紛争処理ではあるが、個別労働関係民事紛争の解決システムとして労働審判の活用がある。この制度の特徴は、裁判官とともに労働関係に関する専門的知識を有する者が労働審判員として合議・評決に参加するため、専門知識や経験が解決内容に反映される点にある。この手続では、原則として3回で終了する簡易迅速な審理が行われる。当事者の話合いによる解決がなされれば、調停が成立し、そうでなければ労働審判が行われる。審判に対し異議申立てがなければ効力が確定し、異議申立てがあれば裁判手続へと連動する。

毎年新たに裁判所が受件する労働審判の数は約3,700件である。労働関係民事通常訴訟（本訴と仮処分）の新受件数は3,600件であるから、労働事件の合計件数は毎年約7,000件程度ということができる。

(3) 行政ADR

行政が行う裁判外紛争処理システム（ADR）として以下のものがある。

まず、憲法28条に関する集団的紛争、つまり労組法7条に関する不当労働行為紛争については、行政機関である労働委員会が対応する。同委員会の役割は、不当労働行為の審査と救済（労組法27条、27条の12）、労働争議のあっせん、調停、仲裁である（労委則64条以下）。

次に、個々の労働者と使用者間の民事労働関係紛争については、労働局における助言、指導あるいはあっせんの手続を利用することが可能である（詳しくは個別労働関係紛争処理法を参照）。このシステムのメリットは、行政サービスの一環として行われるため、費用の負担がない。年間、約1万2,000件（指導・助言が8,000強、あっせんが3,700強）の紛争処理が行われている。

(4) 労働基準監督署

労働基準法、最低賃金法および労働安全衛生法の違反については、労働者が労働基準監督署またはその長に対して申告する制度がある（労基法104条、労安法97条等）。労基署はこの場合に、事業所調査等を行い、必要があれば是正勧告を行う。賃金の未払い（労基法24条違反）、残業代の未払い（同37条違反）あるいは解雇予告手当の未払い（同20条違反）のケースで、その支払い命令が出されるのはこの例である。これとは別に、労基署は任意抽出した事業所に対して調査を行い是正命令を発するが、しばしばこれによって多額の残業代未払いが発覚し、その是正がなされている。

労働基準監督官の仕事

労働基準監督官という堅い仕事が、世間の注目を浴びたのは、2013年秋にテレビドラマ「ダンダリン労働基準監督官」で主人公としてその役が登場したからである。主人公は、次から次へと企業内での労働基準法違反に果敢に立ち向かい、不当な扱いを受けている労働者のために奮闘する、まさに正義の使者であった。

このドラマを通じて多くの人には、労働基準監督官という仕事の内容が、その一部ではあっても理解していただけたであろう。職場で労働基準法、最低賃金法、労働安全衛生法、じん肺法等が遵守されているかどうかを監督し、違反に対しては是正を命じることができるし、特に悪質な法律違反の事例では、特別司法警察職員として家宅捜索など捜査をし、被疑者を検挙し、検察官への送検ができる（労基法102条）。このように警察権を有していることから、「労働Ｇメン」と呼ばれることもある（監督官数は4,000人弱。労働基準監督官の仕事については、少し古いが、井上浩『労働基準監督官日記』（日本評論社、1979年）が詳しい。また、労働基準監督官を扱った推理小説として、沢村凛『ディーセント・ワーク・ガーディアン』（双葉社、2012年）がある）。

労基署の監督行政のうち監督指導は、事務所や工場等を計画的に訪問調査し、法令違反を発見した場合にはその是正勧告を行うものである。労安法違反の機械等の使用停止命令等の行政処分を行うこともある。次に、申告処理として、賃金未払い（労基法24条違反）、残業代の未払い（いわゆるサービス残業というタダ残業、同37条違反）、三六協定未締結での残業実施（同32条違反）、労安法の諸規定違反等についての労働者の申告（同104条）を受けて、是正勧告、改善指導等を行う。

こうした行政行為に対して改善がなされない場合には、送検がされることになる。こうしてみると、労働基準監督官は労働法のコンプライアンスについて重要な役割を担っていることが分かる。

第1部　労働法の体系と雇用社会

第2章

労働法の過去・現在・未来

Introduction

イギリスの著名な歴史学者E. H. カー（Edward Hallett Carr）は、「歴史は、現在と過去の対話である」といった。その意味するところは、「過去は、過去のゆえに問題となるのではなく、私たちが生きる現在にとっての意味のゆえに問題となる」ということである（清水幾太郎訳『歴史とは何か』岩波新書、1962年）。雇用社会の現状と将来を考えるときに、過去を振り返ってみることの重要性を教えてくれる。

「歴史は繰り返す」ともいわれる。大きな流れをみると、労働法の世界は、19世紀の自由放任の時代から、次第に国家による規制が行われるようになり、そして20世紀の末頃（1990年代）には再び「規制の失敗」、「政府の失敗」が説かれ、市場メカニズムを重視する方向に変わっていった。これがいわゆる労働法の「規制緩和政策」であるが、その結果、雇用社会のさまざまなところで綻びがみえ、雇用社会の劣化現象が起きてくる。現在は、こうした反省から雇用社会の「持続可能性」の探究と労働法の「再生」が求められている。

以下では、雇用社会と労働法の過去・現在・未来を、日本を中心にみていきたい。

1　産業革命と封建的な労働関係

世界で最初に産業革命が起こったのは、18世紀半ばから19世紀にかけてのイギリスであるが、日本で起こったのはそれから1世紀遅れた19世紀後半からである。明治政府の殖産興業政策により、官営企業を中心にさまざまな産業が勃興していく。

この急速な工業化は、大量の労働者層を生み出すが、安全衛生や労働条件は劣悪で過酷なものであった。この時期の労働者の置かれている状況については、細井和喜蔵『女工哀史』1925年（紡績工場で働く女性労働者の生活を克明に記録したルポルタージュ）、小林多喜二『蟹工船』1929年（オホーツク海でのかに漁と漁船内での缶詰工場を素材にした小説）あるいは山本茂実『あゝ野麦峠』1968年（信州諏訪盆地の製糸工場で働く女工をテーマにしたノンフィクションで、映画にもなっている）等で描かれている。

労働者階級の窮状の中で労働組合を結成する動きが出てくる。1897年の労働組合期成会の結成によって労働組合運動の幕が切って落とされるが、政府はその直後の1900年に制定された治安警察法や1925年制定の治安維持法によってこれを弾圧した。労働組合運動の発生とそれに対する弾圧立法の制定は、イギリスをはじめヨーロッパの他の国でもみられた。労働組合運動の歴史は、団結禁止・抑圧立法との対決の歴史でもある。こうした団結禁止・抑圧政策はいつまでも続かず、政府は次第に労働組合の結成を容認するようになる。ヨーロッパでは団結容認の流れがすでに19世紀にできあがるが、日本では第２次世界大戦の敗北とそれに引き続いて行われた戦後改革を待つしかなかった（1945年の労働組合法制定）。

他方で、労働者保護政策が採られるようになっていく。民主主義、自由主義の思想や文化が花開く大正デモクラシーの時代背景の下に、1911年に工場法が制定された（施行は1916年）。同法は、日本における近代的な労働法の端緒ともいえる法律であり、主な内容は、工場労働者（職工）の就業制限と、業務上の傷病死亡に対する扶助制度である。ただし、小規模工場は適用対象外であり、就業制限についても、労働者全般を対象としたものではなく、年少者（15歳未満）と女子労働者という「保護職工」について定めたにとどまる。これらの者について、１日12時間を超える就業、午後10時から午前４時までの深夜業および危険・有害な業務への就業が禁止された。

工場法は、労働者の権利として合理的な労働条件を保障するものではなく、当時の開明的な官僚によって構想された、恩恵的な性格の法律であるといわれる。それはまた、相次ぐ戦争に備える、国防のための人的資源としての「労働力の保護」という思想の下に制定されたものであった。

いずれにしても、第2次世界大戦までの日本の労働関係には、封建的性格・遺制が色濃く残っていた。そして、それは今日も完全に克服されたわけではなく、過労死や過労自殺の発生、職場でのいじめ、使用者による労働組合つぶし、あるいはブラック企業の存在等、現在にも戦前の姿を引き写したような現象が多々みられる。

2　近代的・民主的労働関係の形成

日本で近代的で民主的な労働関係・労使関係が形成されるのは、第2次世界大戦の敗北を経験してからである。連合国軍最高司令官総司令部（GHQ）は、経済政策として農地改革や財閥解体等と並んで「労働組合の結成」を奨励する改革を日本政府に迫った。いち早く1945年12月には労働組合法が制定されている。その結果、使用者が労働組合の結成を妨害することは、不当労働行為として違法とされる。

1946年には日本国憲法（現行憲法）が成立したが、その下でさまざまな労働法改革が推し進められた。最も重要なのが1947年に制定された労働基準法である。同法は憲法27条2項を受けて制定された法律であるが、そこには「労働憲章」といわれる、封建遺制を除去するための規定が盛り込まれている。強制労働の禁止（5条）、中間搾取の排除（6条）、賠償予定の禁止（16条）、前借金相殺の禁止（17条）などの規定は、戦前の労働現場の実情を知るとその意義が理解できる。

同時期、1944年には国際労働機関（ILO、結成は第1次世界大戦後の1919年）のフィラデルフィア宣言が出され、そこで「労働は商品ではない」と唱われた。経済学では労働力は取引される商品として扱われ、また法的にも労働することと報酬の支払いとの交換が労働契約とされている。しかし、労働はそれに従事する人間と不即不離の関係にあり、また売り惜しみがきかない特殊な商品である。上の宣言は、労働のこうした特殊性に配慮した法的な取扱いがなされるべきことを求めている。現在、社会問題となっているブラック企業やブラック・アルバイトのことを考えると、この宣言は今日でも重要な意義をもっている。

3　労働法の展開

(1)　戦後から1970年代まで

1945年から本格的に近代的、民主的な労働法の展開が開始されるが、1970年代までは労働法が定着し、発展していく時期である。戦後の窮乏状態から脱し、朝鮮戦争時の特需、それに続いてやってきた高度経済成長が、福祉国家政策を採ることを可能にしたことも、大きく影響している。1959年には労基法から切り離された最低賃金法が制定されている。

こうした戦後復興・高度成長は、大きな傷跡も残した。公害が最も悲惨な負の影響であるが、工業化の中で労働災害も急増していった（1960年代の労災死亡事故は現在の約5倍発生していた）。それに対応するために1972年には、労基法第5章「安全及び衛生」の規定が削除され、労働安全衛生法が制定された。

他方、GHQの労働組合育成政策の下で労働組合の結成や労働運動が高揚していった。当時の労働組合運動は、1947年の2・1ゼネスト計画にみられるように反政府色が強いものであったが、この事態に直面してGHQの政策も次第に変化していった。1948年には公務員のストライキ禁止令（政令201号）が出され、公務員の労働基本権を大幅に制限する法体制ができあがっていった。

民間の労働組合運動としては、1950年に日本労働組合総評議会（総評）が結成され、その下に多くの組合が集結した（労働組合の組織率はこの当時がピークである）。1956年には春闘が開催されるなど、高度成長期には大幅な賃上げ闘争が展開していった。

(2)　1980年代以降

1980年代は、労働法の改革期でもある。

それまでのキャッチアップ型経済から脱して、他の欧米先進国並みの労働法が求められるようになる。まず、長時間労働は「ソーシャルダンピング」と批判され、その短縮が政策課題となる。1987年には労基法が改正され、週労働時間が48時間ら40時間に短縮される（32条）。このときに同時にフレックスタイム制や多様な変形労働時間制（32条の2以下）、あるいは専門職型裁量労働制（38条の3）が導入されるなど、労基法の規制緩和や柔軟化も行われている。

また、1979年に国連で「女子に対するあらゆる形態の差別の撤廃に関する条約」が採択されるが、日本でもこの批准に向けた国内法の整備が求められるようになる。そこで1985年に男女雇用機会均等法が制定される。同法には、雇用の終了を除いてほとんどの措置が使用者の努力義務とされているなど、多くの限界を有していたが、同法の制定により日本でも雇用平等法が発展していく基礎ができた。

労働時間の短縮や男女雇用機会均等法の制定などは、労働者の権利・利益を保護する方向での改革であるが、労働法の規制緩和が始まるのもこの時期である。先の労働時間規制の柔軟化もその一つであるが、その後の労働法の展開にとって重要なのは、1985年に制定された労働者派遣法である。同法は家庭に入った女性の専門職を活かすことを目的の一つとしていた。同法は、その後いくたびかの改正を経て、今日では完全に形を変えてしまっている。

労働組合運動が曲がり角を迎えたのもこの時期である。春闘の創始者でもある太田薫は、すでに1975年に「春闘の終焉」を唱えていたが、80年代以降はストライキ等を背景にしながら賃上げを獲得する運動は、大手企業や重要産業部門ではほとんどみられなくなった。80年代半ばには左派系の総評と右派系の全日本労働総同盟（同盟）等が合同し、日本労働組合総連合（連合）が結成される（これに対抗して左派系の全国労働組合総連合＝全労連や全国労働組合連絡協議会＝全労協も結成される）。戦闘的であった国鉄労働組合（国労）の解体をも目指した国鉄分割民営化が実行に移されていったのも、80年代半ばである。戦後型労働運動・労使関係は、この時点でほぼ消滅してしまった（労使協調路線の定着）。

(3) 1990年代以降

1995年に当時の使用者団体（日本経営者団体連盟）が出した『新時代の「日本的経営」』は、終身雇用型の正社員の絞り込みと人件費が安価な非正規雇用の積極的活用を提言した。この提言と規制緩和政策が相まって今日の雇用問題を生み出すことになった。

この時期の労働法は、男女雇用平等法などの平等法・差別禁止法が一定程度進展していく反面で、労働者派遣法の改正等にみられる規制緩和、あるいは必要な労働保護法の措置（非正規雇用の保護やセーフティネットの充実など）が十分に講じられなかった立法消極主義とが混在している。

⑷ 2000年代以降

2000年代における労働法の展開で特筆すべきこととして労働契約法の制定（2007年）およびパート労働法の改正（2007年）が挙げられる。

労働契約法は、労働契約の諸原則を定め、就業規則と労働契約との関係を整序した。また、出向、懲戒、解雇の有効性要件を明らかにした。同法が定めた労働契約の諸原則のうち、均衡考慮原則（3条2項）および仕事と生活の調和への配慮原則（同3項）は、訓示規定と位置付ける見解が通説となっているが、労働契約の解釈や使用者の権利を制約する原理として重要な意味を持つとともに、今後の目指すべき労働法政策の方向性をも示唆する内容となっている。

1993年に制定されたパート労働法は、2007年の改正において、通常の労働者と同視すべき短時間労働者に対する差別的取扱い禁止規定等を新たに設けた。それまで同法は「均衡考慮の要請」という形で、きわめて控えめに、パート労働者と正社員との間の処遇格差の是正を求めていたが、同改正は、両者間の扱いの差異が差別に該当する場合があることを正面から認め、法的にそれを是正する方向へと踏み出した。実際のところ、2007年法改正が大きな影響力をもつことはなかったが、この一歩が、有期契約労働者と正社員との間の、また派遣労働者と派遣先正社員との間の労働条件の均等・均衡処遇実現のための法政策へとつながっていった。

⑸ 2010年代以降

2010年代および2020年代においては、大きな法改正が相次いで行われた。

そのひとつが非正規労働法制の整備である。労働契約法においては、有期契約労働者についていわゆる雇止め法理が法制化され、通算して5年を超える場合には無期労働契約への転換権が認められた。正社員との間の不合理な労働条件格差の禁止も制定され、同趣旨の規定は、パート労働法および労働者派遣法にも導入された。また、労働者派遣法においては、違法派遣の場合等における直接雇用のみなし規定が導入されるなどして、派遣労働者の雇用の安定へ向けた動きが生じた。

また、2010年代における労働法政策のキーワードとして「働き方改革」を挙げることができる。「働き方改革」とは、第3次安倍晋三内閣のもとで行われた、①長時間労働の是正と柔軟な働き方の実現、②雇用形態に関わらない公正な待遇の実現を大きな柱とする労基法の改正や非正規雇用法制の整備を指す(2018年に成立した「働き方改革関連法」は労基法などを含む8本の改正法をいう)。

上記①に関しては、時間外労働の上限を法定する画期的な改正が行われる一方で、一部の労働者を労働時間規制から外す「高度プロフェッショナル制度」が新たに導入された。また、同②に関しては、従来のパート労働法が有期契約労働者をも包含して短時有期法(パート有期法とも呼ぶ)となり、パートおよび有期契約労働者の雇用条件の改善等を行うことになった。

そのほか、パワーハラスメントに対する事業主の措置義務を定めた労働施策総合推進法の改正、男性の育児休業取得の促進を目指した育児介護休業法の改正、フードデリバリー配達員などをも対象とする労災保険特別加入制度の拡大、ダブルワーカー、トリプルワーカーとして複数の会社で働く労働者に対する労災認定や労災保険給付内容の改善など、目まぐるしく変化する社会の現実に対応するために積極的な法政策が展開されている。

もちろん、それぞれの法政策がすべて肯定的に評価できるわけではない。不十分なものもあれば、将来的に新たな労働問題を引き起こす可能性のあるものもある。しかし、全体的にみれば、労働者の雇用を改善する方向での政策が展開されていると考えられる。

4 雇用社会の現状

(1) 日本的経営の三種の神器とその変化

アメリカの経営学者J. C. アベグレン(James Christian Abegglen)は、1950年代に日本での調査に基づいて、日本の雇用関係の特質が終身雇用、年功型賃金・人事処遇そして企業内組合にあると指摘した(山岡洋一訳『新・日本の経営』日本経済新聞社、2004年)。しかし、1970年代以降、経済の低成長、情報化、企業の組織変動あるいは労働者の意識の変化等によって日本的雇用慣行は変容している。

終身雇用は、期間の定めのない労働契約を前提に、定年までの雇用を保障するものであり、正社員型雇用である。かつても臨時工、季節工、パート雇用などが存在したが、それらには本業（主として農業）がある者が副業で、あるいは主たる家計維持者がある主婦や学生が家計補助のために従事しており、1980年代まではその割合は15％前後にすぎなかった。しかし、今日ではその割合が4割弱にまで達し、主たる家計維持者や若年労働者も非正規職に従事している。非正規雇用は、有期雇用、パート雇用、労働者派遣の3形態をいうが、パートタイム労働者の多くは有期雇用であるというように、非正規職の多くは3つの要素のいくつかを兼ね備えている。

年功型賃金や人事処遇についても、短期的な成果主義を重視したものに変えるところが出ている。雇用の流動化政策がこれを推し進めようとしている。長いタイムスパンで考えれば、日本的な労働慣行も変容を受けていくであろうが、短期決済型といわれる極端な成果・業績主義は、90年代の失敗にみられるように、十分に機能しない（高橋伸夫『虚妄の成果主義』日経BP社、2004年を参照）。

日本の労働組合の主要な組織形態が企業内組合であることに変化はないが、労働組合の存在しない企業も第3次産業を中心に増加している。また、伝統的に企業内組合は正社員中心組合であったこともあり、非正規雇用の急増によって組合の組織率は低下傾向にある（1960年代から70年代初めにかけては35％前後で、現在では約17％）。こうした間隙を埋めるべく、企業の枠を超えて非正規雇用労働者を組織する地域ユニオンや合同労組が増えている。

(2) 雇用の二極化

正規雇用は月給制が基本であるが、非正規雇用の多くは時間給で働いている。この時間給は地域の最低賃金額と大差がなく、正規職員のような勤続年数に応じた昇給カーブがないことも多い。そのため、非正規雇用労働者の多くは働いても、まっとうな生活をしていくことのできる収入を得ることができていない（これを、「ワーキングプア」という）。また非正規雇用の多くは、労働契約に期間の定めが設けられており、雇用が不安定になりがちである。

他方、正規雇用は雇用が比較的安定しているが、非正規雇用の増加にともなって業務等の負担が過剰になっている。長時間労働や激しい競争環境の中で成果を強いられる結果、過労死や過労自殺が増加したり、その予備軍が大量に形成されている。また多様なハラスメントが発生し、メンタルヘルスが職場の大きな問題ともなっている。

こういった現象は雇用の二極化と呼ばれている。

(3) 男女間格差と男性の働き方

雇用の二極化は、男女間格差問題も引き起こしている。非正規雇用労働者の約7割は女性が占めており、女性の5割以上が非正規雇用で働いている。女性の多くは現状の男性並みの超長時間労働の勤務を望んでいないこと、家事、育児、介護等の家族責任がほとんど女性に任されているために長時間勤務が不可能なことなどが、その理由としてあげられる。その結果、男女間の賃金格差は、正社員における男女間賃金格差に加えて、正規雇用に対する非正規雇用の賃金格差によって増幅される。

5 労働法の課題

(1) 立法の課題

以上のことから、今後の労働法の課題もみえてくる。

第1に、正社員の多くを健康不安に陥れている超長時間労働の解消である。厳格な残業・休日労働規制と年次有給休暇や育児休暇等が採りやすい法制度に改める必要がある。長時間労働の解消は、ワーク・ライフ・バランスの側面からも重要課題である。

第2に、非正規労働者の雇用不安や賃金格差を解決していくことである。ワーキングプア層の解消、若者の就労・雇用対策、そして男女間の格差問題の解決は、このことなしには達成できない。具体的には、最低賃金の大幅アップ(現状では最低賃金を多少上回る程度ではワーキングプアから解放されない)、不合理な差別的取扱いの禁止(同じ仕事をしながら雇用形態の違いのみで労働条件に大きな格差を付けるのは社会的正義に反する)、非正規雇用労働者の正規化を促進する政策が求められる。こうした政策に反対する人は、非正規雇用を望んでいる人も多くいるというが、課題は非正規雇用を余儀なくされている人の希望にかなう法制度を作ることにある。これまでの雇用の多様化(ダイバーシティ)政策は、不安定で低廉な雇用を作り出すだけであった。

これらの雇用政策は、雇用の二極化状態から脱して、「厚い中間層」を創出することを意味する。ヨーロッパのいくつかの国にみられるように、中間層の厚い社会は、雇用が安定し、セーフティネットも充実し、ワーク・ライフ・バランスがとれている社会である。

第3に、雇用平等法の対象の拡大と実効性の確保があげられる。前者については、現在、差別禁止理由（性別、国籍・思想信条・社会的身分、障害者、雇用形態）ごとに立法がなされているが、その対象を広げるとともに、ヨーロッパのように、一般的な差別禁止法の制定が検討されてもよい。そのためにはいかなる仕事に対してどのように処遇することが適正なのか、という分析が不可欠である。後者については、差別の実態調査や実効的な救済命令を出しうる行政機関が必要となる。

第4に、労働組合の組織率が低下し、労働組合が存在しない企業が増加している中で、企業内での意思決定に労働者の利益代表をどのように参画させるか、という課題がある。それは、一方では労働組合結成促進型の法を作ることであり、他方では従業員代表制度を整備することである。前者については、事業場に労働者の過半数を組織する労働組合（過半数組合という）がない場合に、単なる従業員の過半数代表に三六（さぶろく）協定（労基法36条の時間外・休日労働協定）の締結のような強力な権限を付与している制度自体に問題がある。後者については、このような重要な機能を果たしている過半数代表の選出手続、選出資格、活動保障が全く整備されていない点でも、制度的な欠陥がある。こうした実態から出発して、憲法28条の意義を再確認し、新たな立法政策につなげていく必要がある。

(2) ディーセント・ワーク

「ディーセント・ワーク」は、20世紀の末頃からILOが掲げる目標の一つであり、日本では「働きがいのある人間らしい仕事」と訳されている。ILOによれば、それは、まず仕事があること、この仕事は権利・社会保障・社会対話（労使のコミュニケーション）が確保されており、自由と平等が保障され、働く人々の生活が安定するものであること、すなわち、人間としての尊厳を保てる生産的な仕事のことを意味する。先に示した日本の労働法の課題は、言い換えればディーセント・ワークをいかに実現していくのかという課題でもある。

若者が非正規雇用にしか従事できず、長年勤務してもなかなか正規雇用化されないこと、同じ仕事をしながら雇用形態の違いで労働条件に大きな格差が生まれること、雇用に関する企業内の意思決定が使用者のみで行われていること、こうした現状はディーセント・ワークが実現された状態とはいえない。政府の雇用政策が雇用社会の危機をより深刻化させる方向に展開することを阻止するためにもディーセント・ワークという目標設定は常に重要である。

(3) ジェンダー的視座

社会的性差である「ジェンダー」という視点を使って、男性中心に設計されてきた労働法を問い直そうとする動きが活発である。

使用者の配転命令や時間外労働について、家族責任やワーク・ライフ・バランスを犠牲にし、企業利益を中心にした法理が形成されてきた。圧倒的に多くの女性が非正規雇用に従事せざるをえないのも、主たる働き手・家計維持者である男性正社員を念頭に置いて企業社会が成り立ってきた結果である。1947年の制定当初は、時間外労働や深夜業など労働時間に関する女性（当時は女子）の保護規定が多々存在したが、均等法の制定や改正にともない、保護が平等を妨げるという理由で、これら保護規定が次第に削除されてきた。現在では妊娠・出産に関係する保護規定しか残されていない。しかし、かつて女性に関して存在した労働時間保護規定こそが、すべての労働者が健康やワーク・ライフ・バランスを確保するために必要不可欠の条件であるとし、これをもって男女共通の水準に設定するということも可能であった。このような発想は労働法のジェンダー化の一つの例である。

ジェンダー論・法学は、こうした状況に根本的な疑問をはさみ、労働法の再構築を試みようとする。それは、日本のような男性中心・企業中心社会においては、ディーセント・ワークを実現するための有効な道筋となりうる。

第2部　労働関係の当事者

第3章

労働者

Introduction

これから学んでいく、労働基準法、労働契約法、労働組合法などの労働法分野の諸法律は、「労働者」に対して適用される法律である。逆にいえば、「労働者」でなければ、これらの法律が定める保護や権利が保障されないということである。そのため、いったい誰が「労働者」にあたるのかは、非常に重要である。

近年、働き方が多様になったことのほか、労働法の適用を免れようとする意図的な動きもあり、「労働者」かどうかの判断が容易でない事例が増えている。また、同じく「労働者」といっても、法律によってその範囲は異なっている。

ここでは「労働者」について基本的な考え方を学んでいく。

1 「労働者」という存在

「労働者」とは誰を指すのか。このことを考えるには、そもそも「労働法」が何を目的としているのかということから考えることが必要である。

第1章ですでに述べたように、人々を封建的な束縛から解放した近代市民法は、人間を、自らの意思に従って、自由に、他者と対等に交渉し、取引を行い、契約を結ぶ自律的な個人と把握した。この「自律的な個人」には、もちろん、労働者も使用者も含まれる。労働者が労働を行い、使用者がそれに対して報酬を支払うという関係は、両者が自由な意思に基づいて自律的に形成した法的関係であると観念される。民法623条以下の「雇用」の規定は、こうした考え方に基づいている。

しかし、現実の労働関係においては、労働者と使用者は対等な関係とはなりえない。労働者は、自らの労働力が使用者の所有する生産手段において利用されて初めて日々の生きる糧である収入を得ることができるが、それゆえに、交渉において、労働者は弱い立場に立つし（経済的従属性）、また、その労働力の提供の方法を使用者の指揮命令に委ねなければならない（人的従属性）からである。こういった従属性のゆえに、労働者と使用者は対等な立場に立つことができず、使用者による一方的な決定や非人間的な労働条件、劣悪な労働環境の下に置かれるという事態が容易に発生することになる。

このような事態に対して、労働者の人間的な生活を確保するために、２つの大きな流れが生まれた。１つは労働者保護法による保護である。そして、もう１つが労働組合運動の法認である。

このような仕組みに照らして考えるならば、労働法の適用対象である「労働者」がいかなる者であるかはおのずと明らかになってこよう。つまり、大きくいうならば、経済的従属性、人的従属性の下にある者、労働組合運動を行うにあたって法の支援を必要とする者が、「労働者」である。

2　労働基準法および労働契約法上の「労働者」

(1)　労働者保護法における「労働者」

労働者保護法の中核をなすのは労働基準法である。また、2007年に制定された労働契約法は、労働者と使用者の間で締結される労働契約のルールについて定め、労働者保護法の一翼を担っている。

労働法は、実態としての従属性に着目しているから、労務給付の契約がたとえ請負や委任（有償）と呼ばれていたとしても、その実態が経済的従属性および人的従属性の下にあると評価される場合には、労働者保護法の適用対象となる。この者が締結する契約を労働法では「労働契約」と呼んでいる（労契法６条参照）。

(2)　労働基準法上の「労働者」

(a)　判例・通説の現状

労基法９条は、労働者の定義について、「職業の種類を問わず、事業又は事務所……に使用される者で、賃金を支払われる者」とする。つまり、「使用される」ことと、「賃金を支払われる」ことを満たす者が、「労働者」にあたる。なお、同居の親族のみを使用する事業での労働者、および家事使用人は、労基法の適用を除外されている（116条２項）。

従来から、判例、学説および行政解釈は、「使用される者」という文言に着目し、労務供給者と受領者の間に「使用される」関係、すなわち使用従属関係があるかどうかを中心に判断を行っている。とりわけ、実務に大きな影響を与えたのが、1985年に公表された労働基準法研究会報告「労働基準法の『労働者』の判断基準について」である。この報告では、使用従属関係の有無について、①仕事の依頼、指示等に対する諾否の自由の有無、②業務遂行上の指揮監督の有無、③勤務場所、勤務時間に関する拘束性の有無、④労務提供の代替性の有無、⑤報酬の労働対償性をあげ、さらに判断のための補強的要素として、⑥事業者性の有無（機械・機具の負担関係、報酬の額、業務遂行上の損害に対する責任等）、⑦専属性の程度をあげている。

裁判例においては、注文主との間の運送委託契約に基づき自己所有のトラックで運送業務を行っていた運転手について、運送物品、運送先および納入時刻の指示をしていた以外には業務の遂行に関し特段の指揮監督を行っていなかったこと、また時間的、場所的な拘束の程度も、一般の従業員と比較してはるかに緩やかであること、報酬の支払い方法、公租公課の負担等からみても労基法上の労働者に該当すると解するのを相当とする事情はないとした事案がある（横浜南労基署長（旭紙業）事件・最判平成８・11・28労判714号14頁）。また、稼働日や稼働時間を自ら決定し、配送依頼について諾否の自由があるバイク・メッセンジャーについて、その労働者性が否定された事案もある（ソクハイ事件・東京地判平成22・４・28労判1010号25頁）。

他方、映画撮影技師（新宿労基署長事件・東京高判平成14・７・11労判832号13頁）や会社の経営する公園で吹奏楽を演奏していた楽団員（チボリ・ジャパン事件・岡山地判平成13・５・16労判821号54頁）、研修医（関西医科大学事件・最判平成17・６・３労判893号14頁）について、労働者性を認めた事案もある。

(b)　問題点

しかし、判例や通説の考え方には、いくつかの問題点がある。

第1に、上記のようにさまざまな要素を並列し、同じ比重で考えると、提供する役務の種類や性質によっては、必ずしも適切な基準とはなりえない場合がある。たとえば、上記のバイク・メッセンジャーは、稼働日や稼働時間を自ら選択できたことを、その労働者性を否定する理由の一つとしてあげる。しかし、たとえば学生が労働契約のもとでアルバイトをする場合、学業との兼ね合いを考え、出勤可能な日や時間を申告することは通常の風景であろう。また、労働契約の下で就労している労働者のうちにも、業務遂行の方法などがその者の有する専門的知識や技能に委ねられており、使用者が業務遂行について具体的な指揮命令を行わない場合もある（たとえば、裁量労働制（労基法38条の3、38条の4）の下で働く労働者)。あるいは、インターネット環境の下であれば、どこででも（たとえばカフェでも）労働を遂行することが可能な仕事もある。要するに、労働契約の下で就労する労働者の労務提供のあり方は、仕事の性質等に相応して多様であり、その傾向は時代の流れとともに一層拡大している。そうであるならば、「労働者」性の判断にあたっても、「使用従属」性の基準となる判断要素は、提供する役務の性質に照らし適切な比重で検討されるべきである。

第2に、労働者性の判断は、問題となっている事案の適用法令あるいは条文に照らして、相対的に判断されるべきではないかということである。労基法は、解雇制限や賃金保障、労働時間規制、年少者や妊産婦に対する就労制限、労災補償などさまざまな事柄について規定しているが、「労働者」を統一的に把握することにこだわるならば、いったん、「労働者」ではないとされたならば、すべての保護から排除されてしまうことになる。しかし、そのような帰結は必ずしも適切に法の目的を実現するものではない。むしろ、労働者概念の相対性を直接に認める方が、より法の趣旨を活かすと考えられる。たとえば、上記の自己所有のトラック運転手の事案は、当該労働者の労災法上の労働者性が問題となっていた（なお、労災法上の「労働者」は、労基法上の労働者と同一の概念であると解されている)。ここでは、作業中に負傷したトラック運転手の療養および休業の補償をどのように考えるべきかという問題が問われている。その点を考慮するならば、指揮監督や時間的、場所的拘束の程度の緩さ、報酬の算定方法が出来高制であることはそれほど重要な意味をもたず、むしろ、専属性の有無や会社組織への組入れを中心に判断し、業務上に生じた災害に対する補償責任を誰が負うべきかという観点から検討すべきであろう。同様のことは、先にあげたバイク・メッセンジャーの事案についてもあてはまる。ここでは、会社との間で締結していた運送業務に関する業務委託契約の解約が「解雇」にあたるか、が問題となっている。この場合には、解雇制限を行う実質的な根拠が経済的従属性にあることを重視して判断されるべきであろう。

第３に、就業規則の適用や、労働保険・社会保険の適用関係、源泉徴収の有無などを、労働者性判断の一要素とすることには注意が必要である。これらは、当事者が自由に操作することができる事柄であるからである。これらの要素を重視することは、労基法の適用を脱法的に免れようとする使用者の思惑に手を貸すことになりかねない。

(3) 労働契約法上の労働者

労契法２条１項は、労働者について、「使用者に使用されて労働」し、「賃金を支払われる」者と定義する。その判断についても、労基法上の「労働者」性判断と同様の基準が用いられる。しかし、そのことの問題性についても、上記２(2)で述べたことがそのままあてはまる。

なお、同居の親族のみを使用する事業の労働者は、労契法の適用から除外されている（21条２項）。

3　労働組合法上の「労働者」

(1) 基本的な視角

労組法３条は、労働者について、「職業の種類を問わず、賃金、給料その他これに準ずる収入によつて生活する者」と規定する。この者の範囲も、労組法の目的・趣旨との関係で確定する必要がある。

労組法は、団結権・団体交渉権・団体行動権（これを労働三権という）を保障した憲法28条を具体化した法律である。同法の目的は、労働者が使用者との交渉において対等の立場に立つことを促進することによりその地位を向上させること、労働者がその労働条件について交渉を行い団体行動を行うために、労働組合を組織し団結することを擁護すること、労働協約を締結するための団体交渉をすることおよびその手続を助成することにある（１条)。このことに照らせば労組法上の「労働者」の範囲も、これらの保護を享受するのに相応しい者であるといえるか否か、という観点から判断されるべきである。

(2) 最高裁判例

最高裁は、労組法上の「労働者」によって結成された労働組合からの団体交渉の申し入れではないとして、これを拒んだ会社の態度の適法性が問題となった3つの事案において、労組法上の労働者概念について次のように述べている。ここで「労働者」性が問題となったのは、オペラ劇場の合唱団員（新国立劇場運営財団事件・最判平成23・4・12労判1026号6頁）、住宅設備機器の出張修理業務に従事するカスタマー・エンジニア（INAXメンテナンス事件・最判平成23・4・12労判1026号27頁）、および音響製品の設置・修理等の業務を行う個人代行店（ビクターサービスエンジニアリング事件・最判平成24・2・21労判1043号5頁）であった。

このうち、オペラ劇場の合唱団員について、最高裁は、労組法上の「労働者」に該当するか否かの判断にあたり、①実施に不可欠な歌唱労働力として財団の組織に組み入れられていたこと、②各当事者の認識や契約の実際の運用において、契約メンバーは基本的に財団からの個別公演出演の申込みに応ずべき関係にあったこと、③契約条件について、契約メンバーの側に交渉の余地があったということはできないこと、④契約メンバーは、財団の指揮監督の下において歌唱の労務を提供していたこと、⑤契約メンバーは時間的にも場所的にも一定の拘束を受けていたこと、⑥その報酬は、歌唱の労務の提供それ自体の対価であるとみるのが相当であることから、本件合唱団員はオペラ劇場を経営する財団との関係で、労組法上の労働者にあたると判断した。

そして、これらの最高裁判決を受けて出された労使関係法研究会報告「労働組合法上の労働者性の判断基準について」（2011年7月25日）は、労組法上の「労働者」性の判断について、基本的判断要素として、①事業組織への組入れ、②契約内容の一方的・定型的決定、③報酬の労務対価性をあげ、補充的な判断要素として、④業務の依頼に応ずべき関係、⑤広い意味での労務指揮下の労務提供、一定の場所的・時間的拘束を、そして消極的判断要素として、⑥顕著な事業者性がないことをあげた。

以上の判断基準は、労基法上の労働者の判断基準と似ているが、基本的な点で違いがある。つまり、労組法上の労働者については、使用者による労働条件の一方的決定に対抗する手段を保障する必要から、第一義的に、使用者の事業組織への組入れや契約内容の一方的決定といった要素が重視される。

(3) どのように考えるか

労組法は労働三権を具体化することを目的とする法律である。そうであるならば、同法上の「労働者」概念も、いかなる者が労働三権を保障されるに相応しいか、という観点から判断されるべきである。

たとえば現実の紛争においては、団体交渉権の保障が争点になることが多い。労組法は、主には労働者の経済的従属性に着目し、使用者と対等な立場に立つことのできない者に、労働組合を通じた交渉という、集団的なレベルでの対等性の確保を目的としている。そうであれば、労組法上の「労働者」性も、その者が経済的従属性の下にあるか否かを中心に判断すべきことになる。先にあげた労使関係法研究会報告に照らしていうならば、①、②、③の該当性が最も重視され、付随的に④、そして、専属性の有無や⑥の程度が考慮されると考えるべきであろう。

いずれにしても、労組法上の労働者の範囲は、労基法上のそれよりも広いと考えられている。先にあげたオペラ歌手などは、労基法上は労働者ではなく自営業者と判断される可能性が高い者である（新国立劇場運営財団事件・東京高判平成19・5・16労判944号52頁では、上記オペラ歌手について労基法上の労働者に該当しないと判断されている）。また、プロ野球選手も、労基法上および税法上は自営業者とされているが、労組法上は「労働者」にあたると解されている（日本プロフェッショナル野球組織事件・東京高決平成16・9・8労判879号90頁）。選手の最低年俸、障害補償、トレード制、球団廃止後の処遇問題等について、団体交渉の必要性が肯定できるからである。

4 特別法（規）がある労働者

労働法は、原則として、国籍、性別、年齢等を問わず等しく適用される。また、合理的な理由がある場合には、特定の属性の労働者を特別に保護している。

労基法第6章は、「年少者」について特別の保護規定を置いている。つまり、満15歳に満たない児童の使用を原則として禁止し（56条）、満20歳未満の未成年について、民法824条・859条の例外として、親権者や後見人が未成年者に代わって労働契約を締結することを禁じている。また、満18歳に満たない年少者について、健康保護の理由から時間外労働、休日労働および深夜業を原則として禁じている（60条以下）。

労基法第6章の2は、「妊産婦等」について、母性保護の観点から、坑内業務や危険業務での就業制限のほか（64条の2以下）、産前・産後休業（65条）、育児時間（67条）、生理日休暇（68条）等を保障している。同章は、労基法制定当時は第6章「女子及び年少者」とされていたが、1985年の雇用機会均等法制定時に第6章の2「女子」に分離され、その後1997年の均等法改正時に表題が「女性」へと、そして2006年均等法改正時に現行の「妊産婦等」に変更されている。

身体障害、知的障害、精神障害その他の障害を有する者（障害者）については、障害者の雇用の促進等に関する法律が、特別の規定を置いている。また、満55歳以上の高年齢者（高年法2条1項、高年則1条）等についても、高年齢者等の雇用の安定等に関する法律が、特別の保護規定を置いている。

外国人については、出入国管理及び難民認定法（入管法）によって日本での就労可能な在留資格が与えられる。在留資格がない場合、あるいは、在留資格上就労が認められない者が就労している（不法就労）場合にも、労働関係諸法規は適用される。

〈参考文献〉

・竹内（奥野）寿「労働者の概念」労働法の争点（2014年）4頁
・古川陽二「第3条」西谷敏ほか編『新基本法コンメンタール　労働組合法』（日本評論社、2011年）
・橋本陽子「第9条」、毛塚勝利「第2条」西谷敏ほか編『新基本法コンメンタール　労働基準法・労働契約法　第2版』（日本評論社、2020年）
・皆川宏之「労働法における労働者」『講座労働法の再生1巻』（日本評論社、2017年）所収

第2部　労働関係の当事者

第4章

労働組合

Introduction

労働組合は、労働者が主として経済的地位の向上を目指して主体的に結成する任意団体である。労働者は、誰かに雇われねば生活の糧を得ることができないという従属的立場にあるために、1人で使用者と交渉をしても望むような労働条件を獲得できないことが少なくない。そこで、個々の労働者は使用者とできる限り対等に交渉できるよう、労働組合を結成するようになった。憲法28条は団結権を保障し、その効果として、かかる権利を行使して結成される労働組合等の団結体には、刑事免責・民事免責が与えられる。

労働組合が使用者に対抗しうる団体となるためには、ある程度の人数の組合員が必要となる。では、人数を増やすために労働者に労働組合への加入を強制することは法的に許容されるのだろうか。また、労働組合は当然、労働者の権利向上に意欲的な政党を支持するが、労働組合が連帯を強固にするために、その政党を支持しない組合員に対して干渉することは許されるだろうか。さらに、労働組合からの脱退者が増えれば、組合の影響力や闘争力は低下するが、組合が組合員に対し、脱退する権利を行使しない合意をとりつけておくことは適法だろうか。

本章では、労働組合という組織のあり方およびその運営のあり方について検討する。

1　労働組合の組織と現状――労働組合はいまどうなっているか？

(1)　労働組合の組織形態

労働組合がいかなる労働者を組織対象とするかは、時代と国により異なってきた。最も古典的な労働組合は、職能組合といわれる同一職種の熟練工の組合である。このような組合は、徒弟制度の下で一定の修業期間を経た者を組合員とする、というような厳しい加入条件を定めていた。熟練工の衰退、機械化と大量生産の進展とともに、職種別組合が生まれた。それらが次第に統合され、職種の如何を問わず同一産業に属する労働者を組織化するようになったのが、産業別組合である。今日の欧米諸国における最も代表的な組織形態がこれである。

図表１および２を参照していただきたい。ヨーロッパ――典型的にはドイツ――においては、労働者は産業別労働組合に加入し、産業別労働組合が産業別使用者団体と団体交渉を行い、労働協約を締結して、組合員の労働条件の改善をはかっている。これに対し、アメリカでは、労働者が産業別労働組合に加入している点ではドイツと変わらないが、団体交渉の当事者が産業別労働組合と各企業である点はドイツと異なる。

アメリカの団体交渉のいま１つの特徴としては、排他的交渉代表制があげられる。当該制度の下で団体交渉を行いうるのは、「交渉単位」内の被用者の過半数によって排他的代表者に選出された組合である。その組合は、それを支持しない被用者（別組合の被用者や組合未加入の被用者）も含めて、単位内の全被用者のために団体交渉を行う権限を有し、同組合が使用者との間で締結した労働協約は、単位内の全被用者に適用される。「交渉単位」は、法律等がこれをあらかじめ規定しているわけではないため、労働条件、職務内容、労務管理等という「被用者の利害の共通性」を重視しつつ、基本的に労使の合意で決定される（合意が成立しない場合は、全国労働関係局という行政機関が決定する）。結果的に、交渉単位は、事業所レベル、職種レベル、一企業レベル、複数企業レベルと、ケースごとに異なってくる。なお、ホワイトカラー主体の産業別労働組合においては、ローカルと呼ばれる支部が、一企業の従業員だけを組織する産業別労働組合・支部であることが多い（これに対し、ブルーカラー主体の産業別労働

図表1　組合は誰を代表するか

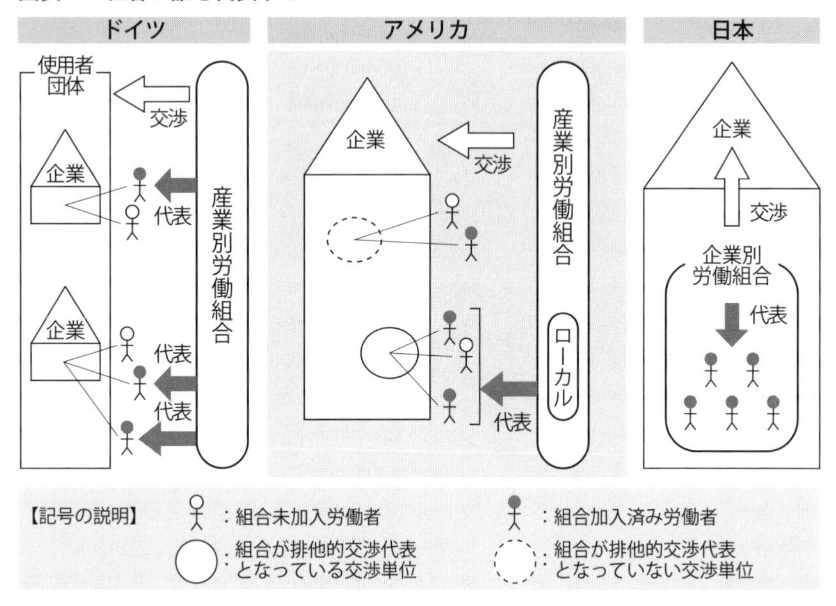

組合・支部は、必ずしも一企業の従業員だけで構成されていない)。ローカル同士は相互に没交渉であり、団体交渉はローカルと企業との間で行われるため、アメリカのホワイトカラー主体の産業別労働組合には、日本の企業別労働組合（後述）との類似性も存在する。

日本では労働組合が企業別に組織されており（民間労働組合の約9割が企業別労働組合である)、労働者はここに加入している。企業別労働組合とは、職種を問わず、事業所または企業を単位として、そこに属する労働者を組織する労働組合をいう。企業別労働組合の多くは、他の労働組合とともに産業別の連合体（全国単産）を結成しており、またそれを通じて連合などの全国組織に加入している。

(2) 日本の労働組合の現状および特徴

日本の労働組合の現状についてみてみよう。厚生労働省「令和3年労働組合基礎調査」によれば、日本の単一労働組合の数は2万3,392、組合員数は1007万8,000人、推定組織率（労働者のうち労働組合に加入している組合員の割合）は

図表2　組合は誰と交渉するか

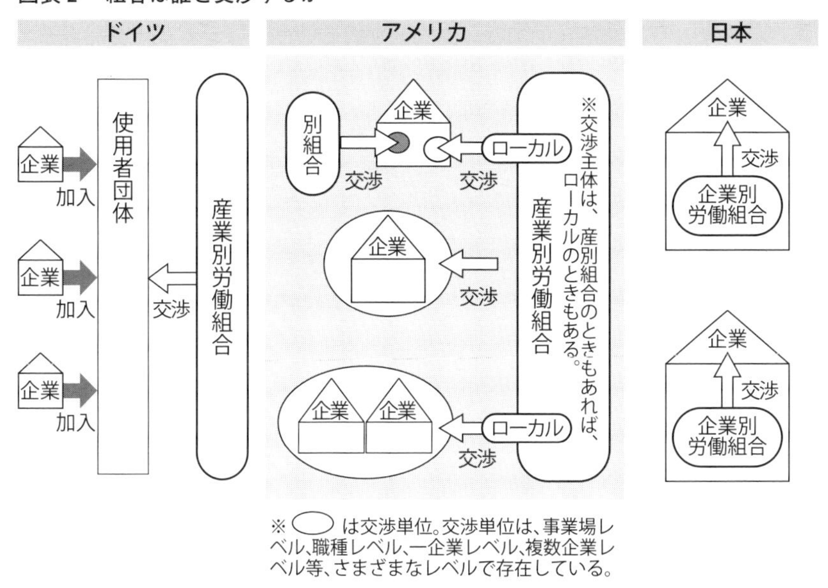

16.9%で、いずれも微量ながら減少・低下の傾向にある。民間企業のみに着目してみると、推定組織率は16.1%となっており、企業規模が大きいほど高く、1000人以上の規模の企業では66.2%、1000人未満100人以上のそれでは19.4%、100人未満では2.3%となっている。

ユニオン・ショップ制度とは、労働組合と使用者との協定（ユニオン・ショップ協定）によって、労働組合に加入しない者、組合から脱退した者および組合から除名された者の解雇を使用者に義務付ける制度をいう（制度の詳細については、2(2)を参照）。厚生労働省「平成30年労働組合活動等に関する実態調査」によれば、ユニオン・ショップ協定を締結している組合は、企業規模が100人未満の企業においては53.7%であるのに対し、5000人以上の企業になると69.6%となる。企業規模が大きいほど同制度の普及率が高いことが分かる。

また日本の労働組合は、パート、アルバイト、派遣労働者などの非正規労働者を組織対象から除外していることが多い。前出の厚生労働省「令和３年労働組合基礎調査」によれば、パートタイム労働者の推定組織率は8.4%となっている。

以上を踏まえ、日本の労働組合の特徴を整理してみよう。第1に、わが国の労働組合の大半は企業別組合である。②企業別組合の多くは、非正規労働者を除く「正社員組合」である。また、規模が大きい企業の労働組合については、ユニオン・ショップ制度による組織強制が行われているため、単に「正社員組合」であるというだけにとどまらず、「正社員の全員加入組合」となっている。③日本の労働組合が企業別組合であることにより、欧米の組合と比較して、使用者の協力（これを便宜供与という）を得て運営される傾向が強い。たとえば、組合事務所や組合用の掲示板の貸与などは慣行として広く普及している。また一定規模以上の組合は、従業員としての籍を保持したまま組合役員等の業務に専念する組合専従役職員を置くことが一般的であるが、専従者の労務提供義務の免除は使用者の承諾・協力によって実現している（なお、労務を提供しない専従者の賃金は、使用者が負担すると、3(1)で解説する「経理上の援助」に該当するため、労働組合が組合費から負担している）。

(3) 合同労組および地域ユニオン

わが国には、使用者の権力が強く、企業別組合を組織しえない中小零細企業の労働者や、職業上の区分によって企業別組合に加入できない者がいる。職業上の区分によって労働組合に加入できない者には、パートタイム労働者や派遣労働者など、非正規労働者であることが理由となっている者のほか、法律規定（労組法2条1号）が理由となっている者がいる。後者は、労組法2条1号が、管理職に就く労働者を組合員とする労働組合は、使用者の利益代表者を擁する組合として、労組法上の労働組合と認めないと規定していることによる。

このように企業別組合に加入できない労働者を援助しているのが、合同労組および地域ユニオン（コミュニティ・ユニオン）と呼ばれる個人加入を原則とする労働組合である。合同労組は、1960年前後から中小零細企業の未組織労働者の組織化を目的に結成されてきた。地域ユニオンは、とりわけ1990年代以降、中小零細企業の未組織労働者に限らず、未組織の多様な労働者、特に非正規労働者など、これまで組織化の対象外にされてきた労働者を対象としている点に特徴がある。解雇その他の深刻な労働問題に直面した労働者が、労働相談に訪れ、駆け込み加入することが多い。

こうした企業の外に存在する労働組合が労働者の権利救済に大きな役割を果たしていることは確かである。しかし、この種の労働組合は、加入した労働者が組合員として定着しにくいという組織上の問題を抱えており、それゆえに、層ないし階級としての労働者集団の労働条件の改善や経済的地位の向上のための継続的活動がしにくいという運営上の問題も抱えている。

2　労組法上の労働組合

(1)　法内組合

労働組合法は労働組合を「労働者が主体となって自主的に労働条件の維持改善その他経済的地位の向上を図ることを主たる目的として組織する団体又はその連合団体」と定義し（労組法2条本文）、そのただし書において次の4つのいずれかに該当するものは、「この限りではない」として労働組合にあたらないとする。すなわち、「監督的地位にある労働者その他使用者の利益を代表する者の参加を許すもの」（1号）、「団体の運営のための経費の支出につき使用者の経理上の援助を受けるもの」（2号）、「共済事業その他福利事業のみを目的とするもの」（3号）、「主として政治運動又は社会運動を目的とするもの」（4号）である。労働組合の目的に関する3号と4号の規定は、当然のことを規定したにすぎず、問題となるのは1号および2号である。

「自主性」は実質的に判断されるべきである。日本の官庁や企業では、課長以上を一律に労組法2条ただし書1号に該当する「監督的地位にある労働者」とみなして組合員資格を認めないことが多いが、この判断は形式的にすぎる。また、同条ただし書1号は、労働組合を使用者の介入から保護するための規定であり、使用者の利益を守るための規定ではないから、「監督的地位にある労働者」が加入しても、使用者が懲戒処分等によってその責任を追及しうるものではない。

労組法2条ただし書1号が想定していなかった労働組合として、管理職を主たる構成員とする管理職組合がある。これには一企業内で組織されるものと、個人加入によって地域単位で組織されるものとがある。同条ただし書1号が問題とするのは、一般労働者の労働組合に管理職が加入することの弊害であるから、当該規定は緩やかに解されるべきであり、管理職組合も「労働組合」とみなされるべきである。

労組法2条ただし書2号が問題とする「経理上の援助」に該当しうるものとしては、組合用務のための出張旅費・手当の支給、組合専従役職員の賃金の負担などがある。同条ただし書2号は、(a)労働時間中の団体交渉・労使協議の有給保障、(b)福利厚生基金への使用者の寄附、(c)最小限の広さの事務所の供与は含まれないは「経理上の援助」に含まないと規定してる（同号ただし書）。

(2) 有資格組合

上記・労組法2条の労働組合の定義に合致し、労組法5条2項が掲げる労働組合規約の必要記載事項のすべてを規約に含み、労働組合の資格審査に合格した組合（有資格組合、法適合組合ともいわれる）は、労組法に規定する手続に参与し、その救済を受けられる（労組法5条1項）。手続とは、①不当労働行為の救済申立（労組法27条以下）、②法人格の取得（労組法11条）、③労働協約の地域的拡張適用の申立（労組法18条）、④労働委員会の労働者委員の推薦手続（労組法19条の3第2項、19条の12第3項）である。また救済とは、不当労働行為が認定された場合に、労働委員会によってなされる救済である。

3 労働組合の人的基盤

(1) 加 入

労働組合への加入は、労働者が労働組合と加入契約を締結することによりなしうる。労働組合は労働者の経済的地位の向上を目的とする私的な任意団体であるため、いかなる利害集団を構成員とするのが団体の目的に適合的かつ効果的かという観点から、独自の加入資格をもうけることは自由である。そのため、上述したように、組織対象から一定の管理職（多くは課長以上）や非正規労働者を排除することは、法的に問題ない。

逆に問題となるのは、人種、宗教、性別、門地、信条などを理由とする加入拒否である。労働組合も憲法の「法の下の平等」に反する行為をすることは許されないため、加入拒否が多数者による少数者の排除を意味する場合には、公序良俗に反し違法であるといわざるをえない。他方、女性労働者が女性ユニオンを結成するなど、社会的少数者や弱者とみられる労働者が、自らの経済的地位を向上させる目的で組織対象を限定して労働組合を結成することは、必ずしも違法とはいえない。

なお、労働組合が加入を拒否した者を、国家が加入させるよう組合に強制するのは、労働組合が私的な任意団体であることに鑑みると、団結権への過剰介入となる。それゆえ、加入拒否に対する救済としては、不法行為法上の損害賠償を認めるにとどまる。

(2) 組織強制

労働組合は、労働者が主体的に組織する団体であるから、労働者は加入および脱退の自由を有する。しかしながら、現実には、労働組合に加入しない自由（消極的団結自由）を許容しないという組織強制が行われることがある。

組織強制の典型的形態は、ユニオン・ショップとクローズド・ショップである。いずれも労働組合と使用者との協定により、組合員であることを採用の条件とする。前者は、企業に採用された後、一定期間内に労働組合に加入しない者、組合から脱退し、または除名された者の解雇を使用者に義務付けるという制度である。同制度は、労働者に組合に加入するか雇用を失うかという二者択一を迫る、強力な組織強制手段であるため、先進諸国においては既に明確に禁止されているか、きわめて厳しく制限されるにいたっている。後者は、労働者を組合員の中から採用することと、組合員ではなくなった脱退者・被除名者を解雇することを使用者に義務付けるという制度であるが、産業別などの企業横断的な労働組合を前提とするため、わが国ではほとんど普及していない。

(a) 日本のユニオン・ショップ制度

ユニオン・ショップ制度は、社会実態的には、労働組合の安定と強化に資するものである。同制度は、解雇の脅威により労働者に組織（組合）強制を迫るものであるから、労働組合にとっては安定的に組合員を確保し、交渉力を高めることが可能となる。

また、ユニオン・ショップ制度には、組合費を負担しないで労働運動の成果だけを享受しようとする非組合員の「タダ乗り」を防止する役割をもつという側面もあり、この点から正当化されるという議論もある。これに対しては、およそ社会的運動には「タダ乗り」問題がつきものであり、加入強制によって

「タダ乗り」問題を一挙に解決しようとするならば、組合員数は増加しても、組合運動の活力はそがれてしまうという反論がある。もっとも、これに対しても、加入した組合員をきちんと教育すれば、自主的・自律的に活動する強い組合を形成することは可能であるという再反論もなされている。

ユニオン・ショップ制度の当否は結局、どう考えればよいのだろう。私見では、組合が企業別に組織されているわが国においては、ユニオン・ショップ擁護論はマイナスの意義をもちうる。すなわち、ユニオン・ショップ制度は企業の支配の道具に転化すると考える。企業別労働組合は高度経済成長の中で使用者との協調路線を採るようになった。そこでは、企業に迎合しない、労働者集団の真の利益のために闘う組合内少数派が、組合の統制に従わない者として激しく弾圧され、組合から除名され、ユニオン・ショップ協定に基づく解雇の憂き目に遭うことがあった。しかも、労働組合が「宣言ユニオン」(非加入者、脱退者、被除名者の解雇につき明確な義務付け規定をおかないユニオン・ショップ協定を使用者と締結している組合)または「尻抜けユニオン」(非加入者、脱退者、被除名者を解雇しない余地を残す規定をおいているユニオン・ショップ協定を使用者と締結している組合)である場合、使用者は被除名者のうち自らにとって都合の悪い者のみを選択的に解雇できることになり、結果としては組合に対する使用者の介入を許すことになった。

企業別組合が労使協調路線をとりがちであることは否定できないにせよ、絶対的にそうなると断定できるものではない。その意味で、組合員に対する教育を強調する上記見解には一理ある。しかし、労働者の意識は既に相当——とりわけ若者を中心に——労働組合から離れており(ただし、近年、雇用によらない働き方をしている者の間で組織化が進み、組合活動が活発化していることには留意したい)、そのような組合員に対する教育が功を奏するのかは疑問である。このように考えると、ある程度の「タダ乗り」が生じることも想定しつつ、組織強制を排除し、自由と自律に基づいた地道な組織化を進めるほかないと考える。

(b) ユニオン・ショップ協定の有効性

わが国の通説・判例は、憲法28条の団結権はユニオン・ショップ制度に基づく加入強制を含むと解し、ユニオン・ショップ協定の有効性を肯定する。同協定に基づく解雇は解雇権の濫用にあたらないとする有名な判決も存在する(日

本食塩製造事件・最判昭和50・4・25判時774号3頁)。

これに対し、ユニオン・ショップ協定の有効性を否定する学説も有力になりつつある。その趣旨は、次のようなものである。①憲法13条に基づく自己決定の理念と同21条の結社の自由をふまえた同28条は、団結する権利のみならず、団結しない自由(消極的団結自由)をも保障していると解される。ただし、憲法28条が保障する積極的団結権と消極的団結自由の間では、前者が後者に優位すると解されるので、非組合員の団結への誘導(たとえば、組合員を労働条件のうえで優遇する協約条項)は否定されるべきではない。②組合加入の強制は、組合活動に無関心な組合員を増やすことにつながり、組合活動の水準を低下させる。③除名=解雇の恐怖は、組合員の批判的活動を抑制し、組合の非民主的に運営を固定化させる可能性が高い。④企業別組合が従業員代表組織と性格的に類似することを指摘してユニオン・ショップ協定を正当化しようとする見解は、企業別組合のそうした性格が、主としてユニオン・ショップ制度に基づいて形成されたものであることを見落としており、これをユニオン・ショップ協定の正当化理由とするのはトートロジーである。ユニオン・ショップ協定に基づく組織強制に反対する論者は、おおむね以上のように論じて、同協定は違憲・無効であると唱える。この見解は、個人の自由を基礎として団結権が保障されている(自由権を基礎として社会権が保障されている)という憲法の構造に照らして、きわめて妥当である。

4　労働組合の財政的基盤

(1)　組合費

労働組合の財政的基盤は、組合員から徴収する組合費である。組合費は、一般組合費、臨時組合費、闘争積立金・犠牲者救援資金から成る。厚生労働省「令和3年労働組合活動等に関する実態調査」によれば、1人あたり月間平均4000円以上5000円未満の組合費を支払っている者が20%と最も多い。

一般組合費は、通常の組合運営の唯一の、もしくは主要な財源である。労働組合は自主的に結成される団体であるから、組合員が一般組合費の納入義務を負うのは当然であり、不払いは正当な除名理由となる。

臨時組合費は、特定の一時的な目的のために臨時に徴収されるが、目的によっては組合員に支払を強制できない場合がある。たとえば、組合員個人の政治的思想・信条を束縛するような目的などがそれにあたる。最高裁は、政治的・社会的目的をもつ組合活動を法的に承認しつつ（三井美唄炭鉱労組事件・最大判昭和43・12・4判時537号18頁）、これに対する組合員の金銭的協力義務の範囲については、「問題とされている具体的な組合活動の内容・性質、これについて組合員に求められる協力の内容・程度・態様等を比較衡量し、多数決原理に基づく組合活動の実効性と組合員個人の基本的利益の調和という観点から、組合の統率力とその反面としての組合員の協力義務に合理的な限定を加えることが必要である」とし、①他組合の支援のための資金、安保反対闘争の被処分者の救援のための資金などへの拠出は強制できるが、②安保反対闘争のための資金等、政治的活動のための資金への拠出は強制できないと判示した（国労広島地本事件・最判昭和50・11・28判時798号3頁）。妥当な判断だと考える。

(2) チェック・オフ制度の意義と法的性格

組合費を徴収する方法として、日本ではチェック・オフという制度が広範囲に普及している。チェック・オフとは、労働組合と使用者の合意に基づき、使用者が組合員の給与から組合費を控除し、まとめて労働組合に引き渡す方法である。換言すれば、チェック・オフとは労働組合が使用者の手を借りて組合費を徴取する制度である。それは経費援助を受けることとは異なるため、法的に許容されている。

チェック・オフは、給与からの控除であるため、労基法24条1項所定の賃金全額払いの原則との関係が問題となる。同条項を形式的に適用すれば、事業場の労働者の過半数を組織しない労働組合は基本的にチェック・オフ制度をもちえないことになる（ただし、2以上の少数組合が連名の協定をして、労基法24条1項ただし書の例外協定（チェック・オフ協定）を創出すれば、チェック・オフ制度をもちうることになる）。学説上は、組合員にしか効力が及ばないチェック・オフについては、労基法が賃金全額払い原則に対する例外を認める際に要求する労働者の過半数代表との書面協定は不要であるとする見解がある一方、かかる書面協定は必要であるとする見解もある。最高裁は、後者の学説と同様、労基法を文言どおりに解し、労働者の過半数代表との書面協定なしにはチェック・

オフを行うことはできないとする（済生会中央病院事件・最判平成元・12・11労判552号10頁）。チェック・オフにより労働組合は組合費の取りはぐれを防止することができ、それは組合の保護・強化に資する面をもつことは確かであろう。しかし、労働組合が個人たる組合員の自律に基づく連帯を目指すのであれば、組合員の組合費納入は、原則として組合員個人の意思と具体的納入行為によって行われるべきであり、労働組合の財政基盤は使用者の手を借りずとも整えられるものでなくてはならない。したがって、チェック・オフ協定なしにはチェック・オフを行いえないとする学説および判例が妥当である。

では、労働組合と使用者との間で適法なチェック・オフ協定が締結されていれば（取立委任）、組合員の個別同意（支払委任）なしに、使用者はチェック・オフを有効になしうるのだろうか。この点につき通説は、組合費納入義務が組合員の基本的義務であり、組合費がチェック・オフによって徴収されることとされている場合には、組合加入意思の中に、組合が組合員を代理して、使用者による賃金控除と組合への一括引き渡しを合意することについて承諾する趣旨が含まれているため、組合員は脱退しない限り、チェック・オフの中止を申し入れることはできない等とする。しかし、最高裁は、有効なチェック・オフ協定が締結されていても、使用者がチェック・オフを有効になしうるためには、各組合員それぞれから支払委任を受ける必要があり、各組合員はいつでもこの支払委任を撤回しうる、と判示した（エッソ石油事件・最判平成５・３・25労判650号６頁）。思うに、チェック・オフ協定とは、事業場の過半数の労働者で組織された労働組合と使用者との合意ではあっても、チェック・オフに対する個々の組合員の同意ではない。この問題についても、組合員各人の自律に基づく連帯を目指すのであれば、チェック・オフに対する個々の組合員の同意は必要であり、使用者はチェック・オフ協定のみによって有効にチェック・オフをなしうると考えるべきではない。この点から判例に賛成したい。

5　労働組合の運営

(1)　民主主義の意義と機能

労働組合は私的な任意団体の１つであるので、基本的にその内部運営については自治が認められる必要がある。すなわち、労働組合がいかなる規約を定め、いかなる決定を行い、組合員にいかなる権利を与え義務を課すかは、労働組合の自由とされるべきである（団結自治ないし組合自治の原則）。このような原則は、憲法28条の保障する団結権に内在する。使用者による労働組合の内部運営への介入が禁止されるのは当然、国家機関も原則としてこれを禁止される。国家機関たる裁判所が労働組合の内部運営への介入を例外的に認められるのは、労働組合が組合員の基本的人権を侵害する場合と、組合民主主義に反する組合運営を行う場合である。

一般に、団結自治は組合民主主義、すなわち民主的なルールにしたがった組合運営、による制約を受けると解されている。これはなぜなのか。学説上は、労働組合が労組法上さまざまな権能を与えられていることを根拠に、組合民主主義が要請されるとする説がある。現に労組法５条２項は、労働組合が労組法上の有資格組合となるには、組合規約に一定の事項を記載しなければならない旨を規定しており、これを通じて民主性の要件を課している。しかし、仮に同条項がなくとも、やはり労働組合は民主的に運営されなければならない。なぜならば、複数人から構成される労働組合の中には、組合の意思決定とは異なる意見をもつ者もいて不思議ではなく、組合がこのような反対者をも拘束するには、民主的意思決定プロセスを経ることが重要だからである。

こうしたことから、労働組合には民主的な意思決定機関が不可欠である。最高の意思決定機関は組合大会（総会）である。組合員には、組合役員選挙の選挙権・被選挙権、組合大会への出席権、大会での発言権・議決権などが平等に保障されなければならない。議決方法および議決事項については、あらかじめ規約に定めておくことになるが、労組法は組合の解散（10条２項）と基金の流用（９条）を総会決議事項としている。その他、規約改正、組合財政、労働協約の締結・改廃、争議行為の実施・終結、他団体への加入・脱退、統制処分等は大会の専決事項であると解されている。

意思決定機関と並び不可欠であるのは、同機関の決議した事項を執行し、かつ対外的に労働組合を代表する役割を担う執行機関である。通常は、組合委員長、副委員長、書記長の三役と、その他の執行委員から構成される。このほか、労働組合には、通常、監査機関と事務処理機関なども置かれる。監査機関の監査委員ないし監事は、組合会計を監査し、大会などの機関に報告することを任務とする。

(2) 労働組合と政治

労働組合は、労働者の労働条件の維持改善その他経済的地位の向上を図ることを主たる目的とする団体であるが、本来の組合活動にはあたらない政治活動や社会活動を行うことも少なくない。学説は、組合がこうした活動に反対する組合員を処分したり、その活動のために組合員から強制的に臨時組合費を徴収したりすることは違法と解する。しかし、組合が行う政治的決議の効力をどうみるかついては意見が分かれている。すなわち、①労働組合が特定政党を支持したり、その他の政治活動を展開することは自由であるということを理由として、組合の政治的決議は有効であると解する説（有効説）、②労働組合による政治的決議は、組合の基本目的に反し、組合員個人の政治的思想を制約するため無効であると解する説（無効説）、そして、③労働組合による政治的決議は、組合員の多数が一定の政治的・社会的見解をもつという事実を単に確認するにとどまるので、法的に有効・無効を論じるべき性格のものではないとする説（事実確認説）がある。

最高裁は、労働組合が本来の目的を「より十分に達成するための手段として、その目的達成に必要な政治活動や社会活動を行うことを妨げられるものではない」と判示しており（前掲・三井美唄炭鉱労組事件）、有効説に立つものと解される。なお、判例は、労働組合がその政治的決議に反対する組合員を処分することや、政治的活動のために組合員から臨時組合費を強制的に徴収することは違法としており（前掲・三井美唄炭鉱労組事件、前掲・国労広島地本事件）、この点では学説と一致する。判例の考え方は妥当である。

6　統制・強制と脱退

(1) 統制処分の意義と根拠

統制処分とは、組合員の規約違反や労働組合の決定違反の行動に対して、組合がなす制裁処分をいう。労働組合も団体である以上、組織的運営のために統制を必要とすることがある。労働組合が統制処分をなしうる根拠については、諸説存在する。①労働組合も含め、およそ団体というものは、規律違反に対して制裁を行いうるという説（団体固有権説）、②憲法28条の保障する団結権を根拠とする説（団結権説）、③組合員相互の合意の表現としての組合規約を根拠とする説（規約準拠説）、④組合員が加入時に、一定の制裁違反行為に対する制裁の可能性に同意したということを根拠とする説（加入意思説）などである。判例は、②の立場に立つ（前掲・三井美唄炭鉱労組事件）。私見によれば、諸説は必ずしも相互に矛盾するものではないが、労働組合が規約によって自主的に運営される団体であること、またそれゆえに規約に基づいて統制処分をなしうるということを最も明快に表現する③を支持したい。

(2) 統制処分の内容・手続

労働組合は原則として、組合規約に定められた範囲の統制処分しかなしえない。通常、規約で予定されているのは、除名、権利停止、罰金、戒告（職務上の義務違反に対し、本人の将来を戒める旨の申渡しをする処分）などである。どの程度の処分を課すべきかは、原則として組合の決定に委ねられるが、行為に対して処分があまりに厳しい場合には、権利濫用として無効となる。ユニオン・ショップ制度が存在する場合の除名処分は、組合員に解雇という不利益をもたらすため、総会において慎重になされなければならない。処分に際しては、規約に定められた手続を踏む必要があり、被処分対象者には弁明の機会が保障されなければならない。

(3) 統制処分の限界

労働組合の統制権は団結自治から導かれるものであるため、団結自治に対する以下の制約が統制処分の限界を画す。すなわち、団結自治には、①違法行為は許されない、②組合員の基本的人権を尊重しなければならない、③組合民主主義に則った組合運営が要請されるという制約がはたらく。したがって、労働組合は組合員に違法行為を強要したり、組合員の基本的人権を奪ったり、組合民主主義の基礎となる組合員の表現の自由を制約するような統制処分をなすことはできない。仮にそのような処分が行われたときには、司法が当該処分を無効としうる。

労働組合が違法な指令を発し、組合員がそれに服しなかった場合には、組合は当該指令違反を理由に統制処分をなしえない。また、労働組合は、政治的運動をすること自体は妨げられないが、組合員個人の政治的思想や判断を奪うことは許されない。

労働組合が地方議会選挙に立候補した組合員に対して立候補を思いとどまるよう説得し、これを受け入れずに独自の立場で立候補した組合員が当選するや権利停止の処分に処したことが公職選挙法違反に問われた事件において、最高裁は、「立候補を思いとどまるように勧告または説得することも、その限度においては、組合の政治活動の一環として、許される」が、その「域を超え、立候補を取りやめることを要求し、これに従わないことを理由に当該組合員を統制違反者として処分するがごときは、組合の統制権の限界を超えるものとして、違法といわなければならない」と判示した（前掲・三井美唄炭鉱労組事件）。また、労働組合が、組合の特定候補者推薦決議に反して別の候補者の支援活動を行った組合員を除名した事案においても、最高裁は当該除名決議を無効とした（中里鉱業労組事件・最判昭和44・5・2労旬別冊708号4頁）。妥当な判断である。

組合員が執行部等に対して行う批判活動は、労働組合の民主的運営のために欠くことのできないものであり、統制は組合員個人の表現の自由の制約につながるため、必要最小限にとどめられるべきである。批判内容が個人的攻撃でない場合には、それが多少の事実誤認や誇張に基づくものであったとしても、統制処分の対象とされるべきではない。なぜならば、執行部など批判された側は、言論によって反論することができるからである。

(4) 脱退

労働組合からの脱退は、組合員が組合加入契約を解約することによりなしうる。脱退も加入と同様、自由でなければならない。学説・判例はほぼ一致して、脱退の自由を実質的に制限する合意を無効とする（東芝労組小向支部・東芝事件・最判平成19・2・2労判933号5頁）。

しかし、通説・判例は、組合加入についてはユニオン・ショップ協定の有効性を認め、団結しない自由（消極的団結自由）を否定している。そのため、憲法28条の保障する消極的団結自由（団結しない自由）が脱退のみならず加入についても認められると解する有力説は、消極的団結自由を否定する通説・判例を「脱退制限を無効とする十分な根拠を示していない」と批判する。消極的団結自由を否定する通説・判例は、恐らく次のように考えているものと思われる。すなわち、憲法28条の団結権は積極的団結権と同義であり、労働者の消極的団結自由は認められないが、複数組合併存主義を採るわが国においては、労働者が複数ある組合のいずれかに加入・所属している限りにおいては、ある特定の組合を脱退する自由は有するのであり、脱退自由の制限は無効となる、と。私見では、権利とは自己支配権（自己決定権）を意味し、憲法28条の団結権とは団結に関する自己支配をいうので、加入も脱退も自己の意思で決定しうるというのが憲法の要請するところである。したがって、脱退についてのみ自由を認めるという通説・判例には賛成しえない。

〈参考文献〉

・鈴木隆「労働組合の統制権」労働法の争点（2014年）168頁
・佐藤敬二「チェック・オフと臨時組合費」労働法の争点（2014年）170頁
・鈴木芳明「ユニオン・ショップ」労働法の争点（2014年）172頁
・仁田道夫「企業別組合に何ができるか――歴史から学ぶ」日本労働研究雑誌591号（2009年）4頁
・西谷敏『労働法における個人と集団』（有斐閣、1992年）特に3章、4章

第2部　労働関係の当事者

第5章

使用者

Introduction

労働法において「使用者」という概念は、さまざまな場面で問題となる。大きくいえば、第1に、労基法などの労働者保護法上の責任をもつ者としての使用者（「事業主」「事業者」という概念が用いられることもある）とは誰かという問題、第2に、労働契約の相手方としての使用者は誰かという問題、そして第3に、労働組合法における使用者、とりわけ団体交渉に応じる義務を課される者としての使用者とは誰かという問題である。

「使用者」とは、通常は労働契約の一方当事者を指す。しかし、法律の目的に照らして、それ以外の者が「使用者」とされる場合もある。また、企業組織が複雑化したり多層化しているために、誰が使用者になるか不分明なケースが多く生じてきている。

本章では、それぞれに分けて考えていきたい。

1　労働基準法等における「使用者」

労働者保護法の一つである労基法は、「使用者」を、「事業主又は事業の経営担当者その他その事業の労働者に関する事項について、事業主のために行為をするすべての者」（10条）と定義する。ここでいう使用者とは、具体的には、個人企業の事業主、法人の代表者や役員のほか、使用者の立場に立って労働条件の決定や業務命令を発したり指揮監督を行う者、つまり問題となっている法律上の義務について実質的に一定の権限が与えられている者を指す。

これらの者は、法律によって課された義務を実際に履行すべき責任を負う者であり、義務違反に対しては罰則が科される（労基法117条以下）。したがって、ここでの使用者は自然人をいう。労基法121条によれば、事業主にも罰金が科されるが、同条１項本文の事業主は、個人企業の場合は個人事業主、法人の場合はその法人である。

最低賃金法上の「使用者」も、労基法にいう「使用者」と同一である（２条２号）。

労安法上は、「使用者」ではなく、「事業主」が責任主体となっている。労安法が「事業主」を責任主体としたのは、事業経営の利益の帰属主体そのものを義務主体としてとらえ、その責任を明確にするためである（昭和47・９・18基発91号）。同様のことは、均等法、賃確法および育介法にもあてはまる。

労働者派遣法においては、基本的には、派遣労働者と労働契約関係にある派遣元が、労働保護法上の「使用者」としての責任を負う。しかし、派遣元に責任を問うことのできない事項や、派遣労働者に対する保護の実効性という観点から派遣先に責任を負わせることが適切な事項については、派遣先ないし、派遣元と派遣先の両者が責任を負うものとされている（44条、45条、47条の２、47条の３）。対象業務外派遣や無許可派遣など派遣法に違反する態様での労働者派遣であっても同様である。

2　労働契約における「使用者」

(1)　労契法上の定義

労契法は、「使用者」について、「その使用する労働者に対して賃金を支払う者」と定義する（２条２項）。採用に際して、「労働契約書」、「雇用契約書」等、労働契約関係があることを表す文書を交付したということがあれば、その者が労働契約上の使用者であることは明らかである。またそのような文書が交付されていなくても、労働の提供の実態から、契約の一方当事者が他方の当事者に対して、指揮命令を行い、労働の提供を受け、それに対して報酬を支払っている場合にも、労働契約上の使用者といいうる。

しかし、それだけではない。別の名称で契約（たとえば請負契約や委任契約）を結んでいた場合にも、労働契約上の「使用者」と認められる場合がある。また、労働者の法的な利益（たとえば労働基本権や未払賃金の支払い）を守るために、労働契約の相手方以外の者が、「使用者」とされる場合がある。

⑵ 「黙示の労働契約」が成立する場合

次の例を考えてみよう。A社に雇用されている労働者Xらが、A社の締結した業務委託契約に基づいて、B社の社屋内で業務に従事していたところ（事業内下請けという）、B社がA社との業務委託契約を解約し、そのためにA社がXらを解雇したときに、XらはB社の指揮命令の下で就労していたという事実をもって、B社を労働契約上の「使用者」であるということができるだろうか。

この点について、裁判例は次のような事情があれば、「黙示の労働契約」が成立する余地があることを認めている。すなわち、①外形上、XらがB社の従業員とほとんど差異のない形で労務を提供し、そのために事実上の使用従属関係が存在すること、②A社がそもそも企業としての独立性を欠く等その存在が形式的名目的なものにすぎないこと（たとえば、B社の労務担当の代行機関と同一視できるなど）、そして③B社がXらの賃金額その他の労働条件を決定していると認めるべき事情があることである（サガテレビ事件・福岡高判昭和58・6・7労判410号29頁。ただし、同判決はこうした事情がないと判断している）。

もっとも、裁判所は黙示の労働契約関係の成立を認めることには慎重である（肯定した例として、安田病院事件・最判平成10・9・8労判745号7頁、否定した例としてパナソニックプラズマディスプレイ（パスコ）事件・最判平成21・12・18労判993号5頁）。とりわけ、請負企業（A社）が、委託企業（B社）から独立した企業としての実体を持ち、自らの労務管理の下で賃金を支払っているという実態がある場合には、黙示の労働契約の成立は認められにくい。

しかし、ここで問われているのは、B社が、本来であれば直接雇用をしてその労働力を確保すべき場合に、労働者派遣法に則った適法な労働者派遣の方法によらずに、労働力の提供のみを受け労働法上の規制を免れているという事実に対し、いったい誰がそれに対する法的な責任をとるべきなのか、という問題である。そうであれば、黙示の労働契約の成否を論じるに際して②の要素を重視すべきでなく、①および③が認められる場合には、XとB社との間には労働契約関係が認められると解するべきである。

(3) 支配企業について法人格が否認される場合

形式的には労働契約上の使用者がいる場合であっても、それ以外の者（たとえば親会社）に「使用者」としての責任を求める必要がある場合がある。その際に用いられるのが、「法人格否認の法理」である。

法人格否認の法理とは、法人格が全くの形骸にすぎない場合、またはそれが法律の適用を回避するために濫用されるような場合において、法人格を認めることは法人格の本来の目的に照らして許すことができないとして、契約上の相手方である企業主ではなく、他の企業主に使用者としての責任を認める法理である（最判昭和44・2・27判時551号80頁）。この法理は、判例において形成されたもので、形骸化事例と濫用事例からなる。

形骸化は、たとえば親会社（A社）、子会社（B社）という関係において、A社がB社の株式を所有し、役員を派遣するなどしてB社の事業運営の意思決定を支配し、加えて、事業活動や財産管理、会計処理等を混同させるなどして、B社が独立の法人としての実体を有さず、実質的にA社の一事業部門と認められるような場合に、B社の法人格を否認し、A社に使用者としての責任を認めようとするものである。

また、濫用事例は、子会社（C社）が解散し、それにともなってC社の労働者が解雇されたといった事案において、C社の解散が親会社（D社）の実質的な支配力を背景になされたこと（支配の要件）、かつその解散が労働組合の排除をもくろんで行われたなど違法・不当な目的でなされたこと（目的の要件）を要件として、D社に使用者としての責任を認めようとするものである。

法人格否認の法理が適用される場合の効果については、議論がある。すなわち、同法理による法的救済の内容は、子会社従業員の親会社に対する未払い賃金や退職金請求のような一時的、限定的な請求に限られるのか（雇用責任を否定した裁判例として布施自動車教習所・長尾商事事件・大阪高判昭和59・3・30労判438号53頁）、それとも、親会社の子会社従業員に対する雇用責任まで含むのか（第一交通産業ほか（佐野第一交通）事件・大阪高判平成19・10・26労判975号50頁）という議論である。法人格否認の法理が、上記B社あるいはC社の法人格を否認して、A社あるいはD社に使用者としての責任を引き受けさせるものであることに鑑みれば、その法的救済の内容を賃金支払い義務にのみ限定する必然性はないというべきである。

3　労組法上の「使用者」

労組法上の「使用者」概念については、主には、団交拒否の不当労働行為責任（7条2号）を問われる主体は誰か、という観点から問題となる。

労働契約の相手方である「使用者」が、労組法上の「使用者」であることについては疑いがない。問題は、労働契約関係にない、それ以外の者（たとえば、子会社従業員にとっての親会社、業務委託契約における注文主、派遣労働関係における派遣先企業など）が、労組法7条2号の「使用者」といえるかである。

判例では、下請会社等「労働者の基本的な労働条件等について、雇用主と部分的とはいえ同視できる程度に現実的かつ具体的に支配、決定することができる地位にある場合には、その限りにおいて」、労組法上の使用者性を認めうるとの考え方が示されている（朝日放送事件・最判平成7・2・28労判668号11頁）。現在問題となっているのは、雇用の存否や継続が団体交渉のテーマとなっている場合に、使用者の概念がどこまで拡張できるかである。

〈参考文献〉
・山川和義「第10条」西谷敏ほか編『新基本法コンメンタール　労働基準法・労働契約法第2版』（日本評論社、2020年）
・毛塚勝利「第2条」西谷敏ほか編『新基本法コンメンタール　労働基準法・労働契約法第2版』（日本評論社、2020年）
・中窪裕也「第7条総説」西谷敏ほか編『新基本法コンメンタール　労働組合法』（日本評論社、2011年）
・本久洋一「労働契約上の使用者」、池田悠「不当労働行為における使用者」『講座労働法の再生1巻』（日本評論社、2017年）所収

第3部　労働関係の成立と労働条件の決定・変更

第6章

採用のプロセス

Introduction

雇用ステージは、就職を希望する者が企業と接触を始めた段階から開始する。まず企業からの労働者募集があり、これに対して希望者が応募し、書類審査や面接試験を経て企業が採用を決定して希望者に通知し、その後に労働契約書を交わし、実際に就労が始まる。

採用プロセスは多様であるが、日本の新規学卒者の場合、採用は4月に一括で行われる。大卒者についてみると、採用活動の最初のステップである募集は3年次の3月に解禁され、4年次の10月以降に採用内定が行われる。また、ほとんどの場合にはそれ以前の段階で採用内々定が行われている。

採用内定通知をもらうと、学生はようやく一息つき、翌年の卒業に向けて勉強に精進する。そして卒業後、4月1日に入社し、実際に働き始める。しかし、この段階ではまだ3か月ないし6か月の試用期間が付されており、これが満了して初めて本採用となる。

以上が、正社員といわれる期間の定めがなく雇用される場合の一般的なプロセスであるが、ここでは次のような法律問題が生じる。

①使用者は採用・選考過程で労働者の調査を自由に行うことができるのか。

②このプロセスの中のどの時点で労働契約が成立したといえるか。

③採用内定期間中の当事者の関係はどのようなものか。

④採用内定の取消しや試用期間満了時の本採用の拒否はどのような性格のものか。それは解雇とは異なるのか。

1　使用者の採用の自由

(1) 採用の自由の意味

労働契約の当事者は、契約の自由の一環として、誰とどのような条件で契約を締結するかの自由を有している。使用者のこの自由が採用の自由である。契約の自由の憲法上の根拠は、職業選択の自由を保障した憲法22条および財産権を保障した同29条に求められる（三菱樹脂事件・最大判昭和48・12・12労判189号16頁）。

(2) 採用の自由を制限する法規

使用者の採用の自由も、絶対的ではない。まずそれは「法律その他による特別の制限」を受ける（前掲・三菱樹脂事件）。こうした法規として次のようなものがある。

障害者の雇用の促進等に関する法律は、使用者に一定の割合までの雇用率で障害者（身体障害者、知的障害者および精神障害者）を雇用することを義務付けている（38条、43条）。この雇用率は、国・地方公共団体および独立行政法人等の特殊法人では2.6%、一般事業主では2.3%である（施行令2条、9条、10条の2。経過措置あり）。雇用率を達成しない企業については、障害者雇用納付金が徴収される（53条以下）とともに、厚生労働大臣は障害者の雇入れ計画の作成を命じ、計画が未実施の場合には実施勧告を出すことができ、これに従わない場合には企業名が公表される（46条以下）。企業名の公表は、労働法のコンプライアンスを維持するために利用される、極めて日本的な行政措置である。

男女雇用機会均等法は、募集と採用について性別に関係なく均等な機会を与えること、つまり性別による差別的取扱いを禁じている（5条）。

労働施策総合推進法は、同じく募集と採用について年齢にかかわりなく均等な機会を与えることを求めている（9条）。ただし、これには例外がある。それは定年年齢までの期間の定めのない雇用を予定している場合、労基法等で年齢制限を設けている場合、その他合理的な制限と認められる場合（長期勤続によるキャリア形成のため若年者等を期間の定めなく募集・採用する場合、60歳以上の高齢者等を限定して募集・採用する場合等）である（労働施策総合推進則1条の3第1

項)。

労働者派遣法は、同法の重要な規制に違反する場合に、民事的なサンクションとして、派遣先企業に派遣労働者に対する労働契約の申込みをしたものとみなしている(40条の6)。重要な規制に違反する場合とは、労働者派遣が禁止されている業務で派遣労働者を受け入れている場合、合法的でない派遣元から派遣労働者を受け入れている場合、派遣可能期間を超えて派遣労働者を受け入れている場合、労働者派遣契約に求められている事項を定めずに労働者派遣を受け入れている場合等である(詳細は第8章を参照)。

(3) 憲法の基本権保障と労働者選択の自由

採用の自由に関し最も議論となるのは、憲法13条のプライバシー権、同14条の法の下の平等、同19条の思想・信条の自由、同20条の信教の自由、同21条の表現の自由の保障等は、使用者の採用の自由、とりわけ労働者選択の自由を制限するかである。前掲の三菱樹脂事件で問題となったのは、応募者の学生運動・政治活動歴を使用者は自由に調査することができるか、あるいは応募者はそれに真実を答える義務があるかであった。

同事件最高裁判決は、次のように論じている。すなわち、①憲法19条、14条等の規定は、国や公共団体と個人との関係を規律するものであり、私人相互間の関係を直接に規律することを予定するものではない。②私人間に事実上の支配関係が生じ、個人の基本的な自由や平等に対する侵害の態様・程度が社会的に許容しうる限度を超えるときには、立法措置による対処のほかに、公序良俗や不法行為に関する民法の規定の適用もありうる。しかし、労働者の思想・信条を理由とする雇入れの拒否を直ちに公序良俗違反や不法行為とすることはできない。③労基法3条は、雇入れ後における労働条件の差別を禁止する規定であり、採用自体には適用されない。④こうして使用者が採用の自由を有し、思想・信条を理由として雇入れを拒んでも違法となしえないから、使用者が労働者の採否決定にあたりその思想・信条を調査し、これに関連する事項についての申告を求めることも許される。

この判示では、労働者個人において本来自由であるべき事柄(思想・信条、趣味、帰依する宗教等)、私事として秘匿すべき事柄(完治した病気歴、過去の婚姻歴等)、あるいは社会的差別の原因となり公にされるべきではない事柄（出身地等）等で、かつ労務遂行にほとんど関係ない事柄についても使用者の介入を許すことになってしまう。労働者は使用者に対して労務提供の義務は負うが、人格的にも従属するのではないので、この判示は適切ではない。そうした考慮から職安法5条の4を受けた平成11年労働省告示141号は、特別な職業上の必要性が存在しない限り、人種、民族、社会的身分、門地、本籍、出生地その他社会的差別の原因となるおそれのある事項、思想および信条、労働組合への加入状況について、使用者は労働者の同意なく個人情報を収集してはならないとしている。これによって今日の採用実務では、先の最高裁判決は実質的に修正を受けていることになる。

(4) 採用拒否の救済

使用者は、たとえ労働者の選択（採用拒否）が違法であったとしても、その者との間で労働契約を締結することを強制されない。採用の自由の核となる部分であり、近代市民法の原則である契約の自由によると考えられている。

使用者が仮に思想・信条を決定的な理由として労働者の採用を拒否し、それが違法と認められたとしても、労働者としては使用者に対して不法行為の損害賠償請求をする可能性はあるが（ただしこの場合にも、思想・信条が採否決定の判断要素の一つであるというだけでなく、採用拒否の直接の決定的な理由でなければならない。慶応大学附属病院事件・東京高判昭和50・12・22判時815号87頁)、労働契約の締結（採用）自体を訴求することはできない。

2　労働契約の成立

(1) 採用内定

今日一般に労働契約は採用内定によって成立すると解されている。

1960年代に採用内定の取消しが多発し、労働者が裁判でその有効性を争う中で、採用内定の法的性格が明らかにされた。この過程で採用内定によって労働契約が成立すると解すべきであるという説が有力になり、最高裁判決においても採用されるようになった（大日本印刷事件・最判昭和54・7・20労判323号19頁、近畿電通局事件・最判昭和55・5・30労判342号16頁)。

この判例法理では、「採用内定通知のほかには労働契約締結のための特段の意思表示をすることが予定されていな」い場合、①会社（使用者）からの募集が申込みの誘引、②これに対し労働者が応募したのが労働契約の申込み、③これに対する会社からの採用内定通知が右申込みに対する承諾で、④これによって労働者の誓約書の提出とあいまって、労働者の就労の始期を大学卒業直後とし、それまでの間は解約権を留保した労働契約が成立すると解されている。

この法理は、労働契約（雇用契約）が諾成契約であり、当事者の意思が合致した時点で成立する（民法623条、労契法６条）ことを論拠にしている。判例法理では企業が出す採用内定通知が重視されているが、このことによって使用者の採用意思が明確に表示されるからであり、要式性を求めているわけではない。

なお、採用内定は新規学卒者の事例が一般的であるが、他社で勤務していた労働者が中途採用される場合にも適用される（オプトエレクトロニクス事件・東京地判平成16・６・23労判877号13頁等）。

⑵ 採用内々定

1990年中頃から採用活動が早期化し、最近では大学３年生の12月頃には始まっている。そして早い人では４年生になった年の５月頃には採用内々定が出されるようになった。ところが後にそれが取り消されるケースが登場し、そこで今度は採用内々定の法的性格が議論されるようになってきた。

裁判例は、内定式直前になって採用内定通知が確実に出される段階にいたっても、採用内定通知が出されないことを理由として労働契約の成立を容易には認めない（コーセーアールイー（第１）事件・福岡高判平成23・２・16労判1023号82頁、コーセーアールイー（第２）事件・福岡高判平成23・３・10労判1020号82頁等）。ただし、この段階で合理的理由なく採用内々定を取り消すことは信義則違反として不法行為となると解している（上記２事件では、精神的損害の慰謝料請求を認容する）。

しかし学説では、採用内定通知の有無を重視せずに、労働契約が諾成契約であることを強調して、使用者の何らかの確定的な採用意思が確認できる事実があれば、採用内々定によっても労働契約の成立を肯定する説が有力に主張されている。具体的には、人事部長の前で学生に他社への断りの電話を入れさせる場合、他社との接触を妨げるように学生の囲い込みを行う場合、学生が他社をすべて断り、その会社の内定式に確実に出席することを使用者も認識している場合、などがあげられる。

(3) 何についての合意か

採用内定の時点で当事者間に合意されているのは、労働者が使用者に使用されて労働に従事すること、使用者がこれに対して賃金を支払うことについてである。つまり、両当事者が合意したのは抽象的な内容の債務にすぎない。

ところが労基法15条は、労働契約の締結に際し、使用者が労働者に対して賃金、労働時間その他の労働条件を明示することを求めている（明示すべき労働条件の内容な方法については労基則５条を参照）。「労働契約の締結に際し」となっているから、採用内定段階で労働条件が明示されることが望ましい。しかし、だからといって、賃金額や労働時間が具体的に定まっていないと労働契約が成立しないと解すべきとも思われない（このように解する裁判例として、日本ニューホランド事件・札幌地判平成22・３・30労判1007号26頁）。労働契約の成立自体は、労務提供と賃金支払いという合意で足り、具体的な労働条件はその後遅くとも就労が開始される時点までに定まればよい。

(4) 採用内定期間中の当事者の関係

新卒者の採用内定期間中は、内定者は学生であるので、卒業して入社式まで使用者はこの者に就労を求めることはできない。このことを労働契約に始期が付いているというが、何の始期かについては議論がある。つまり、採用内定によって契約の効力自体は発生しているが、就労に始期が付いていると解するか（前掲・大日本印刷事件）、あるいは契約の効力自体に始期が付いていると解するか（前掲・近畿電通局事件）である。労働契約自体は成立しているし、労働者の処遇に関する労基法３条や、使用者からの解約に関する労基法20条の規定の適用を認める必要性が高いことから、就労の始期付きと解するのが妥当である。

したがって、採用内定期間中も、就労を除いて、当事者間には一定の権利義務が発生しうる。具体的には、レポートの提出や研修への参加などである。しかし、採用内定者の本分はあくまで学業への従事であるから、使用者はそれに支障を来すような行為・活動を求めることはできない（宣伝会議事件・東京地判平成17・1・28労判890号5頁。事案は、理系の大学院修士課程の学生に実験に支障を来すような頻度で研修への参加を求めたもので、同判決は、契約の効力始期付き説の立場からこうした行為には内定者の同意が必要と解するが、就労の始期付き説でも同じ結論が導かれる）。

採用内定期間中に一定の資格の取得を求めることは、採用内定時に条件とされているような場合を除いてできない。また、条件とされていても、あまりにも長時間で多額の費用を要することについても、使用者は求めることができないと解すべきである。

(5) 採用内定取消しの合理的理由

採用内定によって労働契約が成立するとすれば、内定取消しは労働契約の終了である。判例は使用者による内定取消しについて、内定に際し留保した解約権の行使と理解し、「採用内定の取消事由は、採用内定当時知ることができず、また、知ることが期待できないような事実であつて、これを理由として採用内定を取り消すことが解約権留保の趣旨、目的に照らして客観的に合理的と認められ、社会通念上相当として是認することができるものに限られる」と述べる（前掲・大日本印刷事件）。

採用内定の取消事由は、内定者が提出した誓約書に記載があれば、それも参考にして判断される。合理性が認められる取消事由としては、卒業できなかったこと、健康状態が著しく悪化したことなどがあげられる。裁判例で認められたのは、現行犯逮捕され、起訴猶予処分となったことが発覚したことを理由とした場合である（前掲・近畿電通局事件）。それに対し、当初から「グルーミー」な性格であったことが分かっていながら採用内定を行い、後にこれを打ち消す事情が現れなかったことを理由とした場合（前掲・大日本印刷事件）、内定後に分かった事情でも単なる噂にすぎない場合（前掲・オプトエレクトロニクス事件）には、内定取消しは無効とされる。

(6) 内定の辞退

採用内定によって労働契約は成立し、就労を除いて効力が発生しているから、解約については民法627条や労基法20条が適用される。したがって、内定者から採用を辞退する場合にも２週間の予告期間を置かなければならない。

3　労働条件の明示と書面の作成

使用者は労働契約の締結時（必ずしも採用内定時ではない）に労働条件を労働者に示さなければならない（労基法15条）。提示すべき労働条件は、労基則５条において列挙されている。このうち就業規則の必要的記載事項については就業規則の提示によって、その他の事項については特別に提示する必要がある。

使用者は、労働条件について丁寧に説明するなど、労働者の理解を深めるよう努めなければならない（労契法４条１項）。また、労働契約内容については、できるだけ書面によって確認することが望ましいとされる（同４条２項）。労働契約自体は諾成契約であるが、書面化することによって紛争解決に資するからである。

4　試用期間

(1) 試用期間の意義

労働契約、とりわけ期間の定めのない労働契約には、３か月ないし６か月の試用期間が設けられるのが一般的である。これは、入社後に労働者を正社員として本採用する前に、職業能力や企業適応性をみるために設けられた制度である。この期間の終了時に、社員として不適格と認めたときには本採用しないという扱いがされる。

採用内定によってすでに期間の定めのない労働契約が成立しているのであるから、本採用の拒否も一種の解雇となる。つまり、試用期間中の労働者は、本採用後の労働者と同じ法的地位にあるが、そこには試用という目的からくる解約権が留保されていることになる（前掲・三菱樹脂事件）。

(2) 本採用拒否の合理的理由

試用期間の目的は、労働者を実際に働かせてみて従業員としての能力、適格性、意欲等を判断することにあり、したがって、「解約権留保の趣旨、目的に照らして、客観的に合理的な理由が存し社会通念上相当として是認されうる場合にのみ」本採用の拒否は許される。前掲の三菱樹脂事件最高裁は、さらに採用決定後の調査により判明した事情を理由として本採用を拒否することも許されるとしている。しかし、こうした補充的な身元調査は本来、採用内定期間中に行うべきものであり、それを試用期間にまで延長するのは、労働者の地位を不安定にするために妥当ではない。試用期間は、労働者の適格性を判断するための期間と限定的に解すべきである。

従業員としての適格性の判断期間という試用期間の性格から、本採用拒否に関する使用者の裁量判断は、通常の解雇の場合よりも一定程度は広く認めざるをえない。しかし、期待された能力の不足を理由とする場合においても、その程度が軽微な場合には本採用の拒否は無効となる（ライトスタッフ事件・東京地判平成24・8・23労判1061号28頁）。また、試用期間途中での解雇については、仕事上のミスといった能力不足に加えて、試用期間満了までの間に改善の余地がないことが必要とされる（医療法人財団健和会事件・東京地判平成21・10・15労判999号54頁）。

(3) 試用期間と試用目的の有期契約

試用の目的で労働契約に期間を設定した場合、それは試用期間なのか、それとも有期労働契約なのか。前者とすれば、試用期間が満了しても、合理的な本採用の拒否理由がなければ、本採用され、期間の定めのない労働契約が存続する。それに対して後者ならば、期間の満了によって労働契約は当然に終了する。

最高裁は、「期間の満了により右雇用契約が当然に終了する旨の明確な合意が当事者間に成立しているなどの特段の事情が認められる場合を除き、右期間は契約の存続期間ではなく、試用期間であると解す」べきであると判示している（神戸弘陵学園事件・最判平成２・６・５労判564号７頁）。つまり、原則は無期労働契約を前提とした試用期間と解され、「特段の事情」があれば例外的に契約の存続期間になるとの理論を示している。

特段の事情については、労働契約時の雇用の長さに関する会社の説明（長期雇用の期待を抱かせているか)、従事している職務の内容(無期雇用の労働者と同じかどうか)、などの事情から判断することになる。しかし、それは例外的な事情であるのだから、認定については慎重になされなければならない。

ブラック企業

ブラック(black)には、汚れた、腹黒い、暗澹たるといった意味があり、ブラック企業とは、法律違反をしている会社、若者を使い捨てしたり、使いつぶす会社を指している。2000年代に入ってから使われるようになり、2013年度の流行語大賞にも選ばれている。過労死、過労自殺、ワーキングプアなどと並んで企業社会の否定的な面を表現している。ブラック企業について明確な定義があるわけではないが、就職を控えている学生にとってはそのことを知っておかなければ、せっかく苦労して就職しても後悔することになる(宮里邦雄・川人博・井上幸夫『就活前に読む　会社の現実とワークルール』(旬報社、2011年)、今野晴貴『ブラック企業　日本を食いつぶす妖怪』(文春新書、2012年)が参考になる)。

ブラック企業については、次のような特徴をあげることができる。

第1に、残業代が支払われないタダ残業(労基法37条違反)、賃金を始めとした雇用の各ステージでの女性差別(均等法違反)、労働組合差別といった不当労働行為(労組法7条)など、労働法規の遵守(コンプライアンス)に欠けている。

第2に、過労死や過労自殺が発生している。それにいたらなくても労働時間が長期に及んでいるのは、過労死予備軍がかなりいることを意味している。

第3に、短期間の間に離職する率が高いという特徴がある。厚生労働省は、3年以内に離職率が高い業種を公表している。教育・学習支援業、宿泊・飲食サービス業、生活関連サービス業・娯楽業、医療・福祉、小売業等で高く、逆に低いのは、電気・ガス・水道業、製造業、金融・保険業等である。大量に採用して、過酷な労働をさせ、若年労働者を使い捨てにしているような企業は、要注意である。

第4に、女性の採用者数、あるいは長期勤続者数が少ない会社、あるいは障害者の雇用状況が悪い会社も要注意である。このことは結局、コンプライアンス意識が低く、そして職場環境が良好ではないことも意味している。

20歳代で店長に抜擢されるが、「君の代わりならでいつもいる」と脅迫され、過酷なノルマが課され、達成できないと退職に追い込まれたり、自殺に追い込まれるようなケースが後を絶たない。そんな企業が成長企業のように扱われることがあるが、異常な現象である。企業は若者をはじめ労働者を大切にし、責任をもって人材育成をすべきである。

〈参考文献〉

・和田肇『人権保障と労働法』（日本評論社、2008年）4頁以下
・緒方桂子「採用内定取消をめぐる法律問題と法の役割」ジュリスト1377号（2009年）8頁以下
・竹内（奥野）寿「若者と雇用の保護——『内定切り』、『有期切り』、『派遣切り』に関する裁判例の分析」日本労働研究雑誌602号（2010年）6頁以下
・川田知子「採用内定の法的性格——大日本印刷事件」、緒方桂子「試用を目的とする有期労働契約の期間の性質——神戸弘陵学園事件」唐津博ほか編『新版労働法重要判例を読むⅠ』（日本評論社、2013年）所収

第3部　労働関係の成立と労働条件の決定・変更

第7章

労働条件の決定システム

Introduction

労働者が、働く際に、使用者との間で取り決める就労に関する条件のことを「労働条件」という。賃金や労働時間は、重要な労働条件の一つである。労働条件は、採用の際に決まるものもあり、また、その後、働き続けていく中で変更されていくものもある。

労働問題を抱えた労働者が、裁判等によってその解決を求めようとする場合には、何が労働条件として決められているのか、つまり労働契約における権利や義務がどうなっているかは、重要な争点となる。

通常の契約であれば、契約条件は当事者の合意によって決定される。また、約款を使用する場合、消費者はその内容に異議を差し挟むことは困難であり、事実上約款によって契約条件は決まる。

労働契約もまた然りであり、当事者の合意のほかに、就業規則が約款とよく似た機能を果たす。しかし、労働契約では、法律の規定、さらに労働協約という特殊な機能をもった取決めも重要な役割を果たす。

この章では、こうした複雑な労働条件の決定システムについて学ぶ。

1　労働条件を定めるもの

労働者の労働条件を定めるのは、①個々の労働者と使用者との間の合意、②使用者が作成する就業規則、③使用者と労働組合との間で締結される労働協約、④法律の規定である。なお、①や②などを補充するものとして職場内の労使慣行がある。

①ないし④には優劣関係がある。

まず、労基法等の諸法令が定める労働条件は最低基準であり、個別合意も(労基法13条前段参照)就業規則も(労契法13条)、そして労働協約も(条文はないが当然の解釈)これを下回る取決めをすることができない。

次に、労働協約には優先的効力があり、就業規則も(労契法13条)個別合意も(労組法16条)それに反することができない。ただし、労働協約が適用されるのは原則として組合員のみであるから(例外として労組法17条の場合がある)、非組合員についてはあてはまらない。なお、「反することができない」という意味については後述する(本章5)。

さらに、就業規則と個別合意との関係はかなり複雑であるので、この点についても詳しくは後述する(本章4(2))。

以上のことを念頭に置きながら、労働条件を決定する各要素についてみていくことにする。

2　法令による最低労働条件の保障

憲法27条2項は、「賃金、就業時間、休息その他の勤労条件に関する基準は、法律でこれを定める」と規定している。それを受けて、労基法をはじめ、さまざまな労働者保護法が労働条件の最低基準やルールを定めている。それらの最低基準は、労働者と使用者の間の合意によって引き下げることはできない(強行法規性)。合意による逸脱を認めてしまうと、労働条件の安売り競争を許してしまうことになり、結果として労働者全体の労働条件の切下げにつながってしまうからである。

そこで、たとえば、ある労働者が長時間労働でもより賃金が高い方がよいと考えて、1日の労働時間を10時間とする合意をしても、それは労基法32条に反して無効とされる(強行的効力)。そして、無効となって空白となった部分は、労基法の規定である32条によって補充され(補充的効力)、1日の労働時間は8時間となる(労基法13条)。同様の仕組みは、最賃法4条2項でも採られている。

労働者保護法には、強行的効力のみで、補充的効力を定めていないものも多い。しかし、その場合でも法律の趣旨に鑑みて、直接に、あるいは、労働契約の補充的意思解釈によって労働者が法律どおりの権利を主張できる場合がある。たとえば育児・介護休業法に定められた育児休業、介護休業、子供の看護のための休暇の権利や、均等法6条、短時有期法8条以下に定められた均等待遇・差別禁止の取扱いなどである。

また、労働者保護法の規定は強行規定であるから、それに反した扱いは権利濫用として無効あるいは、不法行為に基づく損害賠償の対象となる。

3　個別合意による労働条件の決定と変更

(1)　個別合意の形成と意義

労働契約も契約の一種であるから、労働者および使用者が対等な立場で自主的に交渉を行い、合意に基づいて労働条件を定めまたは変更するというのが理念的な形である。労契法3条1項が、労働契約の原則として、「労働契約は、労働者及び使用者が対等の立場における合意に基づいて締結し、又は変更すべきものとする」と規定しているのは、そのことを表している。

(2)　労働契約締結時の規制

こうした理念を実現するために、労基法は、労働契約締結に際して、次のような規定を設けている。

(a)　労働条件の明示義務

使用者は、労働契約の締結に際し、労働者に対して、賃金、労働時間その他の労働条件を明示しなければならない（労基法15条）。その具体的内容は、労基則5条が定めている。明示は、書面を交付する方法によって行わなければならない。

また、使用者は、労働者をパートタイムや有期雇用で雇い入れる場合には、上記に加え、昇給、退職手当、賞与の有無等（「特定事項」）についても明示しなければならない（短時有期法6条1項）。

使用者が、労基法15条に定める労働条件明示義務に違反した場合、罰則の対象となる（労基法120条）。もっとも、それによって労働者、使用者間の労働契約自体が無効になることはない。明示されなかった労働条件部分は、その後の労働関係の展開のなかで推認される当事者の合意によって補充されるか、あるいは、就業規則、労働協約もしくは当該職場の慣行に従って決定される。

(b) 使用者の説明義務

労契法は、使用者に対し、労働者に提示する労働条件および労働契約の内容について、労働者の理解を深めるようにすることを求めている。また、労働契約の内容について、できる限り、書面により確認するよう労使双方に要請している（労契法4条1項および2項）。

労基法15条とは異なり、同条は、その対象となる労働条件を限定しておらず、またその機会も労働契約締結時に限っていない。さらに、いかなる方法で、「理解を深める」かについても定めていない。労働者は労働条件や労働契約の内容についていつでも説明を求めることができる。

労契法4条は、労働契約の内容を、契約当事者である労使双方が十分に理解したうえで履行し、そうすることによって両者にとって納得のいく契約内容の形成と紛争の発生の回避を目指している。そういった、いわば契約の本来的なあり方を実現するための規定であるとするならば、同条はさまざまな可能性をもっているとも考えられる。

たとえば、契約内容について十分な説明がなされなかったことは、使用者の行う権利行使の適法性を否定する重要な要素となりうる。裁判例においては、転勤命令に応じられないことを業務命令違反であるとして懲戒解雇された労働者について、転勤命令を有効としつつ、通勤にかかる時間等に関し十分な情報提供をしなかったことから、命令違反を理由とする懲戒解雇を権利濫用にあたるとした事案がある（たとえば、メレスグリオ事件・東京高判平成12・11・29労判799号17頁）。

また、契約内容について説明を求めることで、会社内の制度が適法なものか否かをチェックすることもできる。たとえば、有期労働契約の期間設定の意味について説明を求めることによって、「有期労働契約により労働者を使用する目的に照らして、必要以上に短い期間を定め」ていないか（労契法17条2項参照）を明らかにすることができる。

⑶ 法令等との関係

先述したように、個別合意による労働条件は、労基法に違反するものであってはならず（労基法13条）、また就業規則で定める基準を下回るものであってはならない（労契法12条）。これらに違反する事実があれば、その労働契約は当該部分は無効となり（強行的効力）、労基法に定める基準あるいは就業規則で定める基準によって補充される（補充的効力）。また、労基法以外の法律および公序良俗に反するものであってはならないのは当然のことであり（民法90条）、その場合にも当該契約の部分は無効となり、他に補充する規範がない限り、当事者の契約意思を探求して契約の補充的解釈が行われることになる。

⑷ 個別合意による労働条件の変更

労働条件が個別合意によって決定されている場合、その変更は、労働者および使用者の合意によってのみ可能である（労契法８条）。しかし、使用者が労働条件の変更、とりわけ不利益な変更を望む場合、多くの労働者はそれを拒否するであろう。たとえば、勤務地が限定されている労働者に対して、遠隔地への転勤を要請する場合である。この場合、使用者は、業務上の必要性やキャリア形成などの面から労働者の享受しうるメリット、デメリットを提示するなどして、説得を行うことが必要になる。

労働条件の変更について、労働者が同意したとされる場合であっても、その同意の認定には慎重でなければならない。裁判例においては、使用者による解雇の威嚇のもとに労働者が同意をした事案や、反復更新されてきた有期労働契約において、「次回の更新はない」といういわゆる不更新条項が提案され、それに従わないと雇止めをするとの方針が示され、不更新条項に同意した事案などが問題となっている（近畿コカ・コーラボトリング事件・大阪地判平成17・１・13労判893号150頁、明石書店事件・東京地決平成22・７・30労判1014号83頁など）。

一般に、錯誤、詐欺・強迫による契約当事者の意思形成上の瑕疵については取り消すことができる（民法95条および96条。なお、錯誤の場合、2020年４月１日以前は「無効」となる）。しかし、その要件は厳格であり、これらの規定による解決には限界がある。

そこで、労働関係に内在する、労使間の従属関係を考慮し、民法の枠組みとは別個の判断枠組みを構築することが必要となる。この点に関して、最高裁は、賃金債権の放棄や合意相殺における労働者の合意が問題となった事案において、労働者の意思表示が「自由な意思に基づくものであると認めるに足る合理的な理由が客観的に存在してい」ることを求めるという枠組みを提示した（シンガー・ソーイング・メシーン事件・最判昭和48・1・19判時695号107頁）。この判断枠組みは、賃金債権の放棄等に限らず、一般的に、労働者の意思表示の有効性を判断する際の有効な基準となりうる。

4　就業規則による労働条件の決定と変更

(1)　就業規則の意義と作成手続

就業規則とは、労働者が遵守すべき職場規律や集合的な労働条件について定めた規則をいう。「社員規則」といった名称が付される場合もあるが、就業規則か否かは名称ではなく、その内容に則して判断される。また、就業規則の中に、「別途、賃金規程により定める」とされている場合もあるが、その賃金規程も、就業規則の一部である。

就業規則は、多数の従業員に対する公平、公正な取扱い、職場における安全で効率的な業務遂行の実現、職場における労働条件を設定するといった意義を有する。また、労基法は、就業規則の作成と届出を通じて、事業場での労基法等の遵守を監督する。

労基法89条以下は、常時10人以上の労働者を使用する使用者（単位は事業場である）に、就業規則の作成義務を課し、またそこで最低限定めなければならない事項について定めている。使用者は作成した就業規則を労働基準監督署長に届け出なければならない（89条）。作成にあたって使用者は、当該事業場に労働者の過半数で組織する労働組合がある場合においてはその労働組合、そういった労働組合がない場合には労働者の過半数を代表する者（過半数代表者）の意見を聴かなければならない（これを「意見聴取義務」という）。意見聴取義務は、過半数代表（組合）の意見を聴けばよく、同意をとることまで求めていない。過半数代表の意見は書面化し、労働基準監督署に提出される就業規則に添付しなければならない（労基法90条）。

意見聴取義務に関し、短時有期法は、事業主に対して、パートタイマーや有期契約労働者の労働条件等を定める就業規則を作成、変更する場合には、当該事業所におけるパートタイマーおよび有期契約労働者の過半数を代表する者の意見を聴くよう努めることを求めている（短時有期法７条）。法的には、たとえパートタイム労働者にかかる労働条件の作成であっても、パートタイム労働者が加入していない労働組合あるいはパートタイム労働者以外の者がつとめる過半数代表（組合）から意見聴取を行えば、意見聴取義務を果たしたことになる。しかし、それではパートタイム労働者の意見を聴くことがないままに、労働条件の作成、変更が行われてしまいかねない。同法が定めているのは努力義務にすぎないが、適正な労働条件の形成、紛争の防止という観点から、当該義務の履行が強く求められる。

作成された就業規則は、常時各作業場の見やすい場所に掲示するなど、従業員がアクセスしやすい状態に置いて周知されなければならない（労基法106条、労基則52条の２）。

以上の手続は、就業規則を変更する場合にもあてはまる。

(2) 就業規則の労働契約に対する効力

ところで、就業規則と労働契約とはどのような関係にあるのだろうか。

労契法は、労働契約に対する就業規則の法的な効力を３つ規定している。①最低基準効、②労働契約成立時における労働契約規律効、③不利益変更された就業規則の労働契約規律効である。ここでいう労働契約規律効とは、就業規則の定める内容が労使間の労働契約の内容を決定することをいう。

(a) 最低基準効

最低基準効とは、就業規則で定める基準に達しない労働条件を定める労働契約について、その部分を無効とし、無効となった部分を就業規則で定める基準によって補充する効力である（労契法12条）。たとえば、就業規則によって時給が1,200円と定められている場合に、労使間の個別合意によって時給1,000円と定めたとしても、その個別の取決めは無効となり、当該労働者の時給は1,200円に変更される。職場における公正な労働条件を実現するという就業規則の機能を発揮するための重要な効力である。

逆に、就業規則よりも有利な労働条件について取り決めた場合には、その取決めは有効である（労契法7条ただし書）。たとえば時給を1,500円とする個別の取決め、8時間より短い労働時間の個別の取決め、勤務地や職種の特定は、それぞれ有効である。

(3) 労働契約成立時における労働契約規律効

労働契約成立時における労働契約規律効とは、当該就業規則が合理的な労働条件を定め、労働者に周知されている場合に、労働契約の内容が、その就業規則で定める基準によって定まるという効力である（労契法7条本文）。個別合意で何も決められていない場合、労働契約の内容は就業規則によって決まる。

ここでいう「合理的な労働条件」の意味は、採用を希望する労働者が受容しうる内容であるという程度の意味であるから、通常、企業経営上の必要性があり、労働者の権利利益を不相当に侵害する内容でないことを指す。就業規則には、配転や出向に関する一般的な義務付け条項、時間外労働義務付け条項、服務規律、退職金減額・剥奪条項、競業避止義務条項など、労働者の権利利益を保護するという観点からみて、当然に労働契約の内容となることを肯定するのが適切とはいえない条項が含まれている場合もある。そのような場合には、当該条項について労働契約規律効を認めるべきではない。しかし、当事者意思を勘案して当該条項を合理的な範囲に限定的に解釈し、その範囲で効力を認めることもありうる。

「周知」とは、労基法106条が定める方法に限定されておらず、実質的にみて職場の労働者が当該就業規則の内容を知ろうと思えば知りうる状態に置かれていることをいう。

ところで、就業規則の作成・変更にあたって、労基法は使用者に対し労働基準監督署への届出や過半数代表（組合）の意見聴取を義務付けているが、そういった手続を踏んで制定されていない就業規則について、労働契約成立時における労働契約規律効が認められるかについては議論がある。しかしながら、後述するように就業規則の変更の場合とは異なり法律上の根拠に欠けること（労契法11条は変更の場合についてのみ規定している）、労働契約成立時における労働契約規律効は、労働者が採用に際して当該労働条件を事実上受容したということを背景に認められていることから、届出義務や意見聴取義務を履行せずに制定された就業規則についても、ここでいう労働契約規律効が認められると解される。ただし、労基法の手続は遵守していないことは、合理性判断に影響を与えると考えるべきである。

(4) 不利益変更された就業規則の労働契約規律効

景気や経営状態の悪化などの理由により、就業規則で定めた労働条件を引き下げなければならない状況が生じることは避けられない。このような場合について、法はどのような仕組みを設けているのだろうか。

(a) 個別合意を介した就業規則の不利益変更の可否

労契法9条は、「使用者は、労働者と合意することなく、就業規則を変更することにより、労働者の不利益に労働契約の内容である労働条件を変更することはできない」と規定する。原則として、就業規則の変更による労働条件の不利益変更は認められない。

しかしながら同条については、労働者との合意があれば、就業規則による労働条件の不利益変更ができる、との解釈（これを反対解釈という）が可能である。

最高裁も、その法解釈を認め、労使間の個別の合意によって、就業規則を不利益に変更できるとする。もっとも、その合意は労働者が自由な意思に基づいて行ったものであることが要請される。具体的には、当該変更を受諾する行為（たとえば署名や押印）だけでなく、当該変更により労働者にもたらされる不利益の内容および程度、労働者が受諾の行為にいたった経緯およびその態様、それに先立つ労働者への情報提供または説明の内容等に照らして、当該受諾行為が労働者の自由な意思に基づいてなされたものと認めるに足りる合理的な理由が客観的に存在することが必要とされる（山梨県民信用組合事件・最判平成28・2・19労判1136号6頁）。

しかし、労契法9条を反対解釈することを認めてしまうと、次項に述べる労契法10条の合理性審査との整合性、および、職場内の統一的な労働条件の設定という就業規則の機能と矛盾を来すことになりかねない。通説、判例の見解には疑問が残る。

なお、就業規則が労働者に有利に変更される場合には、就業規則には最低基準効が認められるから、当然に労働契約規律効は認められる。就業規則が有利に変更されるにともない、労働契約の内容もその有利な内容になる。また、変更後の就業規則の基準を上回る水準の労働条件が個別合意によって設定されており、それについて労働者および使用者が就業規則の変更によっては変更されない労働条件として合意している場合については、当該個別合意が優先する（労契法10条ただし書）。

(b) 不利益変更された就業規則の周知と合理性

労契法９条は、「次条の場合は、この限りではない」として、就業規則の変更による労働契約内容の不利益変更には拘束力がないとの原則の例外を認めている。この例外が認められるのは、使用者が、変更後の就業規則を労働者に周知させ、かつ、就業規則の変更が合理的な場合である（同10条）。

変更後の就業規則の「周知」とは、先に述べた「周知」と同様、労働者が実質的に知ろうと思えば、知りうる状態に、変更後の就業規則が置かれていることを指す。

合理性の判断については、労契法10条の規定に従い、労働者の受ける不利益の程度、労働条件の変更の必要性、変更後の就業規則の内容の相当性、労働組合等との交渉の状況その他就業規則の変更にかかる事情を総合的に考慮して判断される。就業規則の変更によって労働者のこうむる不利益と、たとえば企業業績の悪化などといった労働条件を不利益に変更しなければならない経営上の必要性との比較衡量を中心に据えつつ、他の関連する規定の変更など全体的にみた当該就業規則の内容の相当性や、同じ地域や同種産業における労働条件水準とのバランス、不利益を緩和するための経過措置の存否といった事情が考慮される。また、賃金や退職金などのとりわけ重要な労働条件の不利益変更については、特に高度の必要性が求められている（大曲市農協事件・最判昭和63・２・16労判512号７頁）。

慎重に考える必要があるのは、労働組合等との交渉の状況を合理性判断においてどのように位置付けるかである。この点、最高裁は第四銀行事件（最判平成９・２・28労判710号12頁）において、行員の約90％で組織された圧倒的多数派である労働組合が変更に同意していることをもって、「変更後の就業規則の内容は労使間の利益調整がなされた結果としての合理的なものであると一応推測することができ」るとし、労働組合の交渉、合意達成という事実を重視した判断を示した。しかし、最高裁は、その後に続くみちのく銀行事件（最判平成12・9・7労判787号6頁）において、従業員の73％を組織する労働組合との合意に基づく就業規則の変更について、変更による一部の労働者のこうむる不利益の程度が大きいとして、変更後の就業規則に労働契約規律効を認めていない。

日本においては、多数派組合といえども、労働者の利益を適切かつ公正に代表しているとはいえない場合もある。多数派組合の同意がある場合であってもあくまでも、判断の一要素と考えるべきであろう。

(c) 就業規則の変更と労基法上の手続

労基法は、就業規則の作成、変更に際してとるべき手続を規定している。

それらの手続を守らずに変更された就業規則の労働契約規律力をどのように考えるべきであろうか。

学説においては、労基法上の手続を履践していない就業規則の変更は労働契約規律効を有しないとする見解と、履践の有無は合理性判断において合理性を基礎付ける一要素となるとの見解が対立している。就業規則の変更による労働条件の不利益変更は認められないとの原則に立ち返って考えるならば、労基法上の手続を踏むことが、労契法10条に定める労働契約規律効の効力発生要件と解する方が妥当である。仮にそのように解さない場合であっても、労基法上の手続を履践していないことは、変更後の就業規則の合理性判断において、合理性を否定する一つの要素となると解すべきである。

5　労働協約による労働条件の決定

労働組合と使用者との間で締結される取決めを労働協約と呼ぶ。労働協約は、原則として、当該労働協約を締結した労働組合の組合員にのみその効力が及び、それらの者の労働条件を決定する。

労働協約のうち、労働組合員の労働条件その他労働者の待遇に関する基準を定めた部分は、労働契約の内容を規律する効力（規範的効力）を有する（労組法16条）。この場合、労働者が個別合意によって、労働協約とは異なる労働条件を定めている場合の扱いが問題となる。

まず、その合意の内容が労働協約の水準を下回っている場合には、当然労働協約の水準が優先する。

問題は、労働協約を超える水準で個別合意を結んでいる場合である。この場合、まずは労働協約における定め、あるいは、締結当事者の意思の解釈に委ねられる。しかし、いずれとも判然としない場合には、個別合意の方が優先すると解するのか（これを「有利原則」という）、それとも労働協約の方が優先すると解するのか、見解の対立がある。通説は、労組法16条の文言（「反する」）および日本の労働協約のもつ労働条件設定機能に着目して、労働協約の方が優先すると解する。しかし、これに対しては、労働協約は、個人レベルでは形骸化しがちな労使対等決定原則を労働組合という集団レベルで実現するものであるから、個別の交渉により労働協約を上回る水準で獲得した場合に、それを引き下げるような解釈には矛盾があると指摘されている。

労働協約と就業規則の関係については、労働協約に反する就業規則の部分は、当該労働協約を締結した労働組合の組合員には及ばない（労契法13条）。つまり、労働協約に定める労働条件の適用を受ける労働者にとっては、就業規則に定める基準よりも、労働協約に定める基準の方が優先する。

労働協約に関する詳細については、後述する（第16章参照）。

6　労使慣行による労働条件の決定

労使慣行とは、職場で長年続いてきた不文のルールをいう。労使慣行には、労働条件を決定する機能のほかに、労働条件の決定システムを補完する機能がある。すなわち、労働条件を定める個別合意や就業規則、労働協約の内容を補充したり、それら規則について解釈の手がかりを与える機能および労働契約に基づいて発生する使用者の権限や労働者の義務の範囲に限界を設定する機能である。

判例は、労使慣行による労働条件の決定に関して、民法92条により法的効力のある労使慣行が成立していると認められるためには、同種の行為または事実が一定の範囲において長期間反復継続して行われていたこと、労使双方が明示的にこれによることを排除・排斥していないこと、当該慣行が労使双方、とりわけ労働条件の内容を決定しうる権限を有する使用者側の者の規範意識によって支えられていることを要するとしている（商大八戸ノ里ドライビングスクール事

件・大阪高判平成5・6・25労判679号32頁)。

しかし、労使慣行によって労働条件が決定されているか否かが問題となるのは、通常、労使慣行を変更する形での就業規則の新設や、それまでの運用を変え就業規則の文言に則した扱いに改めるといった場面であって、そのような場合に使用者に労使慣行に従うという規範意識が認められるのは、実際上ほとんどありえない。したがって、労使双方とりわけ使用者の規範意識に支えられているか否かという点を過度に重視すべきではない。

労働は商品ではない

1944年にILO(国際労働機関)のフィラデルフィア宣言において確認された原則である。 しかし、これについては、注釈が必要である。というのは、経済学や法学では、労働あるいは労働力が商品扱いをされているからである。たとえば経済学のうちマルクス経済学では、人間の労働能力の要素の総和としての「労働力」が商品化することが資本主義を解明する基礎と考えられている。労働者は資本家に労働力を売り賃金を受け取るが、労働力が生み出す価値が労働力の価値より大きいときに余剰価値が発生し、資本家はこれを資本として蓄積する。

また法学では、雇用は、労働者が「労働に従事すること」、使用者が「それに対して報酬を支払うこと」の合意ととらえられているし(民法623条)、労働契約は、労働者が「使用されて労働」すること、使用者が「これに対して賃金を支払う」ことについての合意ととらえられている(労契法6条)。つまり、労働が交換関係の対象つまり「商品」とされていることになる。

それにもかかわらずフィラデルフィア宣言で「労働は商品ではない」といっていることの意味は何か。それは、労働(力)が売り手である労働者から切っても切れない関係にあるという、労働力商品の特殊性と関係している。この特殊性は、労働力が売り惜しみのきかない商品であること、その担い手である労働者には人格があること、したがって完全な自由市場に任せておけないことを意味している。このことを無視してしまうと、2008年の秋に行ったリーマンショック後の大量の派遣切りや雇止め(その多くは住むところまで失った)、あるいは過労死や過労自殺が多発する雇用環境の劣化などへの適切な対策がなされなくなってしまう（以上については、石田眞「ILO『労働は商品ではない』原則の意味するもの」早稲田商学428号を参照）。

〈参考文献〉

・山下昇「就業規則と労働契約」、新屋敷恵美子「合意による労働契約の変更」、石田信平「就業規則の変更による労働条件の不利益変更」『講座労働法の再生２巻』（日本評論社、2017年）所収
・野田進「第７条」「第８条」「第９条」「第12条」「第13条」西谷敏ほか編『新基本法コンメンタール　労働基準法・労働契約法　第２版』（日本評論社、2020年）
・山下昇「第10条」「第11条」西谷敏ほか編『新基本法コンメンタール　労働基準法・労働契約法　第２版』（日本評論社、2020年）
・米津孝司「就業規則の法的性質・効力」、桑村裕美子「労働協約の法的性質と効力」、野川忍「規範的効力の範囲と限界（有利原則・協約自治の限界）」労働法の争点（2014年）

第3部　労働関係の成立と労働条件の決定・変更

第8章

多様な雇用形態と法

Introduction

非正規雇用と分類される雇用形態の特徴は、労働契約の期間に定めがあること（有期雇用）、パートタイム労働（短時間労働）であること、指揮命令を行う使用者に直接雇用されていないこと（労働者派遣の形態）に整理される。これらが単独ないし複合することにより、不安定雇用や低劣な労働条件での雇用といった深刻な問題が生じている。

非正規雇用労働者数が全労働者に占める割合は1989年が15.3%であったが、1998年には23.6%、2021年には36.7%へと増加している。非正規雇用労働者数が増加することで、非正規雇用労働者に対する保護の必要性がより高まっている。近年の労働法は非正規雇用労働者の保護を重要課題として、多様な方向からその課題に取り組んでいる。

1　非正規雇用政策概説

非正規雇用労働者の多くは、かつては家計を支える主婦や学生であるとされ、これを前提にさまざまな制度が成り立ってきた。たとえば所得税の配偶者控除制度（配偶者の年間合計所得が38万円以下（給与のみの場合は103万円以下）の場合この制度を利用できる）や健康保険の被扶養者の制度（年間所得が130万円以下で、主として健康保険の被保険者である配偶者の収入により生計を維持する者を対象）があげられる。しかし、これらのことが正規雇用と非正規雇用の労働条件に大きな格差をうむことになった（たとえばパートタイム労働者は家計補助者として位置づけられ、主たる生計の維持者としての処遇がなされてこなかったといえる)。

一般に、非正規雇用は正規雇用と比べて雇用が不安定であったり、労働条件が低劣であるが、長い間、労働法はこれらの問題に十分に対応してこなかった。有期雇用の雇止め問題には判例法理が対応してきたが、これを明文で規制したのは2012年労働契約法(19条)である。他方、労働条件格差の是正は2007年パートタイム労働法改正による一定のパートタイム労働者に対する差別禁止規定の新設(旧8条、現行9条)以降、規制が拡大している。そして2018年働き方改革推進整備法により労働条件格差に関する法規制に対してさらなる改正がなされている。

2 パートタイム労働者と有期雇用労働者に共通する法規制

2018年働き方改革推進整備法により「短時間労働者の雇用管理の改善等に関する法律」は「短時間労働者及び有期雇用労働者の雇用管理の改善等に関する法律」(以下、「短時有期法」という)に名称が変更され、パートタイム労働者と有期雇用労働者を一括して法規制の対象とすることとなった(施行日は2020年4月1日。それまでは以下の内容はパートタイム労働者にのみ適用される)。

パートタイム労働者(短時間労働者)とは、同一事業所内の通常の労働者(通常は正社員)と比べて所定労働時間や所定労働日数が短い労働者をいう(短時有期法2条1項)。極端なことをいうと正社員より所定労働時間が10分でも短ければパートタイム労働者にあたる(これはいわゆる疑似パートといわれる)。有期雇用労働者とは、事業主と期間の定めのある労働契約を締結している労働者をいう(同条2項。なお、以下では両者を一括する場合、「短時有期労働者」という)。短時有期法は、これらの者は「生活との調和を保ちつつその意欲及び能力に応じて就業することができる機会が確保され、職業生活の充実が図られるよう配慮されるものとする」ことを同法の基本的理念とする(短時有期法2条の2)。

(1) 労働条件に関する規制

(a) 労働条件明示義務の強化

短時有期労働者は正社員を対象とした就業規則が適用されず、個別契約によって労働条件が決定されることが多い。そのため、雇入れ時の労働条件の明示がより詳細に行われなければならない。使用者は、雇入れ時の労働条件明示義務を規定する労基法15条1項の事項に加え、昇給・退職手当・賞与の有無、相談窓口などの特定事項を文書、ファックス、電子メールを通じて明示しなければならない（短時有期法6条、同法施行規則2条参照）。また、使用者は、契約締結時あるいは短時有期労働者から求めがあった場合、賃金制度・教育訓練・福利厚生・正社員転換推進措置の内容について短時有期労働者に説明をしなければならない（短時有期法14条）。

(b) 就業規則作成時の意見聴取

パートタイム労働者の意見を労働条件決定において反映させるため、使用者はパートタイム労働者に関する事項について就業規則を作成・変更しようとするときは、パートタイム労働者の過半数代表からの意見を聴くように努めるものとされてきた（パート法7条）。短時有期法では、就業規則作成・変更時の意見聴取努力義務が有期雇用労働者にも拡大されている（短時有期法7条）。

(c) パートタイム労働者の年休比例付与

短時有期労働者も労基法9条の労働者に該当するため、当然に労基法の適用を受ける。もっとも、パートタイム労働者の年次有給休暇は、所定労働日数や時間によって付与日数が比例的に決まるものとなっている。週5日以上の勤務または所定労働時間が30時間以上のパートタイム労働者は正社員と同様の年休を付与されるが、それ以外のパート労働者は所定労働日数に応じた日数の年休が付与される（たとえば、週4日の者の最初の付与日数は7日。労基則24条の3）。

(d) 雇用保険等

雇用保険は、週所定労働時間が20時間以上で31日以上の雇用見込みがある者が適用対象となる（雇保法6条1号・2号）。健康保険および厚生年金保険は、1週間の所定労働時間および1か月の所定労働日数が同じ事業所で同様の業務に従事している一般社員の4分の3以上であれば対象となる。なお、これを満たさない場合でも、週所定労働時間が週20時間以上、月額賃金が8万8000円以上、雇用期間の見込みが2か月以上で、学生でない場合には、従業員が101人以上（2024年10月からは51人以上）の会社で働いている場合には社会保険への加入が認められるなどの適用拡大が進んでいる（厚年法12条参照）。

⑵ 正社員転換推進措置

短時有期法は、通常の労働者に転換を希望する者を踏まえて、事業主に通常の労働者への転換措置の実施を義務付けている（短時有期法13条）。具体的には、通常の労働者の募集を行う場合には当該事業所で雇用する短時有期労働者への周知、通常の労働者の配置を新たに行う場合には、当該配置の希望を申し出る機会を短時有期労働者に付与すること、さらに転換試験制度を設けることのいずれかの措置を行うことが求められている。

3 有期雇用労働者に関する規制

有期労働契約の法規制は、かつては労基法による期間の上限規制のみであった。その後、有期雇用労働者の雇用の不安定の解消や無期雇用労働者との間の労働条件格差の是正の必要性から、労働契約法がこれらに対応する規制を行っている（労契法18条および19条）。

⑴ 期間の定めの意義

労働契約に期間を定めることには２つの意義がある。その１として、有期労働契約は当該期間の満了により自動的に終了する。解雇や辞職などのように労働契約当事者の意思表示がなくても、期間の満了によって労働契約終了の効果が発生する。その２として、有期労働契約の当事者は、やむを得ない事由があるときには期間の途中での解約をすることができる（民法628条）。これを使用者側からみると期間途中の解雇の制限となる（労契法17条１項）。この意味で、期間の定めは労働者にとっては雇用保障的な機能を果たす。なお、「やむを得ない事由」とは、期間の定めのない労働契約における解雇に要求される客観的に合理的な理由、および社会通念上相当と是認される事情（労契法16条）よりも厳格なものと解される。たとえば、信頼関係の完全な破綻など期間満了を待つことなく直ちに雇用を終了させざるを得ないような、特別の重大な事由がこれに当たると解される（懲戒解雇の事情となった再三の業務命令違反がやむを得ない事由とされたケースとして、新生ビルテクノ事件・大阪地判平成20・９・17労判976号60頁）。

期間途中での契約を解除する場合、やむを得ない事由の存在は解除する側で立証しなければならない（労働者の側でやむを得ない事由の立証ができていないとして解除を違法と判断した事例として、エイジェック事件・東京地判平成24・11・29労判1065号93頁）。

(2) 期間の上限規制

有期労働契約は、期間中はやむを得ない事由がなければ解約（解雇および辞職）できないため、長期にわたる期間の定めは当事者、とりわけ労働者を不当に拘束するおそれがある。そこで、民法は期間の定めのある雇用契約の当事者は5年を超えたらいつでも解除できるとする（民法626条）。しかし、この5年という拘束期間も労働者にとっては長いものといえるため、労基法14条はより短い期間の上限を定めた。同条による期間の上限は労基法制定当初は1年であったが、不当な人身拘束のおそれが薄まり、また、短期であったとしても1年よりも長い期間での有期労働契約の締結が経済界から望まれたことなどから、2003年労基法改正で3年に延長された。ただし、延長に伴う不利益が生じないよう、必要な措置が講じられるまでは労働者は1年を経過した日以降、使用者に申し出ていつでも退職できる（労基法附則137条）。

上限規制には2つの例外がある。1つは一定の事業の完了に必要な期間を定める場合である。たとえばダム工事に4年かかる場合は、工事終了までの期間の定めが可能となる。もう1つは、一定の者との労働契約の場合で、期間上限は5年とされる。具体的には、人材確保を目的として、①高度な専門的知識等を有しその業務に就く労働者（公認会計士、医師、弁護士など厚生労働省令で定められる者、平成15・10・22労告356号）、および高年齢者の円滑な雇用確保のための、②満60歳以上の労働者との労働契約における期間の上限が、5年とされる。

3年を超える労働契約の期間の定めは無効となるが（労基法13条）、その後の期間の扱いについて争いがある。無効となった部分が3年に置き換えられる（労基法13条の直律的効力）とする説、無効のまま期間の定めがなくなるとする説、期間の定めの雇用保障機能を重視して労働者は当該期間を有効と主張できるが、使用者は3年を超える期間の定めを有効であると主張することは許されないとする説などがある。

図表1　無期転換申込権の発生と行使ルール（厚労省「労働契約法改正のあらまし」より）

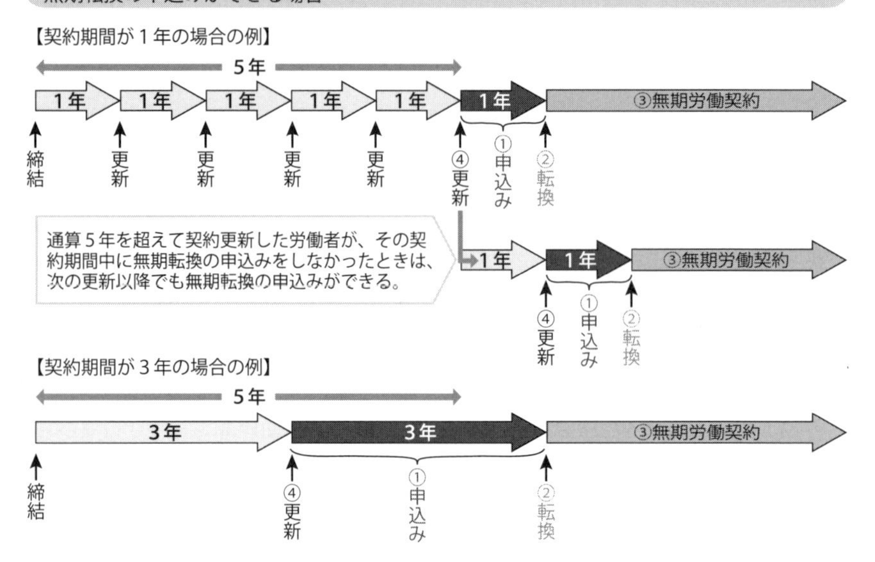

(3)　無期転換ルール

(a)　無期転換申込権の発生要件と効果

労契法18条は、有期契約労働者の雇用の不安定さを解消するため、有期労働契約が同一の使用者との間で5年を超えて更新される場合（図表1）、有期労働契約から無期労働契約への転換を使用者に対して申し込む権利（無期転換申込権）を労働者に付与する（ただし大学教員（任期法7条1項）、研究者・技術者等（研究開発力強化法15条の2第1項）や一定の高度専門知識等を有する労働者（有期特措法8条1項）については、この期間が10年とされる。また定年後引き続き雇用される者は特定の要件の下でその期間について無期転換権が発生しない（同条2項））。労働者が当該有期労働契約の期間の満了日までに無期転換申込権を行使した場合、使用者はこれに承諾したものとみなされる。なお、労働者が無期転換申込権を行使せず期間が満了しても、後述の空白期間を経過せずに契約が更新された場合は、再び無期転換申込権が付与される。

(b)　無期転換後の労働条件

無期転換後の労働条件は、転換前の有期労働契約の労働条件と同一となるのが原則であるが、労働協約、就業規則、労働契約等による別段の定めにより転換前後の労働条件を異なるものとすることができる。仮に就業規則により転換後の転換前の労働条件よりも不利益とされる場合には、労契法10条の類推適用により厳格な合理性審査が行われるべきであろう。労働契約による別段の定めがなされた場合には、その内容が従前よりも著しく不利益である等労働者が無期転換申込権の行使を希望できないような場合には、労契法18条の趣旨に反し無効となると解すべきである。

(c) 通算契約期間と空白期間

有期労働契約の終了後に直ちに更新するのではなく、一定の期間を空けてから契約を更新することがある。この場合、空白期間が一定の長さを超えない限り、この前後の契約期間は通算される。通算契約期間がリセットされる（クーリングされる）空白期間の計算について、有期労働契約の期間の半分を目安に最長6か月までが設定されている（平成24・8・10基発0810第2号「労働契約法の施行について」）。この規制は、契約更新前後に数日の空白期間を設け、前後の契約期間が通算されないようにして、無期転換申込権の発生を避けようとする使用者への対応である。しかし逆に、これを踏まえて、使用者が空白期間を6か月以上に設定する動きがみられており、結果として、これまで空白期間なく反復更新されてきた有期労働契約にも6か月の空白期間が突如設けられ、労働者の雇用を不安定にするという問題が生じている。

(d) 無期転換申込権に関して生じうる紛争

労契法18条は、使用者に期間の定めのない労働契約の締結を強制するものである。そのため、それを望まない使用者がさまざまな方法で無期転換を妨げようとするおそれがある。

まず、無期転換申込権を発生させないために5年を超えない段階での雇止めの可能性である。これは後述の雇止め法理（労契法19条）により対応される（無期転換申込権の発生を回避する目的で行われた雇止めの適法性が争われたものとして、公益財団法人グリーントラストうつのみや事件・宇都宮地判令和2・6・10労判1240号83頁）。

次に、無期転換申込権の発生前の有期労働契約において、無期転換申込権を行使しないことを合意しなければ契約の更新を拒否するという扱いがされうる

（無期転換申込権の事前の放棄）。これは労契法18条の趣旨に明らかに反するものであり、違法・無効と解すべきである。他方、無期転換申込権発生後に労働者がその行使をしないことを見返りに使用者が金銭を支払う等（代償付き放棄）の無期転換申込権の放棄の合意がなされうる。この場合、当該合意が労働者の自由な意思に基づくものと客観的に認められない限り、労契法18条に反する合意として無効となると解すべきであろう（シンガー・ソーイング・メシーン事件・最判昭和48・1・19判時695号107頁参照）。

(4) 雇止め（更新拒絶）法理

契約期間2か月の臨時工の有期労働契約が反復更新されて十数年にわたり同一の使用者の下で働き続けるケースのように、短期の有期労働契約であっても実際には長期間労働契約関係が継続することがある。このようなケースでの雇止め（更新拒絶）の場合に、使用者が期間の満了のみを理由として（ほかに何ら理由なく）労働契約を終了させることができるとすれば、解雇が制限されている期間の定めのない労働契約の労働者と比べて酷にすぎる。また、これを無制限に許すと、解雇規制を免れるために使用者が労働契約の期間の定めを濫用的に利用するおそれもある。

そこで、まず雇止めに関する紛争防止のため、使用者は労働契約の期間を必要以上に短く設定し、その契約を反復更新しないよう配慮しなければならない（労契法17条2項）。この配慮がない場合、後述の期待保護型による保護の可能性が高まると解される。

次に、労契法19条によれば、後述する実質無期型と期待保護型のいずれかに該当するケースにおいて労働者が使用者に有期労働契約の更新を申し込んだ場合、使用者が適法に雇止めするには客観的に合理的な理由が必要とされ、かつ、当該雇止めが社会通念上相当であると認められなければならない。これらが認められなかった場合、使用者は従前の有期労働契約と同一の労働条件で、労働者による更新の申込みを承諾したものとみなされる。これは、雇止めを制限する判例法理を2012年労契法が明文化したものである。

実質無期型とは、当該有期労働契約が反復更新され、雇止めが期間の定めのない労働契約における解雇と社会通念上同視できるケースをいう（労契法19条

1号)。たとえば、契約期間2か月の有期契約労働者らに対する雇止めが、業務が本工と同様であり、過去に雇止めがなく、採用時に長期の雇用継続を労働者に期待させる使用者の言動があり、5回ないし23回にわたり更新され(当該労働者が複数いる)、更新手続きが必ずしも行われていなかったケースで実質無期型に該当すると解される(東芝柳町工場事件・最判昭和49・7・22労判206号27頁)。

他方、期待保護型とは、当該有期労働契約が更新されるものと期待することについて合理的な理由が認められるケースをいう(労契法19条2号)。たとえば期間2か月の有期労働契約で、業務内容が正社員と異なり、契約更新手続も行われていたこと等から実質無期型とは認められなかったものの、業務内容が恒常的なもので、その雇用関係はある程度の継続が期待され、かつ、実際に5回更新されていたケースで雇用継続を期待することに合理的理由があると認められる(日立メディコ事件・最判昭和61・12・4労判486号6頁参照)。なお、期待保護型は実質無期型とは異なり反復更新を要件としないため、一度も更新していないケースでも該当しうる(龍神タクシー事件・大阪高判平成3・1・16労判581号36頁)。

ところで、有期労働契約の更新時に、更新した場合のその次の契約を更新しないことに労働者が同意することを当該契約の更新条件とすることがある(不更新条項)。これにより、当該有期契約労働者の雇用継続の期待が失われるかが問題となりうる(雇用継続の期待利益を労働者自らが放棄したとされた例として、本田技研工業事件・東京高判平成24・9・20労経速2162号3頁)。期待保護型にいう期待は客観的に認定されるものであるため、労働者が不更新条項に同意したという事実があることによって直ちに雇用継続の期待が消滅する解すべきではなかろう。不更新条項があるという事実は、期待保護型該当性判断ないし雇止めの客観的合理性・社会通念上の相当性判断における一判断要素として考慮されるべきである(明石書店事件・東京地判平成22・7・30労判1014号83頁参照)。

4　労働者派遣

(1)　労働者派遣法の制定と変遷

他者の雇用する労働者を受け入れて指揮命令する労働者派遣は、受入れ企業にとっては外部の専門的知識や技能を有する労働力の利用あるいは人件費削減のため、労働者にとっては自己の都合に合わせて専門的な技能を活かして働くためなど、現在、広く行われている。かつて労働者派遣は、職安法44条によって禁止される労働者供給の一形態として法的に禁止されていたのであるが、労働者派遣のニーズが労使ともに高まったこと、また、労働者派遣が禁止されていたときでも、それは脱法的に広く行われていた等の事情から、1985年に労働者派遣法が制定され、解禁された。制定当初は13の専門業務での派遣が可能で（ポジティブリスト方式）、その後26業務に拡大され、1999年には労働者派遣がごく一部の例外を除き全面解禁された（ネガティブリスト方式）。その後、2015年には派遣事業の区分や派遣期間が抜本的に変更されるなど、派遣法は制定当初から大きく姿を変えている。

(2) 労働者派遣の定義

(a) 労働者派遣とは

労働者派遣とは、派遣元が労働契約を締結している派遣労働者を、派遣先に派遣し、当該派遣先の指揮命令を受けて、そのために労働させることをいう。派遣先と派遣労働者が労働契約を締結することを派遣元と派遣先との間で合意をしている場合は、労働者派遣にはあたらない（派遣法２条１号）。出向は、出向先会社と出向労働者との間にも労働契約関係が成立すると考えられているため、この点で労働者派遣には該当しない。

労働者派遣に関する三者間の関係は、次のようになる。つまり、派遣元と派遣労働者の間には労働契約が結ばれ、派遣元と派遣先の間には労働者派遣契約が結ばれるが、派遣先と派遣労働者の間には指揮命令関係という法的関係が成立する（図表２を参照）。

(b) 労働者供給と労働者派遣

労働者派遣は、かつて労働者供給の一形態として禁止されていた（職安法44条）。ここで禁止される労働者供給とは、供給元が実質的に支配している労働者を供給先に供給し、その供給先の指揮命令の下で労働に従事させることをいう（職安法４条６号）。

労働者供給は、供給元の支配力に逆らえない労働者がその支配の下で供給先

図表2　労働者供給、労働者派遣、請負（「厚労省労働者供給事業業務取扱要領」より）

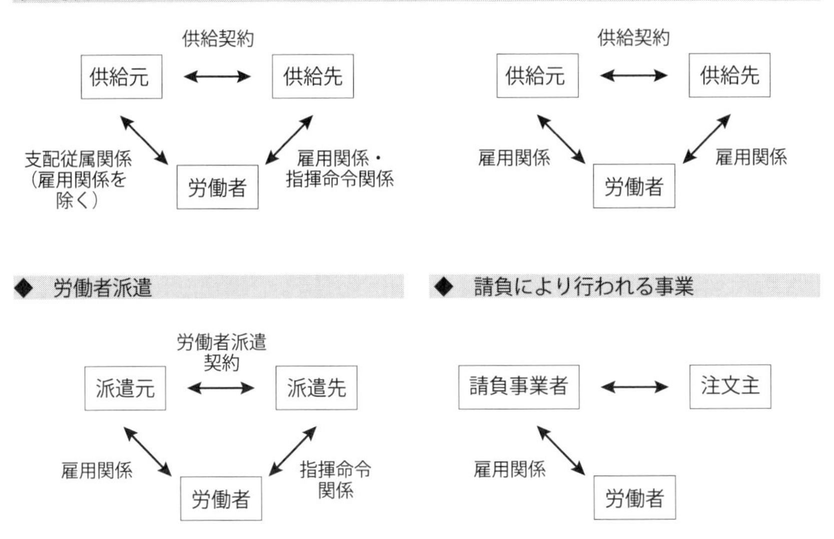

での労働を強いられ、かつ、通常、供給元が供給先から金銭を受け取るものであるから、強制労働や中間搾取のおそれが強く、労働者の人権を著しく侵害するものであるため、罰則をもって禁止されている（職安法44条、64条）。

(c)　請負と労働者派遣

請負は、請負会社が雇用する労働者を注文主のために労働させる点で（特に注文主の事業場内で行われる場合、いわゆる事業場内下請）労働者派遣や労働者供給に類似する。これが労働者派遣と大きく異なる点は、仕事の完成や労働者に対する責任を注文主が負うこと、請負会社が自ら労働者の指揮命令を行い注文主は一切の指揮命令をしないこと、請負会社が業務を処理するために使用する機械設備、資材等や専門的技術等は原則として請負会社が有するものに限られることである（職安則4条1項参照）。

しかし、請負契約であっても、実際には労働者派遣に該当するようなケースがある（偽装請負と呼ばれる）。請負であれば労働者派遣法の適用がなく、注文主は派遣労働者とは無関係となり、注文主が労働者派遣法による労働者に対する責任を負う必要はない。そのため、請負という契約形式が労働者派遣法の脱法行為に悪用されるケースが後を絶たない。

(3) 労働者派遣の対象業務

1985年労働者派遣法制定時は、専門的な13業務（ソフトウェア開発、事務用機器操作、通訳等）についてのみ労働者派遣が許されていたが、対象業務は26業務まで拡大され、1999年改正で、ついに一部を除くすべての業務において、労働者派遣は解禁された。

現在、労働者派遣が禁止されている業務は、港湾運送業務、建設業務、警備業務、病院等における医療関係業務である（派遣法４条、同施行令２条）。これに違反する場合、派遣元は１年以下の懲役または100万円以下の罰金（派遣法59条１号）に処され、許可の取消し、事業停止命令などの行政処分が行われうる（同14条）。また派遣先は勧告、企業名公表の対象となりうる（同49条の２）。

(4) 労働者派遣事業の区別の廃止

労働者派遣事業は、常時雇用（常用）型と、通常は登録しているだけで、派遣先と派遣元の間での労働者派遣契約の成立を待って派遣元との労働契約が成立する登録型のみ、あるいは常用型と登録型を雇用する一般労働者派遣事業とがあり区別されていたが、2015年改正によりこの区別は廃止され、いずれも厚生労働大臣の許可が必要となった（派遣法５条１項）。

(5) 派遣労働者の保護

(a) 労働者派遣契約に関する規制

派遣元と派遣先の間で締結される労働者派遣契約は事業者間の契約であり、その点では労働保護法の適用とは無縁のものといえる。しかし、労働者派遣契約の内容および運用は派遣労働者への影響が大きいことから、労働者派遣法は契約内容と解除について一定の規制を置いている。まず、労働者派遣法は、適正な労働者派遣契約が締結されるように、労働者派遣契約において、派遣労働者の人数、業務内容、派遣期間、労働時間、安全衛生等の事項を定めなければならないとする（派遣法26条１項）。また、2018年働き方改革推進整備法により、派遣先労働者との均衡待遇確保のための情報提供が派遣先からないときは、派遣元は労働者派遣契約を締結してはならないとされた（派遣法26条９項）。

派遣先は、国籍、信条、性別、社会的身分、労働組合の正当な行為をしたことを理由として、労働者派遣契約を解除してはならない（派遣法27条）。また、派遣先は労働者派遣契約を解除をする際、派遣労働者の新たな就業機会の確保や、派遣期間途中での労働者派遣契約の解除によって派遣労働者が就労不能となったために派遣元が派遣労働者に休業手当（労基法26条）を支払う場合の費用負担など、派遣労働者の雇用の安定を図るために必要な措置を講じなければならない（派遣法29条の２）。

派遣先は、労働者派遣契約の締結に際して、自ら受け入れる派遣労働者を面接するなどして、事前に特定する行為をしないように努めなければならない（派遣法26条６項）。派遣先は、自ら受け入れる派遣労働者を選ぶことを希望するが、これを許すと、派遣労働者の採用選考ないし決定という労働契約締結における重要な行為に対し、使用者ではない派遣先が関与するおそれが生じる。派遣労働者の採用決定に影響が生じるような特定行為は禁止されるべきである。

(b)　派遣元および派遣先の義務、責任分担

労働者派遣は労働契約上の使用者と実際の指揮命令権者が異なるため、両者の責任関係があいまいとされることが多く、労働者にとって不利益であった。そのため、労働者派遣法は派遣元および派遣先の派遣労働者に対する法的義務・責任関係について規定している。

派遣元は派遣労働者を雇い入れる際および派遣する際、当該派遣労働者に対して労働条件を明示し、賃金の見込み額などの待遇や均衡待遇等に関する措置などの内容について説明し（派遣法31条の２）、就業条件や派遣料金を明示しなければならない（同34条の２）。

派遣元は、公民権行使の保障や労働時間に関する規制など実際の就労にかかわる事項を除き（これらは派遣先のみが責任を負う、派遣法44条２項）、原則として労働者に対して使用者としてのすべての責任を負う。また、派遣労働者の賃金決定において、派遣先に雇用される同種業務に従事する労働者の賃金水準との均衡を考慮するよう配慮しなければならない（派遣法30条の２）。

また、派遣元は、一定の有期雇用の派遣労働者に対して雇用安定措置（派遣先への直接雇用の依頼、新たな派遣先の提供、派遣元事業主による無期雇用等）を講じなければならない（派遣法30条）。

派遣先は、実際の指揮命令にかかわる部分について、労働法上の責任を負う。具体的には、労基法上の均等待遇（労基法３条）、強制労働禁止（同５条）、労働安全衛生法上の義務、男女雇用機会均等法上の妊娠・出産を理由とする不利益取扱い禁止（均等法９条２項）などについて、派遣元とともに責任を負う（派遣法44条以下）。このほかに、派遣先は、派遣料金と派遣労働者の賃金の差額が派遣料金に占める割合（マージン率）や教育訓練などの情報提供を行わなければならない（同23条４項）。

(c) 常用代替の防止と派遣期間制限

1999年以前から労働者派遣が許されていた専門26業務以外の業務では、労働者派遣により正社員の担当業務を代替すること（常用代替といわれる）が容易に行われる危険があるため派遣期間が制限されていた。このような業務の種類による派遣期間制限の区分の仕組みは、2015年改正により大きく変えられた。

派遣期間の制限の有無は、派遣労働契約の期間の有無によって区分される。労働契約に期間の定めのある派遣労働者については、①個人単位の期間制限（派遣元は派遣先の同一組織単位（課やグループ）に継続して３年を超えて派遣できない（派遣法35条の３、同40条の３））と②事業所単位の期間制限（派遣先は同一事業所に３年を超えて労働者派遣を受け入れることができない）が設けられた。なお、②は延長可能だが、延長しようとするときは派遣先の当該事業所の労働者の過半数代表から意見を聴取しなければならず、過半数代表が異議を述べたときはその延長の理由等を説明しなければならない（同40条の２）。他方、労働契約に期間の定めのない派遣労働者および雇用継続等を図る必要があると省令で定める者（60歳以上の者等）には、期間制限は適用されない（同40条の２第１項１号および２号）。

2015年改正は、事業所単位の期間制限の延長を認めることで実質的に派遣労働の長期的利用を可能としており、常用代替を後押ししうるものと解される。常用代替の防止のための制度である派遣期間制限の趣旨に照らして現行制度を注視し、この趣旨に実質的に反しないように延長要件ないしは延長制度そのものの見直しを常に視野に入れるべきと思われる。

(d) 派遣労働者の直接雇用の促進

労働者派遣法は派遣労働者の派遣先での直接雇用に関する規定を置いている。派遣先は組織単位ごとの同一業務に派遣元から継続して1年以上有期雇用派遣労働者の派遣を受け、当該業務に労働者を雇用しようとするときは、当該派遣労働者を遅滞なく雇い入れるよう努めなければならない（派遣法40条の4）ほか、同一の事業所で派遣元から1年以上の期間継続して同一の派遣労働者の派遣を受けている場合に、当該事業所で労働者を雇用しようとするときは、その募集事項を当該派遣労働者に周知しなければならないとする（同40条の5）。

他方、派遣先が、派遣禁止業務に派遣労働者を従事させた場合、派遣の許可を受けていない者からの労働者派遣を受け入れた場合、派遣可能期間制限に違反して労働者派遣を受け入れた場合、派遣法の規定の適用を免れる目的で請負等の契約（いわゆる偽装請負）を締結し、同法26条の労働者派遣契約の締結時に定めるべき事項を定めずに労働者派遣を受け入れた場合には、派遣元における労働条件と同一の条件で派遣労働者に労働契約の締結を申し込んだものとみなされる（派遣法40条の6第1項、この申込みは1年間撤回できない（同条2項））。この申込みを派遣労働者が承諾した場合、派遣先との間で労働契約が成立することになる。ただし、派遣先が自らの行為が違法派遣であることを知らず、かつ、知らなかったことに過失が認められない場合は、申込みをしたものとみなされない（同項ただし書。日常的かつ継続的に偽装請負の状態を続けていたことが認められる場合には、特段の事情がない限り、派遣先は偽装請負等の状態にあることを認識しながら、組織的に偽装請負等の目的で当該役務の提供を受けていたものと推認するのが相当であるとし、同項ただし書の善意無過失が認められないと判断した例として、東リ事件・大阪高判令和3・11・4労判1253号60頁）。

(6) 労働者派遣における法的紛争

(a) 労働者派遣契約の解除と中途解雇

労働者派遣では、派遣期間の途中でも労働者派遣契約が解除されると、当該派遣労働者は労働する場を失って、そのことを理由として解雇されるケースがよくみられる。労働できなくなる以上、派遣元との労働契約も当然に終了するともいえそうだが、労働法上はそうはならない。派遣元との間に期間の定めのある労働契約が締結されている場合には、労働者派遣契約の解除を理由とする中途解雇がやむを得ない事由がなければ解雇できない（労契法17条1項）。労働者派遣契約が解除されたというだけでは、このやむを得ない事由とはならない。

解雇が無効となった場合、派遣労働者は派遣元に対して未払い賃金の支払いを請求できる（民法536条2項）。派遣労働者に何ら非がないにもかかわらず、派遣先から派遣労働者の交代を求められ、それに応じた結果、派遣労働者を期間途中で解雇した事例で、残りの期間の休業手当しか認めない裁判例があるが（三都企画建設事件・大阪地判平成18・1・6労判913号49頁）、使用者に民法536条2項の責めに帰すべき事由がないとする判断には疑問がある。

(b) 派遣労働者の労働条件交渉

派遣労働者の加盟する労働組合が、労働条件の向上や違法状態の改善を求め派遣先にも団体交渉を求めることができるか（派遣先の団体交渉上の使用者性）が問題となっている。派遣先が、当該労働条件につき雇用主と部分的とはいえ同視できる程度に現実的かつ具体的に支配、決定することができる地位にあるといえる場合は、派遣先は正当な理由なく団体交渉を拒否できない（朝日放送事件・最判平成7・2・28労判668号11頁）。この基準に従えば、派遣法44条以下によって派遣元が使用者とみなされている労働時間等については、派遣先も団体交渉の当事者たる使用者とされる（国・中労委（阪急交通社）事件・東京地判平成25・12・5労判1091号14頁）。

派遣先が派遣労働者の直接雇用化を決定した場合、当該労働条件につき派遣先は団交に応じなければならないとされる（国・中労委（クボタ）事件・東京地判平成23・3・17労判1034号87頁）。

中労委命令は、労働者派遣法の枠組みを逸脱したり、派遣先に義務違反がある場合に、その限りで派遣先にも団体交渉の当事者となると解するが、派遣労働者の雇用安定に関しては派遣先の使用者性を認めない。派遣法上の権利義務に固執しすぎるこうした見解に対しては、当事者間の交渉による労使紛争解決の促進という労組法7条の趣旨から考えて適切ではないという批判がある。

5　正規・非正規雇用間の待遇格差の解消

正規・非正規雇用間の待遇格差に関しては、差別を禁止する規定（短時有期法９条、派遣法30条の３第２項）と不合理な待遇を禁止する規定（短時有期法８条、派遣法30条の３第１項）が設けられており、これらの規定は待遇格差の解消に寄与している。なお、これらの法規制が行われる以前の待遇格差については、契約の自由の範疇であり何ら違法ではないとされた例（日本郵便逓送事件・大阪地判平成14・５・22労判830号22頁）がある一方で、労基法３条、４条の根底には均等待遇の理念が存在しており、２割を超える賃金格差はこの理念に反し、公序良俗違反となり無効であるとされた例がある（丸子警報器事件・長野地上田支判平成８・３・15労判690号32頁。フルタイム正社員とほぼ同じ労働時間のパート労働者が、同一内容の職務に従事し、契約が長期間反復更新されていた、いわゆる疑似パートのケース）。正規・非正規雇用間の待遇格差に関する法規制が発展してきたことを踏まえると、待遇格差の問題を契約の自由の範疇と言い切ることは妥当でないだろう。均等待遇の理念の意義や射程の確認が重要のように思われる。

(1)　差別的取扱いの禁止

使用者は、通常の労働者と同視すべき短時有期労働者について、短時有期労働者であることを理由として、賃金の決定、教育訓練の実施、福利厚生施設の利用その他の待遇について、差別的取扱いをしてはならない（短時有期法９条）。通常の労働者と同視すべき短時有期労働者とは、①職務の内容（業務内容や責任の程度）、②当該職務の内容・配置の変更範囲（人事異動の有無や範囲）の見込がいずれも同一である者をいう。この同一性は、当該労働者が担当する中核的業務の内容、当該業務にともなう責任の程度、人事異動等の可能性から実質的に判断される（短時有期法への改正前の事案だが、同一性の肯定例として、ニヤクコーポレーション事件・大分地判平成25・12・10労判1090号44頁）。

本条違反の効果として、差別的取扱いは公序良俗に反し無効となり（民法90条）、また不法行為として損害賠償請求の対象となる（同709条）。他方、同条違反によって、通常の労働者と同一の待遇を受ける権利は付与されない（前掲・ニヤクコーポレーション事件）。待遇格差を実際に是正するためには、通常の労働者（ここでは短時有期労働者側が比較対象として主張した労働者）と同一の待遇が、合理的意思解釈として労働契約の内容となるとの主張を試みる方法が考えられる（容易には認められないが）。

なお、派遣労働者についても同様の規制がなされている。使用者は、派遣先の労働者と職務内容が同一で、職務の内容および配置の変更範囲が同一と見込まれる派遣労働者について、正当な理由なく、基本給、賞与その他の待遇のそれぞれについて、当該待遇に対応する当該通常の労働者の待遇に比して不利なものとしてはならない（派遣法30条の３第２項）。ただし、労働者派遣の場合、派遣先が変わるごとに賃金水準が変わり、派遣労働者の所得が不安定になることや、派遣労働者の希望が賃金水準の高い傾向にある大企業へ集中し、派遣元において派遣労働者のキャリア形成を考慮した派遣先への配置が困難となること等がありうるため、比較の対象を派遣先の労働者の待遇の他に、一定の要件を満たす労使協定で定めた待遇とする（賃金については、一般の労働者の平均的な賃金の額として厚労省令で定めるものと同等以上の額など）ことができるようになっている（労使協定方式、同30条の４）。

(2) 不合理な待遇の禁止

短時有期法８条は、短時・有期労働者の基本給、賞与その他の待遇につき、通常の労働者との待遇と比べて不合理と認められる相違を設けてはならないとする。この規定は、働き方改革推進整備法（2018年７月６日公布）によって、それまでパート労働者の不合理な待遇を禁止していたパート法８条が改正されたものである。パート法８条はパート労働者のみを対象としていたが、同改正により、有期雇用労働者も規制の対象とされた（これに伴い、有期雇用労働者の不合理な待遇の禁止を定める労契法20条は削除された）。

当該待遇の相違が短時有期法８条にいう不合理と認められるかは、基本給、賞与その他の待遇の「それぞれ」について判断される（たとえば、賃金の相違の場合、月給の総額ではなく、賃金項目（基本給、住宅手当、通勤手当等）ごとの比較がなされる）。通常の労働者とは、社会通念上、比較時点で当該会社において「通常」と判断される労働者で、いわゆる正社員（無期雇用フルタイム労働者）となろう。もっとも、多様な正社員がいることから、当該会社のどの正社員と比較するかは、不合理性を主張する労働者に委ねられると解される（メトロコマース事件・最判令和２・10・13労判1229号90頁）。また、同条によれば、待遇の相違の不合理性は、①職務の内容（業務内容や責任の程度）、②当該職務の内容・配置の変更範囲（人事異動の有無や範囲）および③その他の事情のうち、「当該待遇の性質及び当該待遇を行う目的に照らして適切と認められるものを考慮して」判断される。すなわち、不合理性は、①から③の事情が常に考慮されるわけではなく、当該待遇の性質および目的を明らかにした上で、その待遇の相違の不合理性を判断するうえで考慮することが適切な事情を拾い上げて、それらの事情を踏まえて判断されることになる。

基本給、賞与その他の待遇の性質や目的は、企業ごと多様であることから、待遇の相違が不合理かどうかの判断については、予見が難しい。そこで、短時有期法８条の解釈指針「同一労働同一賃金ガイドライン」（平成30・12・28厚労告第430号）が定められており、判断の参考となる。また、有期雇用労働者の不合理な待遇の禁止を定めていた労契法旧20条に関する裁判例も多くみられ、これらの例は短時有期法８条の解釈においても参考となる。同ガイドラインによれば、まず、基本給について、正社員の基本給が労働者の能力や経験に応じて支払われる場合や、業績または成果に応じて支払われる場合には、短時有期労働者に対してもそれらに応じた基本給の支給が求められる（上述①および②が同一であった労働者の定年後再雇用時の基本給について、定年退職者は長期雇用が予定されておらず、定年まで正社員としての待遇を受けてきたこと、厚生老齢年金の受給も予定されていること等から、通常の労働者との基本給の相違は不合理なものと認められないとされた例として、長澤運輸事件・最判平成30・６・１労判1179号34頁）。賞与については、会社の業績等への労働者の貢献に応じて支給するものについては、同一の貢献には同一の、違いがあれば違いに応じた支給が求められる（なお、賞与が正職員としての職務を遂行し得る人材の確保やその定着を図るなどの目的を有すること等から、アルバイト職員に対する賞与の不支給は不合理ではないとしたものとして、大阪医科薬科大学事件・最判令和２・10・13労判1229号77頁）。各種手当は、同一の内容の役職手当には同一の支給が求められる。業務の危険度または作業環境に応じて支給される特殊作業手当、交替制勤務などに応じて支給される特殊勤務手当、業務の内容が同一の場合の精皆勤手当（精勤手当不支給を不合理としたものとして、前掲・長澤運輸事件)、正社員の所定労働時間を超えて同一の時間外労働を行った場合に支給される時間外労働手当の割増率、深夜・休日労働を行った場合に支給される深夜・休日労働手当の割増率（年末年始勤務手当の不支給を不合理としたものとして、日本郵便（東京）事件・最判令和２・10・15労判1229号58頁)、通勤手当・出張旅費、労働時間の途中に食事のための休憩時間がある際の食事手当（通勤手当額の相違（月額2,000円低い)、給食手当の不支給を不合理としたものとして、ハマキョウレックス事件・最判平成30・６・１労判1179号20頁)、同一の支給要件を満たす場合の単身赴任手当、特定の地域で働く労働者に対する補償として支給する地域手当等も、同一の支給が求められる。

また、ガイドラインに記載のない待遇をみると、退職金については、正社員に支払われる退職金の賃金後払いや功労報償的性格、正社員の確保・定着という目的を踏まえ、上述の①ないし③の要素を考慮した上で、契約社員に対する退職金の不支給を不合理とはいえないとした例がある（前掲・メトロコマース事件)。住宅手当については、正社員と嘱託職員とで転勤の有無に違いがなく住居費を要する点で違いがないとして、嘱託職員の住宅手当の不支給は不合理とされた例（科学飼料研究所事件・神戸地姫路支判令和３・３・22労判1242号５頁）と、正社員には広域の転勤の可能性がある点で、それが予定されていない契約社員に対する住宅手当の不支給は不合理ではないとされた例（前掲・ハマキョウレックス事件）がある。扶養手当（家族手当）については、長期勤続が期待される正社員の生活保障や福利厚生を図ることで、長期の継続的な雇用を確保する目的で支給されているとして、長期の継続勤務が期待できない契約社員に対して扶養手当を支給しないことは不合理と評価できないとした例（日本郵便（大阪）事件・最判令和２・10・15労判1229号67頁）がある。

短時有期法８条違反の待遇の定めは無効となり（前掲・ハマキョウレックス事件)、不法行為を構成する。他方、同条違反により無効となった待遇について、同条は通常の労働者と同一ないし均衡を考慮した待遇を受ける権利を付与しない点は短時有期法９条と同様である。

なお、派遣労働者に対しても同様の規制がなされている（派遣法30条の３第１項)。比較対象となる待遇は、派遣先労働者の待遇のほか、差別的取扱いの禁止の場合と同様、労使協定方式により定められた待遇とすることができる（派遣法30条の4）。

(3) その他の待遇格差の解消に関する規制

待遇格差の解消について、以上のほか、使用者は通常の労働者との均衡を考慮しつつ、職務の内容、職務の成果、意欲、能力または経験その他の就業の実態に関する事項を勘案し、賃金（通勤手当その他の厚労省令で定めるものを除く、短時有期法施行規則3条）を決定する努力義務を負う（短時有期法10条）。また、使用者は職務内容が通常の労働者と同一の短時有期労働者については、職務遂行に必要な能力を付与するに必要な教育訓練措置を実施する義務を負う（同11条1項、それ以外の短時有期労働者に対しては努力義務、同条2項）。さらに、使用者は通常の労働者に利用機会のある福利厚生施設（給食施設、休憩室、更衣室）については、短時有期労働者にその利用機会を与えなければならない（同12条、同法施行規則5条）。

〈参考文献〉

・荒木尚志編『有期雇用法制ベーシックス』（有斐閣、2014年）
・和田肇・脇田滋・矢野昌弘編『労働者派遣と法』（日本評論社、2013年）
・伊藤大一『非正規雇用と労働運動』（法律文化社、2013年）
・特集「派遣労働社会」法学セミナー731号（2015年）5頁以下
・萬井隆令『労働者派遣法論』（旬報社、2017年）
・水町勇一郎『「同一労働同一賃金」のすべて　新版』（有斐閣、2019年）
・山本陽大「労働契約法（旧）20条をめぐる裁判例の理論的到達点(2)」季刊労働法274号（2021年）113頁以下

第4部　労働条件

第9章

賃金

Introduction

賃金は、労働者にとって生計費を獲得するための最も重要な手段である。また、会社にとっては有能な労働者を集め定着させたり、労働者の意欲を維持し高める重要な手段である。労働者は、豊かな生活を送るために、より高い賃金を望むし、逆に使用者は、競争力を維持するなどの理由からこれを押さえ込む意欲が働く。賃金は労使間にとって最も利害の対立する労働条件であるといえる。

日本の賃金は、欧米諸国と比べて、基本給以外にさまざまな諸手当が支給される点、賞与の占める割合が高い点に特徴がある。また、勤続年数・経験年数が増えれば、それだけ職業能力も高まり、賃金もそれにともなって上昇するが、このカーブが急な点も日本型賃金の特徴である。

1　賃金の実情

賃金は、多様な形態や要素から成っている。

まず、賃金には、月給、日給、時間給などの形態の賃金がある。いわゆる正社員の賃金は月給制であり、非正規職員の賃金には時間給制や日給制が多い。

これ以外にも、出来高払制や歩合給など、できあがった製品の個数や営業成績に応じて支払われる賃金がある。これについては、成果の乏しい月の賃金が著しく低額になり労働者の生活が困窮するおそれがある。それを回避するため、出来高払制その他の請負制で使用する労働者について、使用者は労働時間に応じて一定額の賃金を保障することを義務付けられている（労基法27条）。労基法はこの保障額を定めていないが、労働者の生活保障のために一定額の賃金を保障する休業手当（同26条）を考慮して、平均賃金の60％以上と解すべきである。

また、所定内賃金と所定外賃金という区別がある。前者には、基本給と各種手当とが含まれる。基本給は、同じ賃金体系が適用される労働者全員に支払われるもので、当該労働者の職務内容、技能、勤務成績、年齢、勤続年数等を考慮して決定されるのが一般的である。所定内賃金の各種手当には、技能・資格手当、精勤手当、役付手当など労働の内容を評価して支給されるものと、家族（扶養）手当、通勤手当、住宅手当など、労働の内容ではなく労働者の生活状況に応じて支給されるものがある。所定外賃金とは、時間外休日手当のようなその月の労働実績に応じて支給額が決まる賃金をいう。

これ以外の賃金として、賞与や退職金などがある。1か月を超える期間の労働実績への評価や勤続への功労報償、就労意欲の向上のため、あるいは経常利益の労働者への還元など多様な理由から支払われる。

2　賃金制度

(1)　職能資格制度

(a)　背　景

賃金は当該会社の従業員全員を対象に設計された賃金制度が適用されるのが一般的である。高度経済成長期に、長期安定雇用を前提として年齢や勤続年数に応じて賃金を上昇させる年功序列型賃金体系ができあがった。その後、安定成長期に入り、従業員の高齢化によって増大する会社の賃金コスト負担の緩和や労働者の就労意欲向上などの要請から、労働者の職務遂行能力を評価して賃金を決定する職能資格制度が一般化して現在にいたっている。職能資格制度の下での賃金は、職能給、能力給などと呼ばれる格付けにより決まる賃金と、年齢給やその他諸手当が合算されて決定されるのが一般的である。

(b)　内　容

職能資格制度の下では、事務職、技術職など職種ごとに賃金表が作成される。それぞれの賃金表の下では、図表1に示したように、要求される職務遂行

図表1　職能資格制度のモデル

職層	資格等級	対応職位	資格要件
上級職	参事	部長	経営目標を達成するための方針を決め、企画立案をし、高い業績を出す能力を有する。
	副参事	部長代理	上位職を補佐し、経営目標を達成するための企画、立案をし、高い業績を出す能力を有する。
中間職	主事	課長	経営目標を理解し、それに沿って部下を適切に指導・管理し、職務を遂行させる能力を有する。
	副主事	係長、主任	社員として単独で職務を遂行する能力を有し、部下を指導しながら適切に職務を遂行する能力を有する。
一般職	係員1級	主任、一般社員	社員としての応用能力を有し、指示に従い中程度の難易度の職務を遂行する能力を有する。
	係員2級	一般社員	社員としての基礎的能力を有し、指示に従い的確に職務を遂行する能力を有する。

能力に応じて資格等級が複数設定され、労働者は自らの職務遂行能力に応じて格付けされる。そして、同じ資格等級内でも、1号から10号などランク分けがされ、号ごとに賃金が決められている。たとえば新入社員は学歴などを考慮して、高卒者は係員2級1号、大卒者は係員2級5号などと格付けされ、労働者の賃金（基本給）が決まる。

職能資格制度の下で労働者の基本給は、同じ資格等級内でのランクアップにより上昇する（昇級という）。このランクアップには上限が設けられており、職務遂行能力の向上にともない、さらに上の資格等級に格付けされること（昇格という）で基本給がさらに上昇していくことになる。この格付けは使用者による評価に基づいて行われ、この評価を人事考課、査定などという。

職能資格制度の下では、資格等級に応じて職位が設定されることも多い。職位には、たとえば、部長、部長代理、課長、係長、主任、一般社員などがあり、資格等級に応じて職位が決まる。職位の上昇を昇進という。職位は基本給には影響しないが、責任の重い職位になると、職位に対応して役職手当や職位手当などが支払われる。

職能資格制度の下では、職能給のほかに年齢に応じて決定される年齢給が支払われることが多い。たとえば、18歳であれば7万円、19歳で7万5,000円と加齢により賃金は上昇し、50歳など一定年齢に達するとその上昇がストップするのが一般的である。

なお、資格・等級の移動ではなく、賃金表全体の賃金額を引き上げることをベースアップ（ベア）といい、春闘での重要な要求項目である。

(2) 成果主義賃金制度

(a) 背景

職能資格制度において資格等級の格付けの基準となる職務遂行能力とは、一般に、さまざまな業務を遂行するために蓄積された潜在的な能力のことであり、現に担当する業務の成果により事後的に判断される能力を指すわけではない。そのため、潜在的能力である職務遂行能力は、それまで受けてきた社内の教育訓練や経験などにより測らざるをえず、これは実質的には年齢や勤続年数などを評価要素とする年功序列的な運用につながりやすい。そこで、個人ごとに担当する職務の重要度と達成度に基づいて賃金を決定する成果主義賃金制度を導入する企業が、1990年代以降増加傾向にあるといわれる。

成果主義賃金制度の下では、個々の労働者ごとに目標が設定され、より重要な仕事をし、より高い目標を達成できれば賃金もそれに応じて高額となる。きちんとした成果を残せば残すほど賃金が上昇する仕組みであるため、労働意欲の向上が見込まれる。しかし、この制度も、非常に高度な目標が設定され成果を残すことがそもそも困難な状態が生じる場合には、成果主義に名を借りた単なるコスト削減策となりかねない。

(b) 賃金制度の変更

賃金体系の年功序列型賃金から成果主義賃金への変更、あるいは成果主義的な賃金決定要素の導入の際、賃金が大幅に引き下がる者が生じることがある。これは、労働条件の不利益変更に該当しうるため、就業規則で成果主義賃金が導入された場合には、その合理性が問題となる（労契法10条）。

年功序列型賃金から成果主義賃金への変更そのものについては、あきらかに人件費総枠の削減のみを目指しているという事情がある場合には、合理性は否定されよう。また、個別の制度導入事案では、たとえば、成果主義賃金導入の際、高年齢者層など特定層のみの賃金が大幅に引き下げられ、かつ、その後の昇給が困難で、不利益緩和措置もない場合や、成果主義賃金の導入にあたって設定された人事考課制度における評価基準が不明確であるような場合には、当該成果主義賃金の導入はその目的を達成するにふさわしくなく、合理性が否定されるべきである。

(c) 年俸制

成果主義賃金の典型例として、労働者の業績等の達成度評価に基づき、賃金の全部または相当部分を年単位で決定する年俸制がある（支払いは毎月1回以上。労基法24条2項）。年俸制では、労働者個人と使用者の間で協議して次年度の目標を設定し、その達成度の評価をもとに賃金が決定される。成果に基づく賃金決定とそれによる労働意欲や労働効率の向上などの目的は、この目標設定が適正に行われなければ達成されないし、目標が適正に設定されたとしても、その達成度評価が公正に行われなければ同様に達成されない。そのため、年俸額決定の仕組み自体に合理性と公正さが求められる。

また、次年度の年俸額について労使の合意が成立しなかった場合には、どのようにしてそれが決定されるのかが問題となる。年俸額決定のための評価基準、決定手続、減額の限界の有無、不服申立手続などが制度化されて就業規則等に明示され、かつ、その内容が公正な場合に限り、使用者に評価決定権があるとする裁判例がある（日本システム開発研究所事件・東京高判平成20・4・9労判959号6頁）。合理的な内容の就業規則は、労働契約の内容となるが（労契法7条、10条）、年俸制が労使の個別合意による賃金決定を原則とする以上、この就業規則の内容には相当に高度の合理性が要求されると解すべきである。

3　賃金請求権の発生

(1) 賃金請求権の発生時期

賃金の額、計算方法、支払い方法等は、原則として当事者の合意によって決定される。賃金に関する事項が就業規則の絶対的必要記載事項であることから（労基法89条1号）、これらは就業規則やその他関連規程で定めておかなければならない。

賃金請求権の発生時期は、原則として、労働が終わったとき（民法624条1項）、あるいは、月給のように期間によって定めた賃金はその期間の経過後である（同2項）。しかし、民法624条は任意規定であるため、実際には月給制でも月の中旬や下旬に支払われたり、欠勤分の賃金を控除しない完全月給制など、民法の原則とは異なる運用が広くみられる。

労働者が本人や扶養する者の出産、疾病、災害等の非常の場合の費用に充てるために支払期日前に賃金支払いを請求した場合、使用者はすでに行われた労働に対する賃金を支払期日前であっても支払わなければならない（労基法25条）。

(2) 労働義務の履行

労働者が実際に賃金を請求する権利を得るためには、労働契約上の労働義務を履行しなければならない。労働義務の履行とは、労働者が債務の本旨に従った労務の提供をすることをいう。たとえば不当解雇の場合のように、労働者が労務の提供をすることができ、かつその提供を申し出ているにもかかわらず、使用者が正当な理由なくその受領を拒絶するような場合には、労働者は現実に就労していないが、債務の本旨に従った労務の提供をしたといえる。

債務の本旨に従った労務の提供の内容を定める法律上の規定はなく、これは労働契約の解釈による。たとえば、労働者が適法に命じられた業務を拒否して別の業務を行うことは、それが会社の業務であったとしても、債務の本旨に従った労務の提供があったとはいえない（外勤・出張業務を命じられた労働者がそれを拒否して内勤業務に従事したケースとして、水道機工事件・最判昭和60・3・7労判449号49頁）。他方で、病気に罹った労働者が担当を命じられた現場監督業務の遂行が困難となったために、内勤での労務の提供を申し出たことが債務の本旨に従った労務の提供と認められたケースもある。このケースでは、職種や業務内容が労働契約で限定されていない労働者について、現在の担当業務について労務の提供が十全にできなくても、種々の事情に照らしてその労働者の配置が現実的に可能であるような他の業務について労務の提供ができ、かつ、それを労働者が使用者に申し出ている場合には、債務の本旨に従った労務の提供があったとされている（片山組事件・最判平成10・4・9労判736号15頁）。

職種等の限定のない労働契約では、使用者は広範な労働者の配置権限を有し、労働者は配置の命令を拒否できないのが一般的である。そして、使用者は、いくつかの担当可能な業務の中から一つを選んで労働者を配置するのであり、配置のときに当該労働者でなければその業務を担当できないから配置するなどの厳格な判断が常に行われているわけではない。また、病気に罹った労働者に通常どおりの労務の提供を求めることは現実的には酷である。上のケースのような事情がある場合には、当該労働者を配置可能な他の業務があるのであれば、その労務提供を債務の本旨に従った労務の提供と解すべきであろう。

4　賞与、退職金

(1)　賞与の性格と法的問題

夏季や年末に支払われる賞与（いわゆるボーナス）は、当該期間の実績に応じて計算される賃金の後払いとして、また同時に、功労への報奨や労働意欲の向上など多様な目的によって支払われる。賞与は一般的に、基本給に一定月数と査定率を乗じて計算される。

賞与の具体的支給額は、労働組合がある場合は団体交渉で、それがない場合は使用者が就業規則等の基準に従って決定するのが一般的である。賞与額は、当該賞与の対象となる期間の会社の経営状況（一定月数）と労働者ごとの勤務実績についての人事考課（査定率）を基本にして、場合によっては労働者の年齢、勤続年数、職種、出勤日数等なども加味しながら計算される。

また、団体交渉が決裂するなど賞与支給予定日になっても賞与の額（とりわけ支給月数）が決定されない場合に、労働者は賞与をいっさい請求できなくなるのかが問題となる。通常、就業規則等の規定は賞与額を具体的に定めているわけではないため、原則として、具体的な賞与額が決まらない限り、労働者は賞与の支払いを請求できない。しかし、賞与の具体的金額が決定されないケースでは、不当な団交拒否など使用者側に明らかに非があるケースもあるため、過去の実績や、賞与額が決定されなかった事情等を考慮して、労働契約の解釈を通じて具体的な賞与額が決定される余地がある（ノース・ウエスト航空（賞与請求）事件・千葉地決平成14・11・19労判841号15頁）。

このほかに、当該賞与の支給日に労働者が在籍していることを賞与の支給要件とすることの有効性が問題となる（支給日在籍要件）。この要件は、労働者の意欲向上や勤続を促すこと等を目的として設定されるが、賞与が当該期間の労働に対する賃金の後払い的性格を有する場合でも全く支給されなくなったり、労働者の退職の自由を一定程度制約することにもなる。判例は、支給日在籍要件を設定する目的が必ずしも不合理とはいえないことから、有効と解している（大和銀行事件・最判昭和57・10・7労判399号11頁）。学説では、使用者の都合により労働者が自ら退職日を選べない場合には、支給日在籍要件がある場合でも賞与を請求できるとの見解がある。

(2) 退職金の性格と法的問題

労働者が退職する時に一時金として、あるいは年金として支給される退職金もまた、多様な目的で支払われる。勤続年数に応じて一定額の退職金が支給されるような支払い条件が明確である場合には、本来定期的に支払われる賃金が退職時に一括して払われるという後払い的賃金という性格をもつと解される。また、自己都合退職よりも会社都合退職の方が支給率が高かったり、懲戒解雇などの場合に退職金が減額ないし不支給とされる場合には、労働者の勤続に対する功労報償としての性格をもつと解される。さらに、退職金は労働者の老後の生活保障のための費用としての性格をもつともいわれる。

就業規則において、懲戒解雇の際の退職金の減額や不支給について定められている場合、その有効性が問題となる。退職金は功労報償的性格を有すること、また、そもそも退職金を支払うかどうかは労使の合意によるものである以上、退職金の減額や不支給そのものを違法とはいえない。とはいえ、退職金が賃金の後払い的性格も併せもつことを踏まえると、それまでの労働に対する対価を不合理に失わせないためにも、当該懲戒解雇事由の重大さ、従前の労働者の勤務状況などを考慮して、有効性については慎重に判断されるべきである。たとえば、電鉄会社の労働者が電車内で痴漢行為を繰り返したため懲戒解雇されたケースでは、労働者の過去の勤務態度等の諸事情から退職金全額の不支給は不合理であるとして、退職金の３割の支払いが認められている（小田急電鉄事件・東京高判平成15・12・11労判867号５頁）。

また、退職後に労働者が元の使用者と競業関係にある会社に就職したり、自営で競業行為に従事したときにも、退職金の不支給（ここでは退職金の返還）問題は生じる。退職後の労働者には営業の自由、職業選択の自由があるが、利用する営業行為の内容、期間、地域、元の会社での労働者の地位、代償措置の有無等によってその当否が判断される。就業規則の規定に従って半額の退職金の返還請求のみを認めた判例がある（三晃社事件・最判昭和52・8・9労経速958号25頁）。

退職金が退職年金として支払われた場合（企業年金）、支給開始後に退職年金が減額されると類似の問題が生じる（退職前の変更は労働条件の不利益変更の問題である）。退職年金の減額の有効性は、すでに退職した者と会社との退職年金契約の解釈の問題となるが、年金契約に減額の根拠規定がある場合でも、規定された減額事由を踏まえて一定の合理性および必要性がなければ減額できないと解される（幸福銀行事件・大阪地判平成10・4・13労判744号54頁）。退職金に後払い的性格がある以上、減額に対しては限定的な解釈がなされるべきことになる。

5　賃金支払方法の諸原則

(1)　労基法上の賃金

労基法24条は、労働者に確実に賃金を得させるために、支払方法の諸原則を定めている。そして、これに違反した使用者には罰則を科している（120条1号）。ここでいう「賃金」すなわち労基法上の賃金とは「賃金、給料、手当、賞与その他名称の如何を問わず、労働の対償として使用者が労働者に支払うすべてのものをいう」（11条）。「労働の対償」の定義は法律上存在せずその範囲は解釈に委ねられているが、就業規則等により支給条件が明確に規定されているもので、使用者が労働者に支払う義務のあるものが労基法上の賃金と解されている。これに対し、慶弔金のような任意的・恩恵的給付や資金貸付けや住宅貸与等の福利厚生費、企業設備、作業備品、作業服、作業用品代、出張旅費等の企業が業務遂行のために負担すべき業務の必要経費等は、「労働の対償」にあたらない。

⑵　賃金支払の４原則

賃金が労働者の生活の原資であるため、労基法はその支払いを確実にするための規制として、通貨払原則、直接払原則、全額払原則、毎月１回以上定期日払原則を定めている（労基法24条）。

(a)　通貨払の原則

価格が不明瞭で換金が必ずしも容易ではない現物給与による弊害を防止するために、使用者は原則として賃金を通貨で支払わなければならない。労働協約で別段の定めがある場合には通貨で支払わなくてよい。たとえば、通勤手当を定期券等で現物支給するなどの例がある。また、一般に行われている賃金の本人名義口座への振込みも、労働者の同意があれば可能となる（労基則７条の２）。

(b)　直接払の原則

労働者の親や第三者が労働者本人に代わって賃金を受け取り、本人に渡さないという事態を阻止するため、使用者は賃金を労働者本人に直接支払わなければならない。したがって、使用者が労働者から適法に賃金債権を譲渡された者からその支払いを請求された場合でも、使用者は労働者本人に直接支払わなければならない。

(c)　全額払の原則

労働者の生活原資を確実に保障するため、使用者は労働者に賃金の全額をまとめて支払わなければならない。なお、税金や社会保険料の源泉徴収のような法令による例外や、チェック・オフのような使用者と労働者の過半数代表等との協定（賃金控除協定）による例外が許されている。

この原則との関係で問題となるのは、労働者が何らかの理由で自らの賃金債権を放棄すること、使用者が労働者に対して有する損害賠償請求権等の債権（自働債権）と労働者の賃金債権（受働債権）を相殺することの有効性である。学説では、これらはいずれも労働者に賃金を支払わないもので、賃金全額払の原則に反するという見解もある。判例も、使用者が行う一方的相殺については、その効力を否定する（日本勧業経済会事件・最大判昭和36・５・31判時261号号17頁）。これを認めると使用者の一方的な判断で損害額を確定して相殺できるようになり、労働者にあまりにも不利となる。ただし、使用者が誤ってした過払い分の賃金を精算するための相殺（調整的相殺）は、過払いの生じた時期と合理的に接着した時期に、労働者の経済生活の安定をおびやかさない範囲でなされる場合に許される（福島県教職員事件・最判昭和44・12・18判時581号３頁）。

これに対し労働者による賃金債権の放棄について、判例は、退職後直ちに競争会社に就職するときや、在職中の旅行経費の使用につじつまのあわない点があり、それに関わる損害の一部を填補する趣旨などから、退職金債権を放棄する旨の労働者の意思表示の有効性が争われたケースで、退職金債権の放棄が労働者の真に自由な意思に基づくものであると認めるに足る合理的な理由が客観的に存在していたものということができるとして、その効力を認めている（シンガー・ソーイング・メシーン事件・最判昭和48・１・19判時695号107頁）。労基法24条は、確定した賃金債権の全額払いを使用者に義務付けるだけであり、労働者が自らすすんで賃金債権を放棄することまで否定していると解するのは困難である。しかし、労働者が賃金債権をすすんで放棄することはめったにないであろうし、労働者による賃金債権放棄を安易に認めると、実際には労働者がその意思表示を使用者によって事実上強制されるおそれが生じる。こうしたことを考えると、労働者の真に自由な意思の認定は、対等性を欠くという労働関係の特殊性を考慮して慎重に行うべきである。

また、判例は、使用者が労働者の同意を得てなす相殺（合意相殺）も、その同意が労働者の真に自由な意思によると認めることのできる合理的な理由が客観的に存在するときには、全額払の原則に違反しないとしている（前掲・福島県教職員事件）。この場合の労働者の自由な意思の認定も慎重になされるべきである。

(d) 毎月１回以上・定期日払の原則

労働者に安定した見通しの立つ生活を保障するために、使用者は労働者に対して毎月１回以上・定期日に賃金を支払わなければならない。これは年俸制にも適用されるため、年俸制のもとでも毎月１回（年12回）賃金が支払われる。

6 休業中の賃金保障

労働者が通常の勤務日にいつもどおりに労働できるときでも、使用者側の事情などによって労働できなくなる場合がある（この状態を休業という）。たとえば、不当解雇の効力を争っている場合、地震や火災などにより職場が倒壊するなど職場での作業が不可能となった場合、取引先から原材料が届かず作業をすることができないような場合などである。

民法536条2項によれば、「使用者の責めに帰すべき事由」による休業の場合、労働者は賃金請求権を失わない。ここにいう使用者の帰責事由とは、使用者の故意、過失もしくは信義則上それと同視すべき事由をいう。たとえば、不当解雇が無効とされた場合、その効力を争っていた間の休業がこれにあたり、労働者は使用者に対して当該期間中の未払い賃金（バックペイ）全額を請求できる（民法536条2項）。他方、使用者の故意、過失等によらない休業の場合、民法の規定によると、労働者は賃金請求権を失うことになる（同1項）。

しかし、民法536条2項にいう使用者の帰責事由によらない休業の場合に常に労働者に賃金が支払われないとすると、労働者の生活が不安定となることから、労基法26条は民法536条2項とは別に、「使用者の責に帰すべき事由」による休業において平均賃金（算定すべき事由の発生した日以前3か月間の賃金総額をその期間の総日数で割った金額、労基法12条1項）の6割以上の休業手当の支払いを使用者に義務付けている。労基法26条は、労働者の生活保障を趣旨としており、同条にいう使用者の帰責事由の範囲は、民法536条2項のそれよりも広く、「使用者側に起因する経営、管理上の障害」を含む（ノース・ウエスト航空（休業手当請求）事件・最判昭和62・7・17労判499号6頁）。具体的には、経営困難のために新入社員を自宅待機させる場合、取引先の経営困難のために企業が原料や資材の供給を受けることができない場合、あるいは資金難による経営障害に陥った場合などがこれに該当する。

派遣期間途中で労働者派遣契約が解除され、次の派遣先が見つからずに休業となった場合については、労基法26条のみならず、民法536条2項の帰責事由にも該当する可能性がある（三都企画建設事件・大阪地判平成18・1・6労判913号49頁は、休業手当の支払いのみを認める）。

7　最低賃金

賃金は労働契約当事者の合意によって決められるべきだが、完全な自由交渉に委ねると、実際には賃金が不当に低くおさえられたり、企業間の過当競争を招くおそれがある。そこで、労働者の生活の安定や労働力の質的向上をはかり、事業の公正な競争を確保するとともに、国民経済の健全な発展に寄与するために、最低賃金法は賃金の最低額を保障している。

最賃法の定める最低賃金には、都道府県別に定められる地域別最低賃金と、産業ごとの事情を踏まえて地域別最低賃金よりも高い額が定められる特定最低賃金がある。地域別最低賃金は毎年10月ころに改定されるが、特定最低賃金は産業の労働者ないし使用者が申し出て厚生労働大臣または都道府県労働局長が必要と認めた場合にのみ改定される。

最賃法は、労基法上の労働者および使用者を適用対象とする（最賃法2条）。使用者は、最低賃金額以上の賃金を労働者に支払わなければならず、最低賃金に達しない賃金の合意は無効となり、最低賃金と同額の賃金の合意をしたものとみなされる（同4条）。したがって、最低賃金額未満の額での賃金を合意した労働者でも、最低賃金との差額を請求することが可能となる。また、地域別最低賃金を下回る賃金を支払う使用者は、50万円以下の罰金に処せられる（同40条）。

2022年度の地域別最低賃金額は、全国平均は961円、最高が東京都の時給1072円、最低が鹿児島県等の時給853円となっており、地域間で大きな差が生じている。また、最低賃金額は生活保護費を下回らないように配慮される（最賃法9条3項）。非正規雇用の時間給は、最低賃金ぎりぎりで設定されていることが多く、これがワーキングプア層の拡大の大きな要因となっており、この引上げが大きな政策論争となっている。

〈参考文献〉

・金子良事『日本の賃金を歴史から考える』（旬報社、2013年）

第4部　労働条件

第10章

労働時間とワーク・ライフ・バランス

Introduction

1日24時間の時間配分について、歴史的に形成されてきた考え方は、1/3は労働時間に、1/3は睡眠・休息時間に、そして1/3は私的な生活にあてる、というものである。1919年に成立したILO労働時間条約（第1号）は、1日の労働時間の上限を8時間とし、この考え方を反映している。

労働時間を規制する理念には、多様なものが含まれるが、最も重要な理念は健康と安全の保護である。また最近では、ワーク・ライフ・バランスの重要性も指摘されている。労働者の生活に占める仕事の割合が高まり、その結果、家族や社会とのつながりを保つ時間が削られたり、あるいは私生活における育児や家族の介護に困難が生じるなど、大きな問題が生じているからである。

労働者のワーク・ライフ・バランスを保障するためのポイントは、大きく2つある。第1に、私的生活のための時間を確実に確保することである。第2に、私生活の中でも特に出産や育児、介護に責任を負う労働者が、安心してそれらに従事することができるような仕組みを構築することである。本章では、これらの点を中心に日本の法制度を概観していくことにする。

1　労働時間に関する法規制

(1)　1日8時間の歴史

労基法は、労働時間の長さについて週40時間、1日8時間と規制している（32条）。

なぜ、1日8時間労働制が採用されているのであろうか。18世紀半ばから19世紀にかけて起こった産業革命の時代には、平均的な労働時間は1日10時間から16時間、休日は週に1日のみであった。イギリスの社会革命家ロバート・オーウェンは、低所得の労働者階層の実情を目の当たりにし、1817年に、「仕事に8時間を、休息に8時間を、やりたいことに8時間を」(Eight hours labour, Eight hours recreation, Eight hours rest）のスローガンを掲げ運動を展開した。それはイギリスの工場法の制定（1833年）などの成果に結びついたが、8時間労働制の実現は容易ではなかった。1886年5月1日、アメリカ合衆国全土で、38万人以上の労働者と労働組合が8時間労働制を求めるためにストライキに立ち上がり、1890年5月1日には、フランスを本部とする第2インターナショナルが、アメリカ、ヨーロッパなど世界各地で一斉に集会やデモをすることを決めた。そこで訴えられたのが上記のスローガン（「8時間労働の歌」）である。これ以降、毎年5月1日に世界中でメーデー（MAYDAY）が開催されるようになる。1919年、ILOは第1回総会で「1日8時間、週48時間」を国際的労働基準として確立した。

日本において8時間労働制を法律で初めて規定したのは、1947年に制定された労基法であった。もっともこのときには、「1日8時間、週48時間」とされていたため、週休1日制が原則であった。しかし、1986年、「欧米先進国並みの年間総労働時間の実現と週休2日制の早期完全実施」が国家の政策目標として掲げられ、それを受けて1987年に行われた労基法改正により、「1日8時間・週40時間」とされた。

このように、歴史的にみると、8時間労働制というのが、労働者の長い闘いのなかで勝ち取られ、労働者の健康と私生活に配慮して設けられた基準であることが分かる。それゆえにこそ、雇用する労働者の労働時間管理は使用者の義務とされ（「労働時間の適正な把握のために使用者が講ずべき措置に関する基準」平成13・4・6基発339号)、8時間労働制の例外である時間外労働や休日労働を行わせるにあたっては、さまざまな法的規制が課せられている。そうであるならば、時間外労働等を安易に認めるような運用は許されるべきではないし、また、8時間労働という法的規制を免除する労働時間制度や労働時間算定の方法を導入するにあたっては、慎重な検討が必要になる。

日本では、過労死や過労自殺の多発、あるいはその予備軍の存在、家族との団らんを犠牲にした働き方がいまだにいたる所で見出せる。そういった現実に対して、日本の労働時間規制（法律のみならず、就業規則や企業内での運用も含めて）は、いかにあるべきかが、検討されなければならない。

(2) 「労働時間」とは何か

労基法における8時間労働制の対象となる「労働時間」とは、「休憩時間を除き」、現実に「労働させ」ている時間をいう。最高裁判例によれば、それは、労働契約、就業規則あるいは労働協約の定めによるのではなく、労働者の行為が使用者の指揮命令下に置かれたものと評価することができるか否かにより客観的に定まるものである。そして、「事業所内において行うことを使用者から義務付けられ、又はこれを余儀なくされたときは、当該行為を所定労働時間外において行うものとされている場合であっても、当該行為は、特段の事情のない限り、使用者の指揮命令下に置かれたものと評価することができ」るとされる（三菱重工長崎造船所事件・最判平成12・3・9労判778号11頁）。業務に就く前の更衣などに要する準備時間、体操の時間、業務前の作業準備時間、業務後の片付けの時間あるいは業務と業務の間の待機の時間等が労働時間にあたるかは、この基準に従って判断されることになる。

このような考え方は、ビルの警備や設備保全等の夜間勤務において認められる仮眠時間が労働時間にあたるかという問題についても妥当する。仮眠中に仮眠室において待機し、警報や電話等に対してただちに相当の対応をすることが義務付けられているならば、原則としてそのような仮眠時間は労働時間にあたると判断される（大星ビル管理事件・最判平成14・2・28労判822号5頁）。

(3) 労働時間等規制の適用除外

労働時間に関する規制は、基本的にすべての事業に対して適用されるが、事業や業務の性質に照らして、一定の場合に適用除外を認めている。

適用除外が認められるのは、次の4つの場合である。これらのいずれかに該当する者は、法定労働時間を超えて労働したとしても、割増賃金を請求することはできない。もっとも、第1から第3の場合（労基法41条1号ないし3号）については、「労働時間、休憩および休日に関する規定」のみ適用除外され、「深夜業」(原則として午後10時から午前5時)に関する規定(労基法37条4項)は適用される。しかし、第4の場合(労基法41条の2)については深夜業に関する規定も含めて適用除外される。

適用除外が認められるのは、第1に、農業、畜産・水産業(林業を除く別表1の6号7号)の事業に従事する者である(労基法41条1号)。これらの産業は、天候や季節等、自然条件に強く影響されるために、労働時間規制から除外されている。

第2は、監督もしくは管理の地位にある者または機密の事務を取り扱う者(管理監督者)である(同条2号)。これらの者は、労働時間を自らの裁量で律することができ、またその地位に応じた処遇(相応の手当等)を受けるので、労働時間の規制を適用しなくとも保護に欠けることはないと考えられている。しかし、労働時間等の規制を外すということは、その者の健康や私生活のための時間の確保を危うくするおそれがあるから、これらの者にあたるかは厳格に判断されなければならない。

すなわち、適用対象となるか否かは、「部長」や「課長」といった名称にとらわれることなく、実態に即して判断される(昭和22・9・13発基17号、昭和63・3・14基発150号)。また具体的には、①事業主の経営に関する決定に参画し、労務管理に関する指揮監督権限を認められているか、②自己の出退勤を始め労働時間について自ら決定する自由があるか、そして③その地位と権限にふさわしい待遇(基本給、手当、賞与等)が与えられているかの観点から判断される(たとえば育英舎事件・札幌地判平成4・4・18労判839号58頁。チェーン店の店長について同号該当性を否定した事例として、日本マクドナルド事件・東京地判平成20・1・28労判953号10頁)。

第3は、監視または断続的労働に従事する者で、使用者が行政官庁(労働基準監督署長)の許可を受けた者である(同条3号)。

第4に、高度の専門的知識等を必要とする業務に就き、1年間に支払われると見込まれる賃金の額が一定額以上の者である(労基法41条の2)。対象業務は、厚生労働省令によって定められ、高度の専門的知識を必要とし、その性質上、従事した時間と従事して得た成果との関連性が通常高くないと認められる業務が対象とされる。高度の専門的知識を有する労働者が対象であることから、「高度プロフェッショナル制度」と呼ばれている。

高度プロフェッショナル制度は、当該制度の下で働く労働者を労働時間に関するすべての規制から除外するものである。しかし、同制度の下で働く労働者であっても、通常の労働者と同じように、ノルマが課せられたり、使用者からの指揮命令に従って働くことが求められる。むしろ、労働時間の上限規制が及ばないために、より過重な労働に駆り立てられていく危険性が高い。

法はそういった事態を避けるため、本人の申し出による撤回を含め、いくつかの規制を設けている（同条3号ないし5号）。これらの規制を遵守することは、労働時間規制を適用除外するための要件であるから、遵守違反があった場合には、原則に立ち返り、使用者は労基法上の労働時間規制に従わなければならない（時間外労働手当の支払い等）。

高度プロフェッショナル制度は、時間数ではなく、健康管理の側面から法的規制を行うという、従来とはまったく異なる発想に立つ制度であるとされる。しかし、労働安全衛生の観点からこれまでも健康管理は行われてきた。それでもなお、過重労働を原因とする過労死や過労自殺、精神疾患といった深刻な被害が生じている現実がある。2018年の労基法改正により導入された同制度については、運用の実態をつぶさに調査し、制度廃止を含めた議論を今後も継続していくことが必要である。

(4) 柔軟な労働時間制度

(a) 変形労働時間制

労働の種類や性質によっては、1週40時間・1日8時間という固定的な労働時間配分では効率的な経営にとって都合が悪い場合がある。そこで、労基法は、企業経営上の必要性と労働時間の短縮を目的として、変形労働時間制を設けている。

変形労働時間制は、一定の期間を単位とし、期間中の週平均労働時間が週の法定労働時間（40時間）を超えない範囲で、1週あるいは1日の法定労働時間を超える所定労働時間の設定を許す制度である。特定の日ないし特定の週で法定労働時間を超えて労働させたとしても、一定期間の週平均労働時間が法定労働時間内にとどまる限り、その超過部分は時間外労働には該当しない。

ただし、一定期間の平均労働時間が週40時間を超えないよう、当該期間について、どのように所定労働時間を配分するかをあらかじめ定めておかなければならない。これを「特定の週・特定の日」要件という。

労基法が定める変形労働時間制には、単位期間の長さに応じて、1か月単位（32条の2）、1年単位（32条の4）、1週間単位（32条の5）の3種類がある。

(b) 変形労働時間制の適用免除

変形労働時間制は、企業の効率的な時間配分や労働時間の短縮に役立つものではあるが、その反面、労働者に不規則な働き方を強いることにもなりかねない。そのため、満18歳に満たない者（労基法60条1項）、妊産婦（妊娠中の女性および産後1年を経過しない女性）が請求した場合（同66条2項）には変形労働時間制を適用することは許されず、また、育児や介護に従事する者、職業訓練または教育を受けている者、その他特別の配慮を要する者について、それらに必要な時間を確保できるような配慮をすることが使用者には求められている（労基則12条の6）。

(c) フレックスタイム制

フレックスタイム制も、労基法が設けている柔軟な労働時間制度の一つである。同制度は、3か月以内の一定期間（「清算期間」）に勤務する総労働時間数を決めておき、その範囲内で、各日の始終業時刻を個々の労働者の決定に委ねる制度である。フレックスタイム制には、始終業時刻を完全に労働者の自由に任せる場合と、必ず在社していなければならない時間帯（コアタイム）とその前後の始業時間帯、終業時間帯（フレキシブルタイム）を決めておく場合がある。いずれの場合にも、フレックスタイム制度は、労働者が主体的な判断で各日の労働時間を決めることができるため、仕事と私生活の調和（ワーク・ライフ・バランス）をはかるのにふさわしい制度であるということができる。

(5) 特別な労働時間の算定方法

(a) 労働時間の通算

労働者が複数の事業場や複数の使用者の下で働くことは、現代においてそれほどめずらしいことではない。労働者が複数の事業場で労働する場合、各事業場での労働時間は通算される（労基法38条１項。昭和23・５・14基収769号、昭和63・６・６基発333号）。通算した労働時間数が、法定労働時間を超える場合、超えた部分は時間外労働となる。

(b) 事業場外労働のみなし労働時間制

使用者は雇用する労働者の労働時間を管理する責任を負う。使用者には賃金台帳の作成が義務付けられ、そこには労働時間数も記載しなければならない（労基法108条、労基則54条）。時間外労働や休日労働があった場合には、それに対する特別な割増賃金の支払いが必要となる（労基法37条）。

しかし、労働者が社外で業務に従事する場合には、労働時間管理が行き届かないこともある。そこで、労基法は、労働者が労働時間の全部または一部について、事業場外で業務に従事した場合において、労働時間を算定しがたいときは、現実の労働時間数にかかわらず、所定労働時間労働したものとみなすという仕組みをとっている（労基法38条の２）。

同制度が適用されるには、事業場外で労働したというだけでは足りず、「労働時間を算定し難い」場合でなければならない。たとえば、労働時間管理者の随行や無線などの指示などにより、使用者の具体的な指揮監督が及んでいる場合（昭和63・１・１基発１号）、あるいは労働者が記録する文書によって労働時間の把握が可能な場合（阪急トラベルサポート事件・最判平成26・１・24労判1088号５頁）には、この制度は採用できない。

(c) 裁量労働のみなし制

労働時間の算定は、実労働時間を把握し、それを賃金支払いに反映させるのが原則である。ところが、労基法は、従事する業務の性質上、その遂行の方法を当該業務に従事する労働者の裁量に委ねる必要がある場合について、みなし労働時間という特別な労働時間算定の方法を定めている。これを裁量労働制という。

裁量労働制には、専門業務型（労基法38条の３）と企画業務型（同38条の４）の２つがある。これらの制度のもとでは、前項の事業場外労働のみなし時間制と同様に、実際の労働時間の長さにかかわらず、所定労働時間労働したとみなされる。

専門業務型裁量労働制の対象は、新商品や新技術の研究開発、人文科学、自然科学に関する研究の業務、情報処理システムの分析または設計の業務、新聞、出版の事業における記事の取材、編集の業務、衣服、室内装飾等デザイン考案の業務、放送番組、映画等制作の事業におけるプロデューサーまたはディレクターの業務等（対象業務）が法定されている（労基則24条の２の２）。

他方、企画業務型裁量労働制の対象となるのは、それぞれの企業における企画、立案、調査および分析の業務である。導入に際しては、事業場において労使同数からなる労使委員会が、同制度の対象となる業務、人的範囲等を、当該委員会の委員の５分の４以上の多数による決議を行い、そのうえで対象労働者の同意を得る必要がある。

このように、裁量労働制は対象範囲や手続の面でさまざまに規制されており、厳格すぎるとの評価もある。しかし、裁量労働制は実質的に労働時間規制の免除につながる側面があり、労働者に対する過剰なノルマと無制限の働き方を招きかねない。８時間労働制のもつ意義に立ち返るならば、手続や対象範囲が限定されることは、むしろ当然というべきである。

(6) 休憩時間・休日

(a) 休憩時間

休憩時間とは、労働から完全に解放される時間をいう。休みをとりながらであっても、客や取引先等が来たときに対応するために待機している時間は、休憩時間ではなく、労働時間である（すし処「杉」事件・大阪地判昭和56・３・24労経速1091号３頁）。

労働時間が６時間を超える場合においては少なくとも45分、８時間を超える場合においては少なくとも１時間の休憩時間を、労働時間の途中に与えなければならない（労基法34条１項）。また、休憩時間は一斉に付与するのが原則である（同２項）。ただし、事業場の過半数労働組合、それがない場合には過半数代表者との間で、書面による協定（労使協定）により別段の定めを行った場合には、一斉に付与する必要はない。一斉付与の原則は、工場労働者の働き方を想定して定められたものであるが、サービス業などでは休憩時間を労働者に一斉に付与してしまうと、業務に不都合が生じてしまうこともありうる。そのような場合には、協定を結んで、その例外を設けることが重要になる（同２項ただし書）。

休憩時間は、労働者に自由に利用させなければならない（「自由利用の原則」。同３項）。合理的な理由がなく休憩場所を指定したり、業務を命じることは、この原則に違反する。

(b) 休日

休日とは、労働から解放されることがあらかじめ定められている日をいう。

使用者は労働者に対して、毎週少なくとも１回の休日を与えなければならない（労基法35条１項）。これは最低基準であるから、たとえば毎週２日の休日を与えることは自由である。その場合には、２日のうちの１日については、法定外休日となり、法律上は、後述する「休日労働」として割増手当の支払いの対象とはならない。

また、休日は、毎週１日ではなく、４週を通じ４日以上という与え方もできる（同35条２項）。

(7) 時間外労働・休日労働・深夜労働

(a) 時間外労働・休日労働とは

時間外労働とは、１週または１日の法定労働時間を超える労働をいい、休日労働とは、法定休日における労働を指す。

労基法は、災害等による臨時の必要がある場合（33条）、および、労使協定が締結され、それが労働基準監督署長に届け出られた場合（36条）について、時間外労働、休日労働をさせることを認めている。その際、労働者に時間外労働ないし休日労働をさせた使用者は、一定以上の率で計算した割増賃金を支払わなければならない（37条）。

使用者は、満18歳に満たない者（労基法60条１項）、妊産婦（同66条２項）が請求した場合には、その者に時間外労働および休日労働をさせることはできない。また、小学校就学の始期に達するまでの子を養育する労働者および要介護状態にある家族を介護する労働者が請求したときには、事業の正常な運営を妨げる場合に該当しない限り、原則として、制限時間を超えて時間外労働をさせてはならない（育介法17条、18条）。制限時間とは、１か月について24時間、１年について150時間をいう。

図表１　「特定の場合」の上限

①	年間の時間外労働は月平均60時間（年間720時間）以内であること
②	休日労働を含んで、２か月ないし６か月の平均は80時間以内であること
③	休日労働を含んで、１か月は100時間未満であること
④	月45時間を超える時間外労働は年の半分を超えないこと

以下では、実際において最も利用されることの多い、労使協定が締結される場合について詳しく説明する。

(b)　労使協定の締結

使用者は、労使協定を締結し、労働基準監督署長に届け出た場合には、当該事業場で働く労働者に時間外あるいは休日労働をさせることができる（労基法36条）。この労使協定は、労基法36条を根拠に締結されるものであることから、一般に、「三六協定（さぶろく）」と呼ばれている。使用者は、三六協定を締結することによって、法定労働時間を超えて労働させることによる法違反およびそれにともなう罰則の適用を免れる。また、三六協定は、私法上も、労基法の有する強行的効力および補充的効力（労基法13条）を免れる効果を生じさせる。

三六協定においては、１日、１か月、１年のそれぞれの期間についての時間外および休日労働の日数の上限を定めなければならない。その上限は、法が定める限度時間を超えるものであってはならない。限度時間は、１か月について45時間、１年について360時間である（労基法36条２項、３項、４項）。

また、通常予見することのできない業務量の大幅な増加等があり、限度時間を超えて労働させる必要がある場合（「特定の場合」）に対応するため、三六協定で特定の場合の上限を定めておくこともできる。しかし、使用者は、その場合でも一定の条件を守らなければならない（同６項。図表１）。違反した場合、使用者には６か月以下の懲役または30万円以下の罰金刑が科される（同法119条１項）。

(c)　時間外・休日労働命令とその濫用

三六協定は、強行的補充的効果の免除および免罰的効果をもたらすにすぎず、使用者や労働者に時間外・休日労働にかかわる労働契約上の権利や義務を与えるわけではない。それでは、どのような場合に、使用者は残業を命令する権利を有し、労働者はそれに従う義務を負うのだろうか。

この点について最高裁は、日立製作所武蔵工場事件（最判平成３・11・28労判594号７頁）において、使用者が三六協定を締結し、それを労働基準監督署長に届け出た場合において、「使用者が当該事業場に適用される就業規則に当該三六協定の範囲内で一定の業務上の事由があれば労働契約に定める労働時間を延長して労働者を労働させることができる旨定めているとき」は、当該就業規則の規定の適用を受ける労働者は、その定めるところに従い、労働契約に定める労働時間を超えて労働する義務を負うとの見解を示した。つまり、時間外労働あるいは休日労働を命じる権利やこれに従う義務があるというためには、三六協定を締結し、かつ、個別の労働契約、あるいは就業規則もしくは労働協約に時間外・休日労働を命じる旨の根拠規定を設けなければならない。

もっとも、労働契約上、使用者に時間外労働ないし休日労働を命じる権利（時間外労働命令権、休日労働命令権）が認められるとしても、使用者がその権利を濫用することは許されない（労契法３条５項）。たとえば、業務上の必要性がない場合や、業務上の必要性があるとしても、時間外労働等を命じられたために労働者に生じる不利益と比較衡量して必要性の程度が低いということになれば、権利濫用にあたる。

しかし、ワーク・ライフ・バランスや労働者の健康維持の観点からは、時間外労働命令権の行使について使用者に大きな裁量の余地を認める判例の枠組みそのものを見直す必要もある。

(d)　深夜労働

深夜労働とは、午後10時から午前５時までの時間帯における労働をいう。

深夜労働は、たとえ所定労働時間内の労働であっても、労働者の身体にとって大きな負担となる。そこで、年少者の深夜労働は、一部の例外を除き禁止されている（労基法61条）。また、小学校入学前の児童の育児や家族介護を行う労働者の深夜労働についても、当該労働者からの請求があり、事業の正常な運営を妨げない限り、許されない（育介法19条、20条）。

(e)　割増賃金

(i)　基本的な考え方　　使用者は、法定労働時間を超えて時間外労働ないし休日労働をさせた場合、通常の労働時間または労働日の賃金の計算額の25％以上50％以下の範囲内で命令で定める率以上で計算した割増賃金を支払わなければならない（労基法37条１項）。深夜労働についても同じである（同４項）。

命令で定める率とは、通常の労働日の時間外労働については25％以上、休日労働については35％以上である（平成６・１・４政令５号）。また、深夜労働については、25％以上の率での割増賃金の支払いが義務付けられる（労基法37条４項）。さらに、時間外労働や休日労働が深夜の時間帯に行われた場合には、両方の割増率が合計された率で計算した割増賃金が支払われなければならない（労基則20条）。

割増賃金の支払いは、違法な時間外ないし休日労働が行われた場合（たとえば三六協定が締結されていないなど、法定の要件を満たさずに行われた時間外労働の場合）にも義務付けられる。

使用者は、１か月の時間外労働の時間数が60時間を超えた場合、その部分について割増率50％以上で計算した割増賃金を支払わなければならない（労基法37条１項ただし書）。この部分については、割増賃金に代えて、有給の休暇（代替休暇）を付与することもできる。その場合には、代替休暇として与えることのできる時間の時間数の算定方法、代替休暇の単位（１日または半日）、代替休暇を与えることができる期間（時間外労働が60時間を超えた月の翌月および翌々月以内）について、労使協定を締結しなければならない（労基法37条３項、労基則19条の２）。

(ii)　割増賃金の定額払い　割増賃金については、実際の時間外労働や休日労働の時間数にかかわらず、一定額で支給されることがある。求人情報などで、基本給にこの定額の割増賃金を加えた額を給与額として提示している例も少なくない。

このような扱いも、実際の時間外労働ないし休日労働時間数に照らして、労基法37条に基づき支払いの義務付けられる金額以上の額が支払われていれば適法である。もっとも、そのようにいえるためには、通常の労働時間に対する部分と割増賃金に相当する部分とが明確に区別されていなければならない（医療法人康心会事件・最判平成29・７・７労判1168号49頁）。

2　年次有給休暇

(1)　年次有給休暇制度と年休権の発生

年次有給休暇（年休）は、心身の健康を維持し、文化的な生活を営むために、労働者に対し、年間の一定日数の休暇を有給で保障する制度である。労働者の希望に従って休暇日が選択できること、当該期間中において賃金もしくはそれに代わる手当が保障されている点で、休日（労基法35条）とは異なる。

使用者は、雇入れの日から起算して6か月間継続勤務し、全労働日の8割以上出勤した労働者に対して、継続しまたは分割した10労働日の有給休暇を与えなければならない（労基法39条1項）。また、1年6か月以上継続勤務した労働者に対しては、雇入れの後6か月を超えた日（6か月経過日）から起算して継続勤務年数1年ごとに、当該期間の全労働日の8割以上出勤したことを要件に、10労働日に加算した日数（図表2）の年休を与えなければならない（同2項）。また、労基法は、1週間の所定労働日数が通常の労働者の所定労働日数に比して相当程度少ない者（パートタイム労働者等）についても、以上の要件を充足していることを要件に、労働日数の違いを比例的に反映した日数の年休が保障されている（同3項。図表3）。

このように、年休は、①一定期間の継続勤務と、②その期間の全労働日の8割以上の出勤という2つの要件を充足することによって、当然に発生する労働者の権利（年休権）として理解されている（白石営林署事件・最判昭和48・3・2判時694号3頁）。

(2)　年休の取得と時季の変更

労働者は、労基法39条1項および2項所定の要件を満たした場合、年休権を取得するが、実際に年休を取るためには、具体的な年休日を指定しなければならない。この年休日を指定する権利を時季指定権という。なお、「時季」という言葉には具体的な日を意味する時期のほかに季節も含まれるが、季節を指定する方式（たとえば夏季に2週間）は、日本では定着していない。

労働者が年休日を指定した場合において、その労働者が休暇を取得すると会社の業務に支障が生じるということもある。このような場合、使用者は、労働

図表2　年休日数

継続勤務年数	0.5年	1.5年	2.5年	3.5年	4.5年	5.5年	6.5年以上
法定最低付与日数	10日	11日	12日	14日	16日	18日	20日

図表3　パートタイム労働者の年休日数

週所定労働日数	年所定労働日数	継続勤務年数						
		0.5年	1.5年	2.5年	3.5年	4.5年	5.5年	6.5年以上
4日	169日-216日	7日	8日	9日	10日	12日	13日	15日
3日	121日-168日	5日	6日	6日	8日	9日	10日	11日
2日	73日-120日	3日	4日	4日	5日	6日	6日	7日
1日	48日-72日	1日	2日	2日	2日	3日	3日	3日

者の請求した年休指定日を変更し、再指定を促すことができる（労基法39条5項）。この権利を時季変更権という。

使用者が時季変更権を行使することが許されるのは、「事業の正常な運営を妨げる場合」である。裁判例では、当該企業の規模や事業内容、年休を請求した当該労働者の配置、担当業務の内容や性質、業務の繁閑、代替者配置の難易、時季を同じくして請求した労働者の人数など、諸般の事情を考慮して客観的かつ合理的に判断されている（日本電信電話事件・最判平成12・3・31労判781号18頁等）。とりわけ、代替勤務者配置の難易については、使用者としての通常の配慮をすれば、勤務割りを変更して代替勤務者を配置することが客観的に可能な状況にあると認められるにもかかわらず、使用者がそのための配慮をしないことにより代替勤務者が配置されないときは、「事業の正常な運営を妨げる場合」にあたるとはいえない（弘前電報電話局事件・最判昭和62・7・10労判499号19頁）。また、恒常的に人員不足で常時代替要員を確保することが困難な事業場においては、たとえ労働者の年休取得によって業務の一部ができなくなるおそれがあったとしても、「事業の正常な運営を妨げる場合」にあたるとは解されない（西日本JRバス事件・金沢地判平成８・４・18労判696号42頁）。

労働者が長期間にわたる年休を指定した場合については、最高裁は、「休暇が事業運営にどのような支障をもたらすか、右休暇の時期、期間につきどの程度の修正、変更を行うかに関し、使用者にある程度の裁量的判断の余地を認めざるを得ない」として、時季変更権の行使を相対的に緩やかに認める見解を示している（時事通信社事件・最判平成４・６・23労判613号６頁）。もっとも、そのような裁量的な判断が許される場合であっても、その判断は年休権を保障している労基法39条の趣旨に沿う、合理的なものでなければならない。

労働者が時季指定権を行使し、かつ、使用者の時季変更権が行使されない限り、当該日ないし期間について労働者が働く義務は消滅するとともに、その期間についての賃金請求権または手当請求権が発生する（労基法39条７項）。また、年休をどのように利用するかは労働者の自由である（自由利用の原則）。年休を申請する際にその使途を申告する必要はないし、仮に申告した使途と異なる目的で年休を利用することも問題とはならない。いずれにしても、年休の使途は使用者が干渉する事柄ではない。

(3) 年休取得の促進

従来から、日本における年休の取得率は５割を下回っており、問題となっている。年休取得が進まない原因にはさまざまなものが考えられるが、年休を取得しにくい職場の雰囲気があることも一つの大きな原因となっている。

そこで、労基法は年休取得を促進するために２つの方法を予定している。

一つは計画年休である（労基法39条６項）。これは、事業場の過半数組合や過半数代表者との間の労使協定によって、あらかじめ年休日を特定しておく方式である。この協定によって特定された日においては、当該事業場の労働者の時季指定権も使用者の時季変更権もともに排除され、事業場のすべての労働者について年休を取得したものとして扱われる（三菱重工業長崎造船所事件・福岡高判平成６・３・24労民集45巻１・２号123頁）。特定の方法には、工場・事業場一斉休暇型、グループ毎輪番型、各人の年休を事前に計画表で特定しておく型などがある。

もう一つの方法は、使用者に対する年休付与の義務付けである（労基法39条

7項)。使用者には、原則として1年の期間内に、労働者の有する年休日のうち5日について、個々の労働者ごとにその時季を定め、年休を付与する義務が課されている。当該義務を履行しなかった使用者に対しては30万円以下の罰金刑が予定されている（120条1号)。労働者が自ら年休日を指定した場合、または計画年休制度により年休日が指定された場合には、それらの日数分を上記5日から差し引いた残日数が付与義務の対象となる。この仕組みは、2018年における労基法改正により導入されたものであり、これにより労働者は最低でも1年間あたり5日の年休日の利用が保障されることになる。

これらの制度によって、日本の年休取得の状況は少なからず改善されると思われる。しかし、国際的にみると、日本の状況は、ドイツなど欧州の先進諸国の水準には遠く及ばない。ILOは、有給休暇条約（132条）において、最低年給日数を3労働週とすること、年休は原則として継続したものでなければならず、事情により分割できる場合にも、分割された一部は連続2週間以上でなければならないこと、休暇の取得時期は労使間で協議して決めること、年休の権利は放棄してはならないことなどを求めているが、日本の現行制度ではこの条約に批准することはできない状況にある。今後も、国際水準の年休権保障を目指して法的な取り組みを進めていく必要がある。

3　育児・介護休業

(1)　育児・介護休業法の展開

日本の育児休業にかかわる最初の法律は、1972年に制定された「勤労婦人福祉法」である。その後、女性労働者の増加や制度への社会的関心の高まりを受け、1991年に、「育児休業等に関する法律」（育児休業法）が制定され、さらに同法は、1995年に介護休業制度等を含む法律である「育児休業、介護休業等育児又は家族介護を行う労働者の福祉に関する法律」（「育児・介護休業法」）に改められた。その後も、数次にわたる改正を経て、同法の内容は少しずつ充実している。2021年に行われた改正では、特に男性の育児休業取得を促進するため子の出生直後の時期に育児休業を取得する「産後パパ育休」や育児休業の分割取得を可能にする制度が導入された。

(2) 育児を支援する制度

育介法が設けている育児のための主な措置には、①育児休業制度、②所定外労働の免除、③所定労働時間の短縮等の措置、④時間外労働の免除、⑤深夜業の免除、⑥子の看護休暇がある。これらはそれぞれ、原則として、①についてはその養育する子が1歳に達するまで、②③については当該子が3歳に達するまで、④⑤⑥については当該子が小学校就学の始期に達するまでの措置とされ、それらを講じることは使用者の義務である。

また、事業主に対する努力義務として、1歳に満たない子を養育する労働者で育児休業を取得していない労働者に対する始業時刻変更等の措置、1歳から3歳に達するまでの子を養育する労働者に対して①または始業時刻変更等の措置、3歳から小学校就学の始期に達するまでの子を養育する労働者に対して①②③または始業時刻変更等の措置が課せられている。そのほか、事業主が労働者に対し就業の場所の変更をともなう配転（転勤）を行う場合には、当該労働者の子の養育の状況に配慮することが義務付けられている（育介法26条）。この配慮を欠いた配転は使用者の配転命令権の濫用とされる可能性が高い。

育児休業中の賃金は、就業規則等に定めがない限り支払われない。ただし、その間の所得保障として、雇用保険から育児休業給付金が支給される（雇保法61条の4以下）。

(3) 介護を支援する制度の全体像

育介法が設けている介護支援制度には、①介護休業、②所定労働時間短縮等の措置、③介護休暇がある。

介護休業は、要介護状態にある家族（対象家族。当該労働者が同居し、扶養している祖父母、兄弟姉妹、孫）を介護するための休業をいい（育介法2条2号）、休業の必要な労働者は、要介護者1人について、通算して93日を上限として取得しうる。

育介法が休業期間中の賃金保障を定めていないのは、育児休業の場合と同様である。したがって、何らかの経済的保障を行うか否かは労働者と使用者間の取決めに委ねられる。もっとも、育児休業の場合と同じく、雇用保険制度から介護休業期間中について介護休業給付金が支給されることになっている（雇保法61条の６)。

そのほか、育児の場合と同様に、事業主が労働者に対し転勤を命じる際には、当該労働者の家族の介護の状況に配慮することが義務付けられている（育介法26条)。このことを配慮しない遠隔地への配転について、権利の濫用として無効とされた事例（ネスレ日本事件・大阪高判平成18・４・14労判915号60頁)、また違法として慰謝料の損害賠償責任を認めた事例がある（NTT 東日本事件・札幌高判平成21・３・26労判982号44頁)。

4　産前産後休業

使用者は、産前６週間（多胎妊娠の場合には14週間）の女性労働者が、請求した場合には、就業させてはならない。また、使用者は、産後８週間を経過していない女性を就業させてはならない。ただし、産後６週間を経過した女性が請求した場合において、医師が支障がないと認めた業務に限って、就業させることは許される（労基法65条１項・２項)。

産前産後休業期間中の賃金について、労基法は休業期間中の賃金保障を定めていない。したがって、当該期間中について、何らかの経済的保障を行うか否かは労働者と使用者間の取り決めに委ねられる。また、健康保険制度から、一定期間（分娩の日以前42日以内、分娩の日以降56日のうち、労務に服さなかった期間）については、出産手当金が支給される（健保法102条)。

5　休暇・休業取得等を理由とする不利益取扱いの禁止

(1)　不利益取扱いの禁止

年休や育児・介護休業、産前産後休業等を取得し利用する権利の行使が、実質的に保障されることは、仕事と私生活の調和（ワーク・ライフ・バランス）を達成するために非常に重要である。休業・休暇の取得に対して何らかの不利益がなされると、これらの権利保障が実現しなくなる危険があるからである。

年休については、労基法が、年休を取得した労働者に対する賃金の減額その他不利益な取扱いをしないようにしなければならない旨規定している（労基法附則136条)。また育介法も、事業主に対して、同法が定める措置を請求し労働に従事しなかった労働者に対する不利益な取扱いを禁止している（10条、16条、

16条の7、16条の9、18条の2、20条の2、23条の2)。産前産後休業についても、同趣旨の規定が男女雇用機会均等法に定められている(9条3項。同項の該当性が肯定された事案として、広島中央保健生協病院事件・最判平成26・10・23労判1100号5頁)。ここにいう不利益取扱いとは、解雇や合理性のない人事異動等の措置である。

(2) 間接的な不利益取扱いの可否

ところで使用者が、当該権利を行使した日を欠勤日として扱い、その日について何らかの経済的な不利益を与えること(賞与の不支給・減額、皆勤手当の不支給、ベースアップ対象者からの除外など)もまた、間接的ではあるが、労働者の権利行使を抑制する効果をもつ。

このような間接的な不利益について、最高裁は、権利の行使を抑制し、ひいては各法が労働者に権利を保障した趣旨を実質的に失わせるものと認められる場合には、不利益取扱いを定めた規定は公序に反するものとして無効となるとする。そして具体的には当該制度の趣旨、目的、労働者が失う経済的利益の程度、権利行使に対する事実上の抑止力の強弱等、諸般の事情を総合考慮して判断するという見解を示している(日本シェーリング事件・最判平成元・12・14労判553号16頁、沼津交通事件・最判平成5・6・25労判636号11頁)。判例が、このような間接的な不利益措置を直ちに許されないものと位置付けていないのは、従業員の出勤率の低下を防止する等の措置に一定の経営上の合理性を認めているためである。

〈参考文献〉

・緒方桂子「労働時間の法政策」、長谷川珠子「労働時間の法理論」、柳屋孝安「多元的な労働時間規制」、沼田雅之「時間外・休日労働規則」『講座労働法の再生3巻』(日本評論社、2017年)所収

・名古道功「ワーク・ライフ・バランスと労働法」、武井寛「年休の制度と法理」、柴田洋二郎「育児介護休業法の課題」『講座労働法の再生4巻』(日本評論社、2017年)

・第4章、丸山亜子「育児・介護休業法概説」西谷敏ほか編『新基本法コンメンタール労働基準法・労働契約法 第2版』(日本評論社、2020年)

・「労働法の争点」(2014年)第V章

第4部　労働条件

第11章

自由・人格的利益・プライバシーの保護

Introduction

労働契約は、使用者に指揮命令権の行使を認め、労働者に対して使用者の指揮命令下で労働を行うことを義務付ける。そのため使用者と労働者との間には、一種の権力関係が生じやすく、それゆえに労働者が本来有している自由や権利が侵害される場合も少なくない。

しかし、労働者が使用者の指揮命令に従わなければならないということは、自らのもつ自由や人格権、プライバシーを放棄して、全面的に使用者に服従しなければならないということではない。労働者は職場においても、一人の自律した個人として、可能な限りその自由や人格権、プライバシーが保護されなければならない。

本章においては、職場における労働者の自由、人格的利益、プライバシーの保護のあり方についてみていくことにする。

1　労働基準法による自由の保障

明治期から昭和初期までの日本の職場は、主従関係のような封建的な関係が支配しており、そこでは労働者の自由や権利は容易に抑圧される状況にあった。労基法はこうした封建的な遺制を克服し、民主的で近代的な労働関係を確立するために、「労働憲章」といわれるいくつかの規定を置いている。

封建的な遺制はいまでもままみられ（外国人研修生・実習生の旅券、預金口座・預金通帳・印鑑を管理し、労基法に反する違法な労働が、人権侵害の不法行為にあたるとされた事例として、スキールほか事件・熊本地判平成22・1・29労判1002号34頁)、その意味で労働憲章の規定は今日もなお重要な意義を有している。

(1) 強制労働の禁止

労基法5条は、労働者の意思に反して労働を強制することを禁止している。これは、憲法18条が保障する奴隷的拘束および苦役からの自由を、労働関係に即して具体化したものである。

労基法5条が例示する暴行、脅迫、監禁その他精神または身体の自由を不当に拘束する手段は、刑法上の犯罪構成要件にもあたるが、労基法においても最も重い刑罰の対象とされる(1年以上10年以下の懲役または20万円以上300万円以下の罰金、同117条)。拘束の方法は、暴行等の行為に限られず、たとえば労働者の退職について経済的な制裁を予定することにより(たとえば、「辞めるなら、損害賠償を請求する」といった脅し)、労働者の意思に反した労働を強制する場合にも本条違反が成立する。

(2) 中間搾取の禁止

労基法6条は、業として他人の就業に介入して利益を得ることを禁止する。「業として」とは、営利の目的で同じ行為を反復継続することをいい、たとえ1回の行為であっても反復継続して利益を得る意思があれば同条違反が成立する(昭和23・3・2基発381号)。また「他人の就業に介入」とは、「労働関係の当事者間に第三者が介在して、その労働関係の開始、存続等について媒介又は周旋をなす等その労働関係について、何らかの因果関係を有する関与をなす」(最決昭和31・3・29刑集10巻3号415頁)ことを指す。「利益」とは、「手数料、報償金、金銭以外の財物等、いかなる名称たるとを問わず又有形、無形なるとを問わない」(昭和23・3・2基発381号)と解される。

同条は、労働ブローカーなどの存在を念頭に置き、それを排除する目的で規定された。労働関係において、利潤を得ることを目的として第三者が介在すると、労働者に本来支払われるべき賃金額が減額するのみならず、労働者の労働条件の保障や退職自由の保障の観点から問題が生じやすいからである。

また、それだけでなく、同条は、労働者供給事業を禁止する職安法44条と並んで、他人を使用する者は自らその者を雇用すべしとする「直接雇用」の原則を宣言したものといえる。

もっとも、「法律に基づいて許される場合」は、同条違反の対象とならない。現行法においては、厚生労働大臣の許可を得て行う有料職業紹介業（職安法30条)、委託募集（同36条)、労働者供給事業（同45条）および労働者派遣法に基づく労働者派遣事業がそれにあたる。これらの事業は法定の要件ないし手続を遵守する限り適法である。しかし、それらの要件・手続を逸脱して行われる場合には、職安法違反や派遣法違反が成立するとともに、労基法６条違反が成立する（量刑は刑法54条に従って判断される。最判昭和33・6・19刑集12巻10号2236頁)。

労働者派遣事業については、派遣元と労働者との間に労働契約関係が存在することから、派遣元が第三者として労働関係に介入したとはいえないとして、労基法６条違反は成立しないとの見解（昭和61・6・6基発333号）もあるが、労働者派遣事業が直接雇用の原則（労基法６条、職安法44条）の重大な例外であることに鑑みれば、事業開始・遂行の要件・手続違反の場合には、原則に立ち返った法的規制を課すべきである（労働者派遣法については、第８章参照)。

(3) 公民権行使の保障

使用者は、労働者が労働時間中に、選挙権その他公民としての権利を行使し、または公の職務を執行するために必要な時間を請求した場合においては、それを拒んではならない。使用者は労働者の権利の行使または公の職務の執行を妨げない限りで、請求された時刻を変更することができるにとどまる（労基法７条)。同条は、労働者の公民としての権利保障のため、使用者に労働契約上の労働義務の免除を課したものである。

「公民としての権利」とは、選挙権、被選挙権、最高裁裁判官の国民審査、各種住民投票への参加、地方自治法による住民の直接請求権の行使、選挙人名簿の登録申出を意味する。また、訴訟の提起や労働審判の申立て、個別労働紛争解決の申立てなどは公民権に含まれないが、民衆訴訟（行訴法５条）は含まれると解されている。他方、「公の職務」には、議員、労働委員会委員、労働審判員、検察審査員、各種審議会委員、裁判員などとしての職務、裁判所や労働委員会などにおける証人としての出廷・出席、公職選挙法の選挙立会人の職務がある。

同条は当該時間について賃金を保障しておらず、賃金請求権の有無は、就業規則の規定いかんによる。

(4) 賠償予定の禁止

労基法16条は、使用者が、労働者の労働契約の不履行について違約金を定めること、損害賠償額を予定する契約を行うことを禁止している。

労働者が債務不履行あるいは不法行為により使用者に損害を与えた場合に、使用者は労働者に対し損害賠償請求を行うことができる（ただし、その賠償範囲については限定的である。茨城石炭商事事件・最判昭和51・7・8判時827号52頁を参照）。しかし、違約金や賠償額についてあらかじめ定められるならば、労働者がそれらの支払いをおそれ、自由に退職できなくなる事態が生じる。同条は、そのような事態を防止することを目的としており（サロン・ド・リリー事件・浦和地判昭和61・5・30労判489号85頁）、債務不履行の際の賠償額の予定を認める民法の規定（民法420条1項、3項）を労働関係の特性に即して修正したものである。

同条にかかわっては、第1に、労働者の留学や修学費用等を使用者が負担し、一定期間よりも前に退職する場合には当該費用の返還を求める約定（返還条項）が、労基法16条に抵触するか否かが問題となる。裁判例（長谷工コーポレーション事件・東京地判平成9・5・26労判717号14頁、富士重工業事件・東京地判平成10・3・17労判734号15頁など）は、当該留学や研修の「業務性」に着目して判断する傾向にある。

すなわち、留学や研修が会社の業務そのものである場合あるいはそれとほぼ同視しうる場合には、留学や研修にかかわる費用はそもそも会社が負担すべきものであるから、その費用について使用者が労働者に貸与する形式をとったうえで、一定期間の勤務を要件として返還を免除する契約を設けることは、労基法16条に違反する。

これに対して、留学や研修といった労働者のキャリア形成支援の場合には、そのような留学等費用貸借契約は有効と解される。しかし、労働者の留学等が本人のキャリア形成としての性格をもつ場合であっても、会社にとって人材育成のための投資という側面があることは否定できない。そのため「業務性」の有無という指標のみでは、当該返還条項が労基法16条に抵触するか否かを測ることは難しい場合もある。このことから、業務性の程度のほかに、問題となる返還条項が労働者の退職の自由を実質的にどの程度制約するかという観点からの審査も必要である。

第2に、労働者が退職後同業他社に転職する場合に、退職金の全額あるいは一部を減額する旨の取決めがなされる場合があり、それが同条の禁止する賠償予定に該当しないかが問題となる。

同業他社への転職者について、退職金を2分の1に減額する旨の規定の適法性が問題となった事案において、最高裁は、会社が労働者の退職後の同業他社への就職をある程度の期間制限することをもって、直ちに社員の職業選択の自由等を不当に拘束するものとは認められないとした。そして、会社が退職金規程において、同業他社に就職した退職社員に支給すべき退職金につき支給額を一般の自己都合による退職の場合の半額と定めることも、合理性のない措置であるとすることはできないと判断している（三晃社事件・最判昭和52・8・9・労経速958号25頁）。

(5) 前借金相殺の禁止

使用者は、前借金その他労働することを条件とする前貸の債権と賃金を相殺してはならない（労基法17条）。労働者本人や親族が使用者から借金をした場合に、その返済がその後の賃金からの控除（相殺）によって行われるとすれば、当該労働者の生活に必要な収入が確保されず、また労働者は意にそわない不当な拘束を受けることになるからである。このような事態は、戦前の紡績工場や風俗産業にみられた。

もっとも、使用者から前借金した場合には、返済するのは当然である。禁止されているのは賃金との相殺であり、労働者が前借金をした場合には、使用者は賃金との相殺以外の方法で返済を受けることができる。また、たとえば将来の給料やボーナスで分割弁済していくことを約した住宅資金の借入れなど、労働協約や労働者の申出に基づく生活資金の貸付けなどについては、貸付の範囲、期間、金額、金利の有無等を総合的に判断して、身分的拘束をともなわないことが明白なものは、これに含まれない（昭和22・9・13発基17号、昭和33・2・

13基発90号)。

(6) 強制貯金の禁止

労基法は、使用者に対して、労働契約に付随して貯蓄の契約をさせ、または貯蓄金を管理する契約をすることを禁止している(労基法18条1項)。ここでいう「労働契約に付随して」という意味は、それら貯蓄にかかわる契約等が、雇用の開始または存続の条件として労働者に強制されることを意味する。このように強制貯金等を禁止する趣旨は、それらの契約が労働者の足止め策となるばかりか、事業資金への不当な流用や企業が経営危機に陥った場合の返還などの点で生じる弊害を防止することにある。他方、任意的貯蓄金管理(同2項以下)については、一定の要件のもとで認められている。

2 市民としての労働者の自由

市民生活において個人の自由とされていることが、職場において規制されることは少なくない。労働者の私的自由にかかわる言動が、企業秩序違反や業務命令違反として、懲戒処分の対象とされることもある。

労働者の自由と企業秩序が問題となる事柄の一つとして、服装や頭髪あるいは髭に対する規制がある。トラック運転手が髪の毛を黄色に染めて勤務したところ、上司が再三改善を求め指導したにもかかわらず、それに従わず始末書の提出にも応じなかったことに対し諭旨解雇の懲戒処分が行われた事案において、裁判所は次のように判断している。すなわち、労働者の髪の毛の色、形、容姿、服装などといった人の人格や自由に関する事柄については、企業が企業秩序の維持を名目に労働者の自由を制限しようとする場合であっても、その制限行為は無制限に許されるものではなく、企業の円滑な運営上必要かつ合理的な範囲内にとどまるべきであり、制限の必要性、合理性、方法の観点から相当性を欠くことのないよう特段の配慮が要請される(東谷山家事件・福岡地小倉支決平成9・12・25労判732号53頁)。

これに対して企業内での表現活動については、裁判所は、労働者の自由を抑制し企業秩序を重視する傾向にある(第15章も参照)。たとえば、「ベトナム侵略反対」と書いたプレートを着用して就業し、それを注意されたことに対して休憩時間に抗議のビラを配布した事案では、労働者には労働契約に基づく職務専念義務があり、プレート着用は身体活動の面からみれば作業の遂行に特段の支障は生じなかったとしても、精神的活動の面からは注意力のすべてが職務の遂行に向けられていないとして、職場規律を乱すものであるとされている（目黒電報電話局事件・最判昭和52・12・13労判287号26頁）。

労働者に職務専念義務があることは否定できないが、それを同判決のようにあまりに厳格にとらえ、就業時間中職務以外のことに一切注意力を向けてはならないと考えるのは、妥当ではない。勤務時間中の私語や私用メールなど一切認められないことになりかねず、現実的ではないし、労働者がその人格をも使用者に従属させることにもなりかねないからである。このことを考えるならば、労働者の職務の性質・内容、当該行動の態様など諸般の事情を勘案して、使用者の業務を具体的に阻害することのない行動は、必ずしも職務専念義務に違反しないと解すべきである（大成観光事件・最判昭和57・4・13労判383号19頁の伊藤正己裁判官補足意見を参照）。

3　プライバシーの保護

(1)　プライバシーの定義

プライバシーの権利は、憲法13条の個人の尊厳や幸福追求権から導かれる人格権の一つであり、「私的生活・領域を他人にみだりに侵害されない権利」と定義できる。

労働者のプライバシーは職場においても守られなければならないが、労働関係では、この権利を守ることはそう容易ではない。

(2)　思想信条の自由

労働者の思想信条の自由は、採用され労働関係が成立した後は、労基法３条によって保護される。たとえば、思想信条によって賃金差別をすることは、本条に反して許されない。

また、労働者が特定の思想信条を有しているとして、職場で孤立化させたり、尾行したり、ロッカーを無断で開けることも違法である。判例は、こうした行為を人格権やプライバシーの侵害として不法行為にあたると解している

(関西電力事件・最判平成7・9・5労判680号28頁)。

思想信条の自由に対する侵害が最も起こりやすいのは労働関係の成立時である。採用時の面接や身元調査において、労働者は職を求める弱い立場にあることから、使用者からの思想信条にかかわるような質問等にも答えざるをえない状況に陥りやすいからである。それにもかかわらず、この場合には労基法3条の適用はないとするのが判例の見解である(三菱樹脂事件・最大判昭和48・12・12労判189号16頁)。

加えて、判例は、使用者が、労働者の採否決定にあたり労働者の思想、信条を調査し、またそのことについて本人から申告を求めたとしても違法行為とはならないとしている。そして、その理由を、企業における雇用関係が、単なる物理的労働力の提供の関係を超えて、一種の継続的な人間関係として相互信頼を要請していることに求め、そのような企業の行動には合理性があると述べる(前掲・三菱樹脂事件)。

しかしながら、このような見解は、労働者の労働能力に無関係で、本来的に労働者のプライバシーに属する事柄について、使用者の支配や侵害を認めてしまうことになり賛成できない(以上の点については、第6章も参照)。同判決が出されてから40年以上経過し、プライバシーや個人情報の保護に対する意識が高まった現在、上記判例の見解はもはや通用しえないというべきであろう。

現在、思想信条のみならず、人種や出生地、労働組合活動の有無といったセンシティブな個人情報は、特別な職業上の必要性が存在する場合か、業務の目的の達成に必要不可欠である場合に限り、収集目的を示し、本人から収集する場合のみ可能であると解すべきである(「職業紹介事業者、労働者の募集を行う者、募集受託者、労働者供給事業者等が均等待遇、労働条件等の明示、求職者等の個人情報の取扱い、職業紹介事業者の責務、募集内容の的確な表示等に関して適切に対処するための指針」(平成11年労働省告示141号)参照)。また、ここでいう「収集目的」についても、収集される個人情報の秘匿性の高さに鑑みれば、単に「業務上の必要性」とするだけでは足りず、当該個人情報の性質を考慮してもなお必要とされるような客観的に合理的な理由を示すことが必要になる。そして、違法に収集された個人情報によって、採用内定者の虚偽の申告が明らかになったとしても、そのことを理由に内定取消しや試用期間中の解雇、あるいは経歴詐称を理由とする懲戒解雇等を行うことは違法であると解すべきである。

(3) 電子メールの監視

最近ではどの職場でも電子メールが利用されているが、労働者による私的利用を使用者が監視する行為（モニタリング）についてプライバシー侵害にあたるかが問題となっている。会社から貸与されているコンピュータ上での電子メールの私的使用も、全く許されないわけではなく、業務遂行の妨げにならない必要かつ合理的な範囲内では許容される。また、使用者が厳しく私的利用を制限・禁止していたとしても、その内容については労働者のプライバシー権が認められ、使用者としても勝手に内容をチェックできない。

監視行為がプライバシー侵害にあたるか否かは、監視の目的に照らした使用者の利益と労働者の側に生じる不利益、監視の手段やその態様を総合的に考慮することによって判断される。たとえば、職務上従業員の電子メールの私的利用を監視する立場にない者が監視した場合や、そのような立場に立つ者であったとしても、監視することに合理的な必要性が全くなく、もっぱら個人的な好奇心から監視した場合等には、プライバシー侵害となる（F社Z事業部事件・東京地判平成13・12・3労判826号76頁）。この場合、労働者は不法行為に基づく損害賠償請求を行いうる（民法709条）。

電子メールやインターネット利用の場合、送受信記録がシステム管理者のもとに残るなど、封書や電話通話のような水準でプライバシーの保護を図ることは難しい。労働者のプライバシーを侵害することのないよう、使用者はメールやインターネット利用の監視について明確な基準を定め、監視の方法等についても事前に明らかにしておく必要がある。

(4) 個人情報保護法

個人情報保護法は、一定の要件（過去6か月のいずれかの日において5,000件以上の個人情報を取り扱った場合）が満たされる場合、使用者がその雇用する労働者に関して収集した個人情報にも適用される。

同法にいう個人情報取扱事業者としての使用者は、労働者の個人情報の収集にあたっても、情報の利用目的をできるだけ特定し、そのことを本人に通知または公表すること、労働者の同意を得ずに目的外の利用をしないことおよび第三者に提供しないことを義務付けられる。また使用者は労働者本人による開示(25条)、訂正・追加・削除（26条)、利用停止・消去（27条）の要求に応じなければならない。

同法は、法違反に対する制裁規定を設けておらず、労働者の個人情報に関して漏洩、改ざん等が行われた場合には、当該労働者は使用者に対して不法行為に基づく損害賠償請求を提起することになる。

4　いじめとハラスメント

(1)　ハラスメントとは

国際労働機関（ILO）は、2018年に行われた第107回総会において、仕事の世界における暴力と嫌がらせ（ハラスメント、harassment）に関する基準制定の可能性について交渉を行い、2019年の総会で勧告付き条約の採択を目指して審議することを決定した。ILO が提案している基準によれば、ハラスメントとは、「1回限りの出来事か繰り返されるものかを問わず、心身に対する危害あるいは性的・経済的に危害を与えることを目的とするか、そのような危害に帰する、あるいは帰する可能性が高い、一連の許容できない行動様式及び行為またはその脅威と理解されるもの（性差に基づく暴力とハラスメントを含む)」とされる。

日本においては、セクシュアル・ハラスメント、パワー・ハラスメント、マタニティ・ハラスメントというように、行為が行われる状況に着目した細かな類型化が進んでいるが、重要なのは、暴力やハラスメントにさらされることなく、仕事をする権利が保障されることである。この観点から、ハラスメントを防止する包括的な法的枠組みの構築が、強く求められる。

(2)　セクシュアル・ハラスメント

(a)　定義および防止等のための法的措置

性的嫌がらせを、セクシュアル・ハラスメントという。男女雇用機会均等法11条は、「職場において行われる性的な言動」により「労働者がその労働条件につき不利益を受け」ること、または「労働者の就業環境が害されること」をセクハラと定義する。前者は対価型（代償型）、後者は環境型と呼ばれている。

均等法は、事業主に対して、労働者からの相談に応じ、適切に対応するために必要な体制の整備その他雇用管理上必要な措置を講じることを義務付けている（11条。講じるべき措置について、「事業主が職場における性的な言動に起因する問題に関して雇用管理上講ずべき措置等についての指針」平成18・10・11労告615号）。事業主がこれらの義務に違反する場合には、厚生労働大臣（都道府県労働局長）による助言、指導、勧告等（均等法29条）、勧告に従わない場合の企業名公表が予定されており（同30条）、またセクハラをめぐって労使間に法的紛争が生じた場合には、都道府県労働局長による助言、指導または勧告のほか、紛争調整委員会（個別労働関係紛争解決促進法６条１項）による調停によって解決を図る手続が用意されている（均等法16条以下）。

(b)　被害の救済

セクハラの被害をこうむった労働者は、直接の加害者に対して、不法行為に基づく損害賠償請求を行うことができる（民法709条。加害者が法人理事である場合には一般法人法78条）。

次に、被害労働者は、加害者を雇用し使用する会社に対しても法的責任を追及することができる。その法的構成の仕方は多様である。加害者の不法行為責任を前提に会社の使用者責任と構成する（民法715条）、あるいは、使用者には労働契約上の付随義務として職場環境保持義務があるとしてその不履行責任を問う（同415条）、さらには、同様の義務が不法行為上の注意義務となるとしてその違反が不法行為を構成する（同709条）とするといった方法が考えられる。この職場環境保持義務は、「労務遂行に関連して被用者の人格的尊厳を侵しその労務提供に重大な支障を来す事由が発生することを防ぎ、又はこれに適切に対処して、職場が被用者にとって働きやすい環境を保つよう配慮する注意義務」と定義することができる（福岡セクシュアル・ハラスメント事件・福岡地判平成4・4・16労判607号６頁）。

セクハラは被害労働者に対して深刻な精神的被害を与え、それが原因となって精神疾患を引き起こす場合も少なくない。その場合には、当該疾病が労災と判断される可能性もある（労災については第13章を参照）。

(3) パワー・ハラスメントといじめ

(a) 定義

パワー・ハラスメントは、「職場において行われる優越的な関係を背景とした言動であって、業務上必要かつ相当な範囲を超えたものによりその雇用する労働者の就業が害されること」と定義することができる（労働施策総合推進法30条の２参照）。

具体的には、暴行や傷害などの「身体的な攻撃」、脅迫や名誉棄損、侮辱、ひどい暴言などの「精神的な攻撃」、仲間外しや無視といった「人間関係からの切り離し」、業務上明らかに不当なことや遂行不可能なことを強制したり仕事を妨害する「過大な要求」、業務上の合理性なく、能力や経験とかけ離れた程度の低い仕事を命じることや仕事を与えないといった「過少な要求」、私的なことに過度に立ち入る「個の侵害」といった行為が典型例として挙げられる（令和２年厚労省告示５号「事業主が職場における優越的な関係を背景とした言動に起因する問題に関して雇用管理上講ずべき措置等についての指針」参照）。

また同様の現象として「いじめ」がある。激しい叱責、執拗なからかい、無能力呼ばわりなどがこれにあたる（19歳の労働者に対するいじめが自殺に追い込んだ例として、暁産業事件・福井地判平成26・11・28労判1110号34頁）。

これらの現象は同根であり、社長や上司が威圧的な態度をとる権威主義的な職場、個人の人格侵害が日常化している職場、労働者間の競争が過度に激しい職場などで起きやすい特徴をもっている。

(b) 被害の救済

パワハラ等の被害の救済のあり方は、事例ごとに考えていかなければならない。たとえば、いじめや嫌がらせのためにほかの労働者と接触できないような隔離した部屋への配転命令、また労働者を嫌悪してなされた遠隔地への配転命令（朝日火災海上保険事件・東京地決平成4・6・23労判613号31頁）、コンプライアンス室への内部通報等に反感を抱いて行われた配転命令（オリンパス事件・東京高判平成23・8・31労判1035号42頁）などは、権利濫用として不法行為となる。

パワハラなどによって財産的、精神的な被害を受けた場合には、セクハラの場合と同様に、その賠償を加害者や使用者に対して行うことがきる。被害を受けた結果、精神疾患を患い、自殺にいたったケースでは、使用者らに高額な損害賠償責任が認められている（川崎市水道局事件・東京高判平成15・3・25労判849号87頁、前掲・暁産業事件）。

パワハラによって閑職に追いやられたり、過小な仕事しか与えられない場合、その労働者が、不法行為に基づく損害賠償請求のほかに、適正な仕事や処遇を求めることができるのかが問題となりうる。この問題は、就労請求権の問題と関係している。裁判例においては、労働契約等に特別の定めがある場合または業務の性質上労働者が労務の提供について特別の合理的な利益を有する場合を除いて、一般的に労働者は就労を請求する権利を有するものではないと解されている（読売新聞社事件・東京高決昭和33・8・2判タ83号74頁）。

しかし、仕事をするということは、単に経済的利益（賃金）を得るだけでなく、社会的な承認や自己実現にもかかわる問題である。使用者には、労働契約上、労働者の人格的利益を守り、労働者への適切な指揮命令権の行使と労働過程への適切な組込みに配慮すべき義務が課せられていると解すべきである。また、裁判例の枠組みに従うとしても、就労の合理的な利益や黙示の合意の成立の余地を認めるといった理論構成によって就労請求権を認めることも可能である。

(4) マタニティ・ハラスメント

女性が、妊娠・出産したこと、あるいは妊娠や出産に伴い軽易業務へ転換したこと、休業したこと、時間外労働や休日労働をしなかったこと、労働能率が低下したり十分な労務の提供ができなかったこと等を理由として、使用者あるいは同僚の労働者が、当該女性に対し不利益な取扱いを行ったり、その就業環境を害するような言動を行うことを、マタニティ・ハラスメントと呼んでいる。マタニティ・ハラスメントには、大きく2つのタイプがあるとされる。一つは、女性労働者が妊娠や出産に関する制度や措置を利用したことに対する嫌がらせ（制度等の利用への嫌がらせ型）、もう一つは、女性労働者が妊娠、出産したことに関する嫌がらせ（状態への嫌がらせ型）である。

いずれの型であっても、事業主には、職場におけるハラスメント防止の啓発、相談体制の整備、ハラスメントが生じた場合の迅速かつ適切な対応とともに、妊娠や出産等による体調不良のため労働能率が低下する場合への適切な配慮、当事者のプライバシーへの配慮といった措置をとることが求められる。

また、マタニティ・ハラスメントは、正社員だけでなく、相対的により立場の弱いパートタイマーや契約社員、派遣社員として働く女性労働者にも生じる。どのような雇用形態で働こうとも、事業主（派遣先も含む）はその労働者が安心して妊娠・出産を迎えることができるように環境を整える義務がある（均等法11条の２、「雇用の分野における男女の均等な機会及び待遇の確保等に関する法律施行規則」（昭和61・１・27労働省令２号）２条の３、「事業主が職場における妊娠、出産等に関する言動に起因する問題に関して雇用管理上講ずべき措置等についての指針」（平成28・８・２労告312号）。第12章コラムも参照）。

〈参考文献〉

・根本到「ハラスメントと人格権」、長谷川聡「プライバシーと個人情報の保護」『講座労働法の再生４巻』（日本評論社、2017年）所収
・土田道夫・山川隆一編『労働法の争点』（有斐閣、2014年）山崎文夫「セクシュアル・ハラスメント」30頁、内藤忍「パワー・ハラスメント」32頁
・沼田雅之「第５条」「第６条」「第７条」、井川志郎「第16条」「第17条」「第18条」西谷敏ほか編『新基本法コンメンタール　労働基準法・労働契約法　第２版』（日本評論社、2020年）

第4部　労働条件

第12章

雇用平等

Introduction

労働とは、人の身体と精神、すなわち人格の活動の成果であり、職場において差別され、平等取扱いを受けないということは、人格を否定されるという意味をもつ。労働者にとって、職場は1日の非常に多くの時間を過ごす場所であり、しかも、自分の仕事と引き替えに生活の糧を得る場所である。そのような場所において、不当な理由により差別を受け、その結果として、自らの能力や職務上の成果が正当に評価されず、得られる賃金も低いものとなってしまったとすれば、その労働者の失望はいかばかりであろうか。労働法において差別の排除と平等取扱いの実現に向けた検討が必要なのは、このためである。

憲法14条1項は「すべて国民は、法の下に平等であって、人種、信条、性別、社会的身分又は門地により、政治的、経済的又は社会的関係において、差別されない」と規定し、この憲法上の要請にしたがって戦後間もなく制定された労基法3条および4条は、国籍、信条または社会的身分による差別と女性であることを理由とする賃金差別を禁止する。その後、わが国は、国連および先進諸国の影響を受けつつ、性差別全般を禁止し、最近では年齢差別、障害者差別を禁止して、平等原則を拡充するにいたっている。

1　労基法3条と4条

労基法3条は、使用者が行う労働者の「国籍、信条又は社会的身分」を理由とする「賃金、労働時間その他の労働条件」についての差別を禁止し、同法4

条は、労働者が「女性であること」を理由とする「賃金」についての差別を禁止する。同法3条が「女性であること」ないし「性別」を理由とする差別は禁止しておらず、同法4条が賃金以外の労働条件についての差別を禁止していないのは、いかなる理由によるのだろうか。

労基法は妊産婦を保護する規定（労基法6章の2）をおいているが、比較的最近（1997年）まで、妊産婦保護規定以外に、女性一般を保護する規定、すなわち、女性の危険有害業務や労働時間を制限する規定も設けていた。こうした規定は、「女性はか弱い性であり、それゆえに保護が必要である」という、法制定当初の女性に対する偏見を反映するものであった。こうした女性観は、今ではすべて「女性」に改められた（が、かつては存在した）労基法の「女子」という文言にも反映されていたといえよう。労基法が妊産婦保護規定のみならず一般女性保護規定も設けていたことにより、「保護と平等は矛盾する」、ゆえに「男女は平等に取扱うことができない」という考え方を生み出した。このため、労基法3条は労働条件全般についての差別を禁止しつつも、「女性であること」ないし「性別」を理由として差別することは明文で禁止していない。ただし、労働条件のうちでも「賃金」は、労働者の生活に甚大な影響を与える重要な労働条件であることから、これに関する女性差別は労基法4条で明確に禁止された。

(1) 労基法3条

(a) 「労働条件」と採用差別

本条は労働者の国籍、信条、または社会的身分を理由とする「労働条件」についての差別を禁止しており、「労働条件」とは、募集・採用、配置、昇進、解雇、賃金・労働時間の決定、労災補償などを意味する。しかし、通説・判例は、「労働条件」に募集・採用は含まれないという立場をとる（三菱樹脂事件・最大判昭48・12・12労判189号16頁、信条を理由とする本採用における差別が争われた事例）。契約自由の原則のうち、使用者の相手方選択の自由は最大限尊重するという考え方に基づく法解釈である。

上記のような判断は、三菱樹脂事件最高裁判決が前提とする長期雇用慣行を1つの大きな特徴とする日本型雇用慣行が維持されていたときには、それなりの妥当性を有していた。すなわち、長期雇用慣行により労働関係は長期間に及ぶものとなるため、雇用の入口における使用者の相手方選択の自由は最大限に保障しようというわけである。しかし、日本型雇用慣行が崩れつつある今日においても、同最高裁判決がなお妥当性を有するのかは疑問である。また、男女雇用機会均等法５条が採用における性差別を、労働施策推進法９条が採用における年齢差別を禁止しているように、近年、採用における差別の一部が法律上明文で禁止されるにいたっている。この点からも、現在の通説・判例は旧態依然としており、問題である。

(b) 禁止される差別事由

本条の禁止する「国籍」差別として主として問題となるのが、在日韓国人・朝鮮人および外国人労働者に対する差別である。なお、本条の「国籍」は、「人種」とは全く異なる概念ではあるものの、憲法14条の具体化の観点から「国籍」を拡大解釈し、「人種」を理由とする差別も禁止するものと解されている。

「信条」とは、特定の宗教的もしくは政治的信条をいうとするのが行政解釈の立場である（昭和22・９・13発基17号）。日本においてより重要な意味をもつのが、後者の政治的信条であり、具体的には政党所属、特定政党支持、および政治的発言などを指す。「信条」を理由とする差別が生じるのは、使用者が、特定の信条をもつ労働者の団結によって労働組合活動などが活発化することを恐れ、こうした恐れを抱かせる労働者を嫌悪するからである。

「社会的身分」とは、生来の身分をいうとするのが行政解釈の立場であり、具体的に想定されているのは被差別部落出身者などである（昭和22・９・13発基17号）。パートタイム労働者や臨時工などの企業内における地位も「社会的身分」にあたるとの学説が一部には存在するが、判例は、行政解釈と同じ立場に立ち、これらの労働者をフルタイム労働者や正社員と比較して差別的に取り扱っても、労基法３条違反にあたらないとしている（丸子警報器事件・長野地上田支判平成８・３・15労判690号32頁等）。

(c) 本条違反の効果

本条違反に対する公法的効果としては、６か月以下の懲役または30万円以下の罰金という制裁が予定されている（労基法119条）。

学説・判例ともに、私法的には、違法行為が法律行為である場合には無効確認ができるとし、それが解雇である場合には労働契約上の地位確認もできるとする。違法行為が信条を理由とする賃金査定上の差別などの事実行為である場合には、不法行為に基づく損害賠償請求ができるとする（東京電力（千葉）事件・千葉地判平成6・5・23労旬1343号65頁など）。労働者の信条を理由とする差別が行われた事例においては、差別が組織的に行われ、差別される者が多数にのぼるため、差別の証明においては、労働者側が、①差別を受けた者（集団）とその他の者（集団）を比較して、両者の間に賃金格差が存在すること、および、②使用者が特定の信条を嫌悪していたこと、を証明すれば、査定上の差別があったと推認され、使用者側が当該推認を覆す合理的理由を証明しない限り、不法行為の成立が認められるという方法が採られている。ただし、労基法4条の女性であることを理由とする賃金差別について、上記①②の方法による差別の証明が認められたことはない。

(2) 労基法4条

(a) 男女賃金格差と差別

まずは、男女間にどの程度の賃金格差があるのかを確認しよう。内閣府男女共同参画局「令和4年版男女共同参画白書」によれば、男女賃金格差の国際比較において、日本はワースト3である。すなわち、男性のフルタイム労働者の賃金の中央値を100とした場合の女性のフルタイム労働者の賃金の中央値が、わが国の場合は77.5で、これが韓国、イスラエルに次いで低いのである（図表1参照）。ただし、男女賃金格差は女性の勤続年数が短いことおよび女性の職階が低いこと（管理職に就く女性が少ないこと）によって生じているとの指摘がたびたびなされており、女性の賃金が男性の賃金の8割に満たないという数字そのものによって、直ちに男女賃金差別が存在すると断定することはできない。

確かに、女性の勤続年数は男性のそれよりも短く、女性の職階は男性のそれよりも低い。わが国の女性は結婚・出産を機にフルタイムの正規雇用からパートタイム労働の非正規雇用に転職するか、あるいは一旦労働市場から撤退する。そのことを表しているのが、「L字カーブ」および「M字カーブ」である

図表1　男女賃金格差（国際比較）

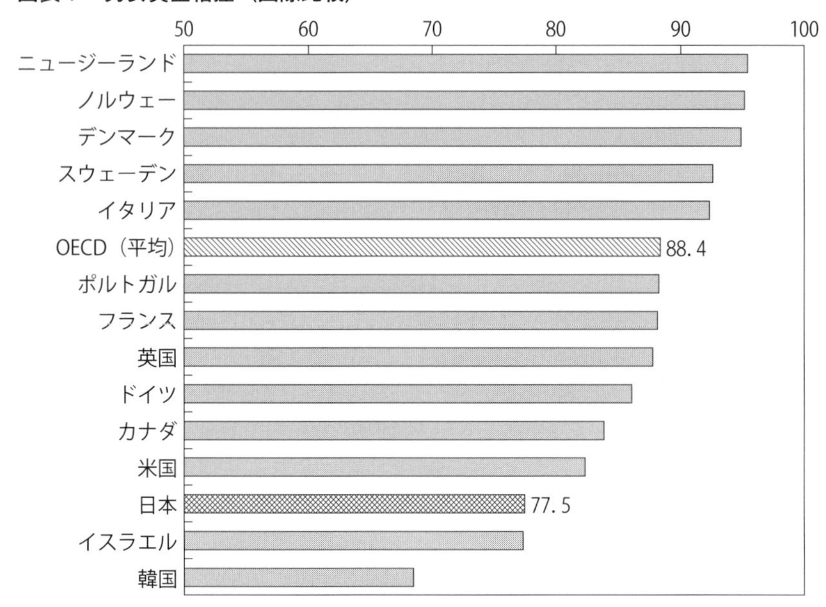

（備考）1．OECD“OECD.Stat”より作成。
2．ここでの男女間賃金格差とは、フルタイム労働者について男性賃金の中央値を100とした場合の女性賃金の中央値の水準を割合表示した数値。
3．イスラエル、フランスは平成30（2018）年イタリア、デンマーク、ドイツは令和元（2019）年、それ以外の国は令和2（2020）年の数字。

出典：内閣府男女共同参画局「令和4年版男女共同参画白書」

（図表2参照）。「M字カーブ」の経年変化を観察すると、Mの底が年々上昇しており、結婚・出産を機に労働市場から撤退する女性が徐々に減少していることが分かるが、「L字カーブ」が示すように、結婚・出産を経てもフルタイムの正規雇用に留まる女性が依然として少ないことも事実である。それゆえに、女性の勤続年数は短くなる。また、女性の非正規雇用率が高くなることにより、女性全体の職階が低くなる。「令和4年版男女共同参画白書」によれば、管理的職業従事者における女性の割合がフィリピンは50.5%、アメリカは41.1%、オーストラリアは37.8%、ヨーロッパ諸国はおしなべて30%代であるのに対し、わが国はわずか13.2%である。

しかし、女性の勤続年数の短さや女性の職階の低さが何ゆえに生じるのかということをひとまず置いておけば、問題とすべきは、勤続年数または職階が同

図表2　女性の就労と「M字カーブ」「L字カーブ」

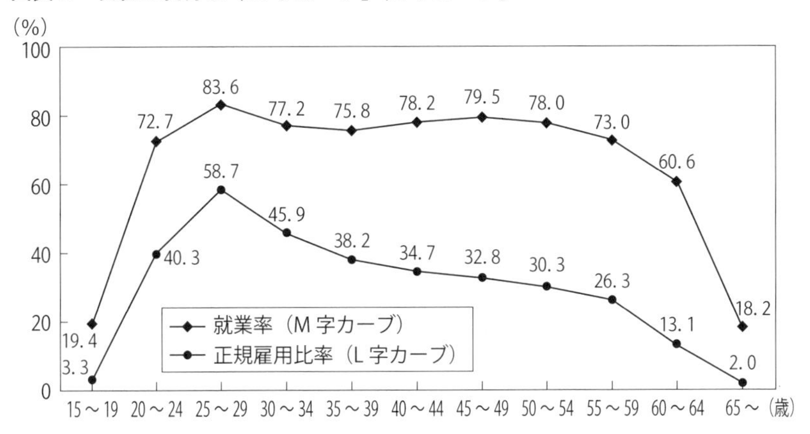

（備考）1．総務省「労働力調査（基本集計）」より作成。
2．就業率は、「就業者」/「15歳以上人口」×100。
3．正規雇用比率は、「正規の職員・従業員」/「15歳以上人口」×100。

出典：内閣府男女共同参画局「令和4年版男女共同参画白書」

じ男女の間で賃金格差などの差別が存在するのかしないのか、ということである。内閣府男女共同参画局「男女間賃金格差について」は、学歴別・勤続年数別の男女賃金格差を明らかにしているが、「高校卒」「高専・短大・専門学校卒」「大学・大学院卒」ともに勤続年数が増加しても男女間賃金格差は縮小していない（図表3参照）。また、同じ役職についている男女間にも賃金格差が存在する（図表4参照）。以上からは、女性の勤続年数の短さおよび女性の職階の低さに起因させることができない男女賃金格差が存在することが分かり、この格差にこそ女性であることを理由とする賃金差別が存在しているといえよう。1947年に制定された本条は、今日においてもその意義を失っていないのである。

(b)　本条違反の賃金差別

本条は、「労働者が女性であることを理由として、賃金について、男性と差別的取扱いをしてはならない」と規定する。国際的には1951年に採択されたILO100号条約が男女同一賃金原則を定めており、学説は、この国際基準を労基法において成文化したものが本条であるとする。もっとも、男女同一賃金原則は、賃金が職務（ジョブ）で決定されることが基本となっている欧米諸国で

図表3　学歴別・勤続年数別の所定内給与（2020年、月額）

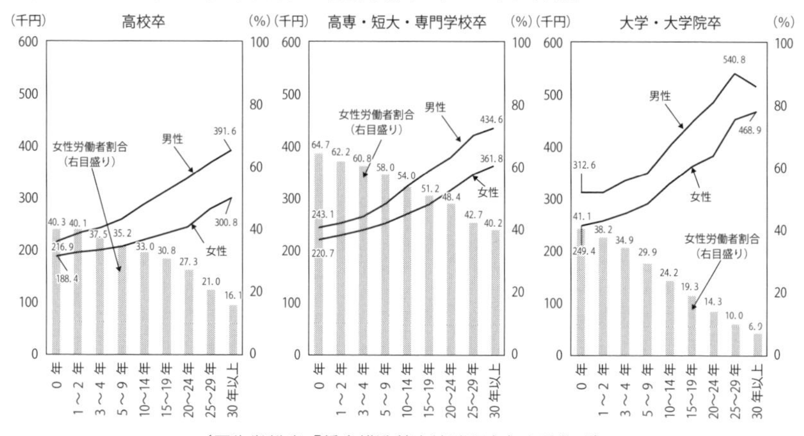

（厚生労働省「賃金構造基本統計調査」より作成）

出典：内閣府男女共同参画局「男女間賃金格差について」（令和4年3月18日）

生まれた同一（価値）労働同一賃金原則であり、職務以外にも賃金を決定する要素（年齢、勤続年数、家族状況などの属人的要素）が存在しているわが国では同原則をそのまま導入することは難しい。そのため、通説は、本条において男女が同一労働（ないし同一価値労働）に従事していることを要件としていないのは、そのようなわが国の事情を考慮したためであるとし、男女が同一（価値）労働に従事していることは本条違反の必要要件事実ではなく、年齢、勤続年数などの属人的要素で、わが国において賃金格差の合理的根拠とされるものを根拠とした男女賃金格差は本条違反にあたらないと解する。しかし、わが国はILO100号条約を批准しているのであるから、仮に同一労働に従事していることが労基法4条違反の必要要件事実ではないとしても、現に同一（価値）労働に従事しているという事実があれば、本条違反にあたると解すべきである。また、勤続年数または職階が同じ男女について賃金格差が生じている場合には、本条違反の推定がはたらき、使用者がその格差の合理的理由を証明しえない限り、本条違反にあたると解すべきである。

では、「女性であることを理由とする」とは、どのような取扱いをいうのか。判例は男女別の賃金表に基づいて賃金を支給することや、基本給の上昇率と一時金の支給率に男女差を設けることなど、賃金規定、就業規則、労働協約など

図表4　役職別の男女賃金格差（2020年）

役職	年収			女性割合
	男性	女性	男女間賃金格差	
部長級	943.3万円	783.0万円	83.0%	9.1%
課長級	812.9万円	702.4万円	86.4%	12.1%
係長級	644.0万円	550.7万円	85.5%	22.0%
非役職	483.4万円	380.6万円	78.7%	39.6%

（厚生労働省「賃金構造基本統計調査」より作成）

出典：内閣府男女共同参画局「男女間賃金格差について」（令和4年3月18日）

を根拠に男女に異なる賃金を支払うことは、使用者がその賃金格差を職務内容などの合理的理由によって正当化しえない限り、本条違反にあたるとする。妥当な判断である。

賃金につき、合理的理由のない男女別の取扱いが本条違反であるということは、男女別の取扱いでなければ問題ないということなのか。判例上は、「親族を実際に扶養している世帯主」か否かを基準とする家族手当の支給につき、当該基準は家族手当の支給対象者を夫婦の一方に絞るという趣旨からして不合理ではなく、結果的に女性の賃金が男性のそれよりも低くなっていても、本条違反にはあたらないと判示された事例がある（日産自動車事件・東京地判平成元・1・26労判533号45頁）。これは典型的な間接差別（3⑵で解説）の事例であるが、当時は均等法上間接差別が禁止されていなかった。したがって、本条違反にはあたらないとした判決は、この時点での判断として、やむを得ないというべきであろうか。もっとも、本人給を原則として年齢に応じて支給するが、非世帯主および独身の世帯主で、勤務地を限定して勤務している労働者には支給しないことがあるとし、これらの者に対しては26歳の年齢給で頭打ちになるという制度を設けていた使用者が、男性に対しては全員「勤務地域無限定」であるとして実年齢による本人給を支給し続け、非世帯主および独身の世帯主である女性に対しては「勤務地域限定」であるとして26歳相当の本人給に据え置いたという事例においては、使用者は当該制度が女性に不利益となる（圧倒的多数の女性が非世帯主であり、転勤に躊躇して勤務地を限定していた）ことを「容認して」いたとの認定から、同条違反が成立するとされた（三陽物産事件・東京地判平成

6・6・16労判651号15頁)。本判決当時も、やはり均等法上は間接差別が禁止されていなかったが、判決は性中立的な基準が女性に不利益となることを使用者が「容認して」いた点に着目し、そのような意図が存在したことをもって本条の禁止する「女性であることを理由とする」差別があったと判示した。使用者の差別の意図は、必ずしも本条違反の要件とされていないが、使用者の主観に着目する法解釈により性中立的な基準を用いた巧妙な差別を本条違反として救済した判断は、評価に値する。

本条が禁止するのは、「賃金について」の差別的取扱いであるから、学説は、たとえば職務配置における差別に由来する男女賃金格差は、均等法6条1号で禁止される「配置」差別にはあたるが、本条違反にはあたらないとする(均等法については、3で解説)。しかし、判例は総じて、男女の配置の違いに由来する賃金格差について、本条の適用を排除するという立場には立たない。配置の違いはあっても、男女が同一(価値)労働に従事している(従事するようになった)という事実により「女性を理由とする差別」があったと解釈し、日本版同一賃金原則を国際標準の同一賃金原則に近づけようとしている。たとえば、ほぼ同時期に採用された男女の職務が異なり、そのことによって初任給格差が生じていたこと自体は不合理とはいえないが、その後、女性が男性と質および量において同等の労働に従事するようになったにもかかわらず、使用者が初任給格差を是正することなく放置したことは本条違反にあたるとした事例が存在する(日ソ図書事件・東京地判平成4年8月27日労判611号10頁)。また、男女の職務が異なっても、職務分析の結果、それぞれの価値が同等である、すなわち、要求される知識、技能、責任およびそれぞれを遂行するうえでの精神的負担や疲労度に格別の差が認められなかったという事例においては、両者の間の賃金格差が本条違反とされた(京都ガス事件・京都地判平成13・9・20労判813号87頁)。さらに、男性労働者と女性労働者の採用方法や採用後にそれぞれが担当するものと予定されていた業務の難易度が異なったこと(男女別コース制)を理由として、同種もしくは類似の業務に従事するようになった男女に別賃金を支払い続けることは本条違反にあたるとされた(兼松事件・東京高判平成20・1・31労判959号85頁)。妥当な判断だと考える。

査定差別に由来する男女の賃金の違いも、学説上は均等法6条1号で禁止される「昇進」差別（均等法指針は、昇格差別も含まれるとする）には該当するが、本条違反には該当しないとされている。しかし、判例上は、差別的賃金が女性に対する査定差別に由来するものであっても、そのことにより直ちに本条の適用を排除しない事例が存在する。査定を経て資格を付与するという職能資格制度を、男性については年功的に運用し、ほぼ自動的に昇格させていた一方で、女性については試験を課すなどして昇格から排除していたことが本条違反にあたると争われた事例において、査定を経て付与される資格が賃金額の増加に連動しており、かつ資格を付与すること（昇格）と職位につけること（昇進）が分離されている場合には、資格の付与における差別（昇格差別）は賃金差別と同様に観念することができるとされ、本条違反を肯定した事例が存在する（芝信用金庫事件・東京高判平成12・12・20労判796号5頁）。今日では均等法6条1号が査定差別を禁止しているとはいえ、本件提訴当時、均等法において差別禁止が使用者の努力義務にとどまっていたことに鑑みると、昇格と昇進の違いに留意しつつ、査定差別に由来する男女の賃金の相違を労基法4条の問題ととらえて差別的賃金を支払われていた女性の救済をはかった判断は、きわめて高く評価される。

(c) 本条違反の効果

本条違反の私法的効果としては、労基法3条違反と同様、6か月以下の懲役または30万円以下の罰金という制裁が予定されている（労基法119条）。

本条違反の私法的効果として、女性の賃金に関する契約部分は無効とされる。通説は、無効とされた部分を補充できる客観的基準がある場合には、差額賃金請求権を肯定する。「無効とされた部分を補充できる客観的基準」が何になるかを検討する学説も存在する。それによれば、差額賃金請求権を認めるための法律構成は、女性に対する賃金差別が、①労働協約や就業規則の条項に基づく場合には、労組法16条または労契法12条を根拠に、労働協約または就業規則の男性労働者の賃金を定める部分が女性労働者に適用されるとし、②個別の労働契約基づく場合には、信義則に基づく労働契約の補充的解釈によって、男性の賃金が女性についても約定されたものとする。いずれの学説も、本条違反が査定などの事実行為による場合には、不法行為に基づく損害賠償が認められるとする。

一部の判例は、本条違反の差別が認められる場合、労基法13条の適用ないし類推適用により、差額賃金請求権を肯定する。しかし、労基法13条の適用ないし類推適用を認めず、差額賃金請求権を否定し、不法行為の成立を認めるにとどまる事例も少なくない。事実行為に基づく本条違反に対しては、不法行為に基づく損害賠償請求が肯定されている。

2　男女雇用機会均等法

女性労働者は、わが国の労働力不足や女性の意識変化（女性も職業をもち、経済的人格的に自立すべきであるという意識)、そして経済構造の変化（低賃金の職が増加し、夫1人の稼ぎだけでは一家を養うことが困難になっている等）などにより増加している。しかし、その一方で、社会にはなお伝統的な性別役割分業観が存在し、職場における男女労働者の平等の妨げになっている。

憲法14条は両性の法の下の平等を規定するが、戦後当初の労働法体系において、これを具体化した法律規定は、労基法4条のみであった。当時の企業においては、結婚退職制や女性若年定年制など、男女平等に反する制度が広く存在していた。こうしたあからさまな差別に対し、女性労働者の側から異議を申し立てる裁判が提起されるようになったのは、1960年代以降である。裁判所は、かかる制度を定める契約は、念書、慣行、就業規則、労働協約のいずれを問わず、合理的理由がみとめられない限り公序良俗（民法90条）に違反し無効になると判示した。雇用関係において憲法14条を具体化する法律が労基法4条以外に欠缺していた時代の実践的法創造活動として、高く評価される。

国内において上記のような判例の蓄積が進むなか、1979年には国連において女性差別撤廃条約が採択され、わが国も翌年にこれに署名した。もっとも、同条約を批准するためには国内法の整備が必要であったため、1985年には勤労婦人福祉法（1947年制定）の改正という形で男女雇用機会均等法（以下、均等法）が制定された。その結果、同年に女性差別撤廃条約の批准が実現した。

(1)　直接差別の禁止

現行均等法は、事業主に対し、労働者の募集・採用にあたり性別にかかわりなく均等な機会を与えるべきことを定め（5条)、また、労働者の配置（業務の配分および権限の付与を含む)、昇進・降格・教育訓練、住宅資金貸付けなどの福利厚生措置、職種・雇用形態の変更、退職の勧奨、定年、解雇、労働契約の更新について性別を理由として差別することを禁止する(6条)。このように、現行均等法は、雇用の入口から出口までの全段階(全ステージ)において、性を直接の理由とする差別(直接差別)を禁止する。

以上のような均等法の規定に関連して問題となることが多いのは、コース別雇用管理である。均等法の制定・施行にともない、多くの企業は、それまでの男女別の雇用慣行を、職種・職務の相違や転勤の有無などの客観的基準に基づいたコース制に再編成した。労働者を総合職(基幹的業務に従事するコース、転勤が予定されていることが多い)・一般職(補助的業務に従事するコース、転勤はほぼ予定されていない)などと呼ばれるコースに区分するというコース別雇用管理は、決して珍しいものではない。

男女別コース制が憲法の禁止する性による差別にあたることは明らかである。しかし、判例にはこれとは異なる法解釈をしたものがある。均等法制定以前に男女別コース制が採られていたことにつき、均等法には遡及適用がないことを理由に同法違反を否定し、かつ、当時の社会通念に照らして、男女別コース制は公序違反にもあたらないと判示した事例(住友電気工業事件・大阪地判平成12・7・27労判792号70頁など)が、その例である。もっとも、判例の中には、均等法制定以前に男女別コース制が採られていたことにつき、女性に対する差別を明確に禁止した1997年改正均等法の施行日(1999年4月1日、これ以前は、差別をしないことが、法文上は使用者の努力義務とされていたにすぎなかった)以降は、男女別コース制が均等法(1997年改正均等法)6条違反に該当し、公序に違反するとして、不法行為による損害賠償を命じた事例も登場している(野村證券事件・東京地判平成14・2・20労判822号13頁など)。

労働者をその職務内容に応じて区分するという雇用管理は、それ自体としては違法ではないであろう。厚生労働省の差別禁止指針(第2-1)も、均等法に抵触する性差別の有無の判断は「雇用管理区分」(職種、資格、雇用形態、就業形態などの区分で、区分の相違によって異なった雇用管理を予定しているもの)ごとになされるべきであるとし、コース別雇用管理を認めている。とはいえ、コース別雇用管理が、性差別を隠蔽するものであってはならないのは当然である。それゆえ、コース別雇用管理には、コース区分が単なる形式ではないこと、すなわち、コースによる職務内容の相違が明確であることが求められ、この点についての説明・説得責任は使用者側にあるというべきである。なお、わが国において広く普及している総合職の募集・採用における全国転勤要件は、次に解説する間接差別に該当すれば違法とされることに留意する必要がある。

(2) 間接差別の禁止

間接差別とは、外見上は性中立的であるが、実際上は性別により異なる処遇をもたらすような措置をとることにより、一方の性別の労働者集団を排除することをいう。均等法は、一読しただけでは分かりにくいが、次のような規定により間接差別を禁止する。すなわち、労働者の性別以外の事由を要件とする措置であって、措置の要件を満たす男性と女性の比率その他の事情を勘案して、実質的に性別を理由とする差別となるおそれがある措置として厚生労働省令で定めるものは、合理的な理由がある場合を除いて、これを講じてはならない(均等法7条)。「措置の要件を満たす男性及び女性の比率……を勘案して」という文言は、間接差別という類型の差別が、男性という集団と女性という集団の比較（個々の男性と女性の比較ではない）により証明されるものであることを表現している。集団間の比較は、統計資料などを使って行う。このことにより、差別を主張する原告側の立証責任は相当程度軽減されることになる。問題の「措置」をとることの「合理的理由」の立証責任を負っているのは事業主（使用者）である。間接差別は、欧米においては、早くから直接差別とともに禁止されてきたが、わが国では2006年の均等法改正により、不十分ながらも、ようやく禁止されるにいたった。

では、何が「不十分」なのか。それは、均等法7条のいう厚生労働省令（均等法施行規則2条）が、同法違反の間接差別となりうる措置を、次の3つに限定している点である。3つとは、①労働者の身長、体重または体力を募集・採用の要件とすること、②募集・採用、昇進または職種の変更につき、住居の移動をともなう配転に応じうることを要件とすること、③労働者の昇進につき、転勤経験を要件とすること、である。差別となりうる措置をあらかじめ限定列挙するという間接差別の禁止のあり方は、欧米には見られず、非常に特異である。

上記①から③を見ると分かるように、使用者は性中立的な措置をとることにより、直接差別（性を直接の理由とする差別）の責任を問われることなく、女性を排除し、男性の労働力を得ることができる。しかし、かかる措置をとることに、合理的理由が存在するのか。間接差別という概念は、ある性中立的措置が、男性・女性という異なる集団に異なる効果をもたらしているという事実を出発点にし、そこに差別が存在していなかったか、すなわち使用者は業務上の必要性等、かかる措置をとることについての合理的理由を有していたのか、この点に関する検証を迫るものである。性差別をしてはならないという規範が社会に浸透し、使用者も「賢く」なると、あからさまな性差別はなくなる。しかし、あからさまな性差別を排除しただけでは、男女平等を実現することができない。男女平等の実現を目指して、見えにくい差別を明るみに出し排除していくこと、間接差別禁止規定の意義はそこにある。

(3) 特例（ポジティブ・アクション）と適用除外

使用者が、雇用における男女平等を促進するうえで支障となっている事情を改善するために女性労働者について行う異なる取扱いは、特例として法的に許容され、直接差別または間接差別とされない（均等法８条）。ここに述べられている男女の異なる取扱いとは、一般にポジティブ・アクション（アメリカではアファーマティヴ・アクション）と呼ばれている。均等法は、歴史的に女性が差別されてきたことに鑑みて、女性に対するポジティブ・アクションのみを法的に許容している。国はポジティブ・アクションをとり、またはとろうとしている企業に対し、相談その他の援助を行うことができる（均等法14条）。

均等法が適用されない場合は、均等法10条を根拠に定められる指針で規定されている。具体的には、①芸術・芸能上、防犯上、その他宗教・風紀・スポーツにおける競技の性質上の理由が存する場合、②法律上一方の性別の者のみが就業可能とされている場合、③風俗、風習などの相違により、一方の性別の者が能力を発揮し難い海外勤務の場合その他特別の事情により男女均等処遇が困難な場合には、労働者を一方の性別の者に限定することは違法とされない。

(4) その他——女性の婚姻・妊娠・出産を理由とする差別

均等法は実質的平等の観点から、女性の婚姻・妊娠・出産を退職理由として予定すること、女性の婚姻を理由として解雇すること、および女性の妊娠・出産・産前産後休業取得などを理由として不利益取扱いをすることを禁止し、妊娠中および出産後1年を経過しない女性に対する解雇が無効であることを規定する（均等法9条）。今日の均等法は性別を理由とする差別を禁止しており、かつてのように女性に対する差別のみを禁止するものではないが、形式的平等に拘泥し、女性のみが経験してきたこれらの差別を禁止しなくともよいということにはならない。均等法制定の契機となったのは女性差別撤廃条約の批准であったが、同条約は母性保護を差別と解してはならない、と両性の実質的平等を規定していることに留意しなければならない。

均等法9条4項が、妊娠中および出産後1年を経過しない女性に対する解雇が無効であることを規定し、ただし書において「事業主が当該解雇が女性の妊娠・出産・産前産後休業取得を事由とする解雇でないことを証明したときには、この限りでない」として、解雇の有効性の立証責任が使用者にあることを法文上明確にしているのに対し、均等法9条3項は、法文上、女性の妊娠・出産・産前産後休業取得などを理由とする不利益取扱いを禁止するのみであり、不利益取扱い（差別）の立証責任の所在については明らかにしていない。これに関し、女性労働者が均等法9条3項を根拠に、妊娠中の軽易業務転換を契機としてなされた降格の無効と管理職手当の支払等を請求した事例において、最高裁は、(A) 妊娠中の軽易業務転換を契機としてなされた降格は、原則として同項が禁止する取扱いにあたるが、(B) ①労働者の自由意思に基づく承諾がある場合、または②同項の趣旨・目的に実質的に反しない特段の事情がある場合には同項に違反しないという判断枠組みを示し、労働者側が (A) の立証責任を果たした場合には、(B) の立証責任が使用者側に転換されることが明らかにされた。この判断枠組みをどう評価するかについては、【コラム：マタニティ・ハラスメントおよびパタニティ・ハラスメント】に譲る。

(5) 均等法違反の効果

均等法は、公法的に次のような救済を予定する。都道府県労働局長は、同法にかかわる紛争の解決のために当事者の一方あるいは双方から援助を求められた場合、必要な助言、指導、勧告を行うことができる（均等法17条1項）。また、都道府県労働局長は、同法にかかわる紛争の当事者の一方または双方が申請し、必要があると認めたときには、紛争調整委員会に調停を行わせるものとする（均等法18条）。厚生労働大臣は均等法の施行につき、必要があると認める場合には、事業主から報告を求め、必要な助言・指導・勧告をすることができる（均等法29条）。均等法違反の勧告を受けた者がこれに従わない場合には、厚生労働大臣はその旨を公表しうる（均等法30条）。厚生労働大臣の報告徴収に対して報告をせず、または虚偽の報告をした者には、20万円以下の過料が課せられる（均等法33条）。

均等法の差別禁止規定は私法的強行規定であると解されている。それらに違反する事業主の法律行為は無効となり、労働者は無効であることを前提とした請求をなしうる（たとえば、解雇に対しては従業員としての地位の確認請求など）。また、均等法違反の事実行為は不法行為となり、これに対して労働者は損害賠償請求をなしうる。

3　障害者差別、年齢差別と雇用平等

憲法14条1項の規定する差別禁止事由（人種、信条、性別、社会的身分または門地）は例示列挙であるとするのが通説・判例の立場である。「障害」および「年齢」は列挙されていないが、障害をもつ人とそうでない人の平等取扱い、および一定年齢以上の人とそれ未満の人の平等取扱いは憲法の要請であるといえる。しかし、年齢差別の禁止については、学説の対立がある。すなわち、法律上年齢差別を禁止しようとする説と、既存の雇用慣行や労働市場への影響を懸念し、年齢差別禁止法の制定には反対し、個々の雇用管理上の不合理な点を是正するにとどめようとする説があり、後者が有力説となっている。また、障害、年齢、いずれの差別の禁止についても、その実効性をいかに確保するかという問題がある。

(1) 障害者差別と雇用平等

(a) 日本における障害者雇用政策と「差別禁止」

日本における障害者の雇用促進政策は、1960年の身体障害者雇用促進法制定から始まった。同法は一定の従業員数を雇用する事業主に対し障害者の法定雇用率を定めて雇用義務を課し、これを果たしていない事業主には一定金額を納付させ（雇用納付金）、逆に果たしている事業主には一定金額を支給する（障害者雇用調整金）という仕組みをつくった。1987年には法律の名称が障害者雇用促進法となり、今日にいたるまでに法定雇用率の引き上げがたびたび行われてきた。

2006年、国連で障害者権利条約が採択されると、わが国は2007年にこれに署名し、批准に向けた国内法整備を始めた。まず2011年に障害者基本法を改正して障害者に対する差別の禁止を宣明し、2013年には障害を理由とする不当な差別の禁止と合理的配慮の提供を求める障害者差別解消推進法を制定、同年には障害者雇用促進法の改正（以下、b）も実現して、2014年に同条約を批准した。

(b) 2013年障害者雇用促進法改正

2013年の障害者雇用促進法改正は、「障害者」を「身体障害、知的障害、精神障害（発達障害を含む）その他の心身の機能の障害があるため、長期にわたり、職業生活に相当の制限を受け、又は職業生活を営むことが著しく困難な者をいう」と定義した（促進法２条）。また、事業主が障害者の「募集、採用」について「均等な機会を与えなければならない」こと（促進法34条）、および「賃金の決定、教育訓練の実施、福利厚生施設の利用その他の待遇」について、障害者に対し「不当な差別的取扱いをしてはならない」こと（促進法35条）を規定した。さらに、事業主に、募集・採用について「障害者と障害者でない者との均等な機会の確保の支障となっている事情を改善するため」、障害者の「障害の特性に配慮した必要な措置」であって、「事業主に対して過重な負担を及ぼ」さないものを講じることを義務付けた（促進法36条の２）。加えて、採用後の職場においては「障害者である労働者」と「障害者でない労働者との均等な待遇の確保又は障害者である労働者の有する能力の有効な発揮の支障となっている事情を改善するため」、当該障害者の「障害の特性に配慮した職務の円滑な遂行に必要な施設の整備、援助を行う者の配置その他の必要な措置」であって、「事業主に対して過重な負担を及ぼ」さないものを講じることを義務付けた（促進法36条の３）。

こうして障害者雇用促進法は、従来の〔法定雇用率〕制度と〔障害者差別の禁止および合理的配慮の提供〕という制度を併存させるものとなった。前者の制度がなお存在している点、そして後者の制度における差別禁止規定や合理的配慮の提供義務規定が私法的効力をもつ強行規定になるものではないと説く学説が通説的な立場を占めている点が、わが国の特徴といえる。

都道府県労働局長は、促進法34条、35条、36条の２、36条の３に定める事項に関する紛争の解決のために、当事者の一方または双方から紛争解決の援助を求められたときには、必要な助言・指導・勧告をすることができる（促進法74条の６第１項）。また、都道府県労働局長は、上記の事項に関する紛争（募集・採用に関する紛争は除く）について当事者の一方または双方が申請し、必要と認めるときには、紛争調整委員会に調停を行わせるものとする（促進法74条の７）。

(2) 年齢差別と雇用平等

欧米先進国では雇用における年齢差別が法律上禁止されているが、わが国では募集・採用における年齢差別が禁止されるにとどまっている（労働施策総合推進法９条）。厚生労働省令は、例外的に年齢制限をなしうる場合として、①長期勤続によるキャリア形成のため若年者等を期間の定めのない労働契約で募集・採用する場合、②技能等の継承を図ることを目的として、労働者の少ない年齢層を対象として期間の定めのない労働契約で募集・採用をする場合、③芸術・芸能における表現の真実性の確保のために特定の年齢の範囲に属する労働者を募集・採用する場合などをあげている（同法施行規則１条の３第１項）。①は若年者優遇、高年齢者排除という効果をもたらすものであり、欧米諸国における年齢差別禁止の趣旨である高年齢者に対する差別の排除とは方向性が異なる。

厚生労働大臣は同法の施行につき、必要があると認める場合には、事業主に対して助言・指導・勧告をすることができ（同法33条１項）、勧告を受けた者がこれに従わない場合には、その旨を公表しうる（同法33条２項）。学説は同法９

条の実効性を疑問視する。一般に採用における差別が存在したことを認識することは難しいが、それが年齢を理由とするものであることを特定することは一層困難であることが理由である。

なお、事業主は、労働者の募集・採用において上限年齢を65歳未満に定める場合には、求職者に対してその理由を示さなければならない（高年法20条）。

マタニティ・ハラスメントおよびパタニティ・ハラスメント

マタニティ・ハラスメント（マタハラ）とは、女性労働者が妊娠・出産あるいはそれに関する労基法上の権利を行使したことを理由として労働者が行う解雇その他の不利益取扱いをいい、均等法９条３項は、かかる不利益取扱いを禁止する。

マタハラという言葉が社会的に認知されるようになり、裁判も増えている。育児休業復帰後の労働者の担当職務を変更することにより降格措置が採られ、これと連動して賃金の大幅な減額がなされた事案において、一審の東京地裁および二審の東京高裁はともに、担当職務変更自体は配置転換に準ずるものであり、育児休業後の労働者を原職に復帰させなかったことが直ちに均等法９条３項等の法律に違反するとはいえないとした。そのうえで、一審は担当職務の変更に必要性が認められ、その変更にともなって採られた降格措置は内容自体不合理なものではなく、（配置転換は）就業規則に根拠を有するものであることから人事権の濫用はないと判示したのに対し（コナミデジタルエンタテインメント事件・東京地判平成23・３・17労判1027号27頁）、二審は担当職務変更にともなって採られた降格措置は重要な労働条件である賃金の額を不利益に変更するものであり、これを明示的根拠も労働者の個別同意もなく使用者が一方的に行うことは許されず、それが担当職務の変更をともなうものであっても、人事権の濫用として許されないと判示した（コナミデジタルエンタテインメント事件・東京高判平成23・12・27労判1042号15頁）。上記一、二審の対立は、違法性のない担当職務変更にともなって採られた降格措置が賃金額を不利益に変更する場合に、何らの合意（契約的根拠）もなくこれを行うことができるのか否かという点のみにある（一審は合意を求めず、二審は求める）。逆に、両判決とも、業務上の必要性に基づく使用者の人事上の措置は、使用者の人事権の行使であって尊重しなければならず、均等法９条３項違反を惹起しないという認識を共有している。

また、女性労働者が、妊娠中の軽易業務転換を契機としてなされた降格の無効と管理職手当の支払等を請求した事案では、一審、二審ともに使用者の人事上の措置（降格措置）はその裁量の範囲内で行われるものであるとして、均等法９条３項違反の成立を否定した。コナミデジタルエンタテインメント事件の一、二審と基本的に同じ立場に立つ。しかし同事件について、最高裁は、均等法９条３項は強行法規として解するのが相当であり、妊娠中の軽易業務転換を契機としてなされる降格は、原則として、同項の禁止する取扱いにあたると判示し、これまでの裁判例と異なり、使用者の人事権は、妊娠した女性労働者の不利益取扱いの禁止に劣後するものであること明らかにした。ただし、最高裁は続けて、①労働者が自由な意思に基づいて降格を承諾したものと認めるに足る合理的な理由が客観的に存在するとき、または②均等法９条３項の趣旨・目的に実質的に反しないものと認められる特段の事情が存在するときには、同項違反が成立しない、とした（広島中央保健生協（C生協病院）事件・最判平成26・10・23労判1100号５頁）。

上記最高裁判決が均等法９条３項の強行法規性を認め、問題の降格が同条項に違反していること、すなわち妊娠中の経緯業務転換を契機としてなされたものであったことの立証のみを原告に求めた点は評価に値する。しかし、他方で、降格に対する労働者の承諾が、自由な意思に基づいてされたものと認めるに足る合理的な理由が客観的に存在することを理由に、同項の強行法規性が解除されるという判旨には賛成できない。労働者の合意の真意性を条件に、使用者の行為を有効とするという判断枠組みは、最近では就業規則変更への同意が問題となった事案においても援用されている（山梨県民信用組合事件・最判平成28・２・19労判1136号６頁）が、労働者の自由な意思の存在を理由に契約を有効とみることと、その存在を理由に強行規定の強行性を解除することは、全く別次元のことである。上記最高裁判決の均等法９条３項の強行性に関する論理は矛盾しているというほかない。

なお、上記最高裁判決の約３か月前に、大阪高裁は、男性看護師による３か月間の育児休業取得を理由に、①同人の職務給の昇給は行わず、②育児休業を取得した年度を昇格試験受験に必要な標準年数に算入せず、その結果、同人から昇格試験受験の機会を剥奪した使用者の行為は、いずれも不法行為にあたると判示した。本判決は、パタニティ・ハラスメント（パタハラ）を認めた事例として注目されている（医療法人稲門会（いわくら病院）事件・大阪高判平成26・7・18労判1104号71頁）。

〈参考文献〉
・櫻庭涼子「雇用差別禁止法制の現状と課題」日本労働研究雑誌574号（2008年）4頁
・相澤美智子「男女賃金差別と差額請求権」労働法の争点（2014年）28頁
・藤本茂「男女雇用機会均等法の政策課題」労働法の争点（2014年）26頁
・長谷川珠子「障害者雇用の法政策」労働法の争点（2014年）34頁
・柳澤武「新しい雇用対策法制——人口減少社会における年齢差別の禁止」季刊労働法218号（2007年）110頁

第４部　労働条件

第13章
健康・安全の保護と災害補償

Introduction

「労働」は労働者の提供する「商品」ではあるが、それを提供する人間（労働者）と切り離すことができず、破損（その極端は死亡である）が許されない「特殊な商品」である。そのために、労働者の生命、健康の安全を確保することは、労働者保護法が成立した当初から、重要な関心事の一つであった。

人が働く場所は、常に快適・安全であるとは限らない。高温・多湿であったり、採光や通風が悪いこともありうるし、身体に危険を及ぼす機具や薬剤を使う職場もある。また、最近では、長時間に及ぶ過重労働が強いられている職場もある。

法は、この問題について２つの側面から規制している。その１は、労働者の肉体的・精神的な健康や安全を確保し、災害が起きないように未然に防止するための規制である。その中心となるのが、労働安全衛生法（労安法）である。

その２は、労働者が不幸にも労働災害に直面した場合に、その補償を行うシステムである。その中心が労働者災害補償保険法（労災法）であるが、その他にもさまざまな補償システムが利用される。

1　健康で安全に働くための法制度

(1)　労働安全衛生法制とその基本的な仕組み

業務が原因となって、ケガを負ったり、病気に罹患すること（その結果死亡にいたることもありうる）を「労働災害」（労災）と呼ぶ。労働者を労災から守る法制度として、労安法やそれに付随する多数の規則、そのほか特定の業務に従事する者に対する健康被害の防止等について定めた法令がある。

ここでは、労安法を中心にみていこう。

1972年に制定された労安法は、それまで労基法のなかに置かれていた「安全および衛生」(42〜55条)をより充実させるために制定された法律である。その背景には、高度経済成長の中で労災が多発化し、旧規定だけではその防止対策として十分でなかったことがあげられる。

労安法は、まず、直接の契約関係にある事業者に対して、単に法律で定める労働災害の防止のための最低基準を守るだけでなく、快適な職場環境の実現と労働条件の改善を通じて、職場における労働者の安全と健康を確保するよう求めている(3条1項)。また、労働者に対しても、労働災害を防止するために必要な事項を守るほか、労災防止のために行われる諸措置に協力するよう努めることを要請している(4条)。

労安法が労働安全衛生に関する義務を課すのは、事業者に対してだけではない。注文者から仕事を受けてその事業者を指揮する立場にある元方事業者、注文者、請負人らに対しても、その仕事に関し、労安法や法令の規定に違反しないよう必要な指導や指示を行う義務を課している(29条〜32条)。また、機械や建築物を貸与する者、重包装貨物を発送する者に対しても、それらの機械等による労働災害を防止するために必要な措置を講じるよう求めている(33条〜36条)。

このような法に則した措置の履行を確保するために、労安法は行政による監督と刑罰を規定している。監督を行うのは、労働基準監督署長および労働基準監督官である(90条)。労働基準監督官は、労安法を施行するため必要があると認めるときは、事業場に立入り、関係者に質問し、帳簿、書類その他の物件を検査し、もしくは作業環境測定を行い、または検査に必要な限度において無償で製品、原材料もしくは機具を収去することができる(91条)。

労働者は、事業場において、労安法または法令に違反する事実があるときは、その事実を都道府県労働局長、労働基準監督署長、または労働基準監督官に対して是正のため適当な措置をとるよう申告することができる。労働者がそのような申告をしたことを理由として、事業者はその労働者に対して、解雇その他不利益な取扱いをしてはならない（97条）。違反行為に対しては、罰則が定められている（115条の２以下）。

さらに、労安法は、政令で定める規模の事業場ごとに、「総括安全衛生管理者」を選任し、その者に安全管理者（11条）、衛生管理者（12条）等の指揮をさせ、労働者の危険または健康障害を防止するための措置や教育、健康診断の実施その他健康の保持増進のための措置、労災の原因の調査および再発防止対策に関する業務を統括管理させることとしている（10条）。事業者は、政令で定める規模の事業場ごとに、産業医を選任し、その者に労働者の健康管理等を行わせなければならない（13条）。加えて、事業者は、政令で定める業種ないし規模の事業場ごとに、労働者の危険を防止するための対策や労災の原因、再発防止策等について調査審議し事業者に意見を述べる安全委員会、衛生委員会あるいは安全衛生委員会を設置しなければならない（17～19条）。

(2) 安全衛生教育・健康管理

(a) 安全衛生教育

労災の予防には、実際の作業に従事する労働者の安全衛生に関する意識や知識を高めることも必要である。

労安法は、事業者に対し、労働者を雇い入れたとき、および労働者の作業内容を変更したときには、当該労働者に対し、その従事する業務に関する安全または衛生のための教育を行うことを義務付けている（59条）。また、事業者は、一定の業種について、新たに作業中の労働者を直接指導または監督する者（職長など）に対し、安全または衛生のための教育を行わなければならない（60条）。それに加えて、事業者は、事業場における安全衛生の水準の向上を図るため、危険または有害な業務に現に就いている者に対し、その従事する業務に関する安全または衛生のための教育を行うよう努めなければならない（60条の２）。

さらに、一定の業務については、有資格以外の就業が禁止されている（61条）。その他中高年齢者、身体障害者、出稼ぎ労働者などが就業する場合には、事業者は、適正な配置をするなど特別の配慮をするよう努めなければならない（62条）。

(b) 健康管理

労安法は、労働者の健康の保持増進のための措置として、作業環境管理（65条、65条の２）、作業管理（65条の３）、健康管理（66条）を事業者に義務付けている。

このうち、健康管理には、すべての労働者に対する雇入れ時の健康診断および定期健康診断、一定の有害業務に従事する労働者に対する特殊健康診断がある。これらを法定健康診断という。

労働者には事業者が行う健康診断を受ける義務が課せられている。ただし、事業者の指定した医師または歯科医師が行う健康診断を受けることを希望しない場合において、他の医師または歯科医師の行うこれらの規定による健康診断に相当する健康診断を受け、その結果を証明する書面を事業者に提出した場合には、その義務を免れる（66条５項）。人間ドックでの検診などがこれにあたる。

事業者は、健康診断を受けた労働者に対し、健康診断の結果を通知しなければならない（66条の６）。健康診断の結果、異常が認められる場合、事業者は医師または歯科医師の意見を聴かなければならず（66条の４）、この意見を勘案し、必要があると認めるときは、その労働者の事情を考慮して、就業場所の変更、作業の転換、労働時間の短縮、深夜業の回数の減少等の措置などを講じなければならない（66条の５）。また、特に健康の保持に努める必要があると認める労働者に対して、事業主は、医師または保健師による保健指導を行うよう努めなければならない（66条の７）。

また、労働者の残業時間が月100時間を超えており、疲労の蓄積が認められる場合には、事業主は、その労働者に対し、医師による面接指導を行わなければならず、労働者はその面接指導を受けなければならない（66条の８）。

さらに、最近では、仕事による強いストレスが原因で精神障害を発症し、労災認定される労働者が増加傾向にあることから、労働者のメンタルヘルス不調を未然に防止することが重要な課題となっている。

2014年に改正された労働安全衛生法は、労働者の心理的な負担の程度を把握するための検査（ストレスチェック）およびその結果に基づく面接指導の実施を事業主に義務付けている。労働者の健康情報はきわめてセンシティブな情報であることから、ストレスチェックの結果は直接本人に通知され、本人の同意なく事業者に知らされることはない。事業主は、高ストレスと判定された者から申し出があれば、医師による面接指導を実施し、また、医師の意見を聴いて、必要に応じ就業上の措置（就業場所の変更、作業の転換、労働時間の短縮、深夜業の回数の減少等）を講じる義務を負う（66条の10）。

2　労災の補償制度

(1)　労災補償制度の意味

労基法は、業務上の事由または通勤によって生じた労働者の負傷、疾病、障害、死亡等について、必要な補償を行う制度を設けている（75条〜88条）。

労災補償制度が確立されるまで、業務に関連してこうむったケガや病気は被災労働者の自己負担となることが多かった。それは、被災労働者がそのケガ等に対して使用者に責任を問うには、不法行為責任等を根拠とするほかはなく、そのために当該ケガ等に対する使用者の故意または過失を立証しなければならず（過失責任主義）、これが労働者にとって大きな負担となっていたからである。

しかし産業革命以降の近代工業における労働のあり方が、労働者の身体や生命に危険を及ぼす可能性を増大させるなかで、上のような状況は社会的に不公平なものと考えられるようになった。そこで、19世紀末から、西欧諸国を中心に、労災補償に関する特別法が制定されるようになった。その多くは、業務上のケガ等であれば、原則として、使用者の故意または過失の有無を問うことなく、被災労働者またはその遺族に補償を行うものであった（無過失責任主義）。労基法75条以下の「災害補償」は、この考え方を採用している。

ところが、労基法上の災害補償制度にも限界がある。使用者が無過失責任を負うとしても、十分な資力がなければ、結局は被災労働者や遺族は救済されないことになってしまう。これに対応すべく設けられたのが、国が保険者となる労働者災害補償保険（労災保険）制度である。

⑵ 労災保険制度

(a) 概要

労災保険制度は、労基法に基づいて使用者の負う補償責任の履行を確保するシステムである。労基法は、業務上の負傷、疾病等による療養、休業、障害、死亡等に関するさまざまな補償を規定しているが、労災法による給付が行われる場合には、使用者は補償の責めを免れるとしている（84条）。

現在、日本の労災法は数次にわたる法改正を経て、労基法の定める補償を越える内容を規定するにいたっている。たとえば、保険給付の年金化や、1973年に創設された通勤災害制度の創設などはその例である。

(b) 労災保険の保険関係

労災保険の保険者は政府である（労災法２条）。また、労災保険が適用される事業（適用事業）は、労働者を使用するすべての事業であり、業種や規模あるいは雇用されている労働者の雇用形態によって異なることはない（もっとも、国や地方自治体の直営事業および官公署の事業については、別の法律が対応する）。

労災保険の適用を受ける「労働者」について、労災法は定義規定を置いていない。しかし、労災法が労基法に定める補償の履行確保システムであることに鑑みると、労基法に定める「労働者」（同９条）の定義が該当する。すなわち、「労働者」とは、職業の種類を問わず、事業または事務所に使用される者で、賃金を支払われる者をいう（労基法上の労働者概念については、第３章参照）。

そのほか、「労働者」とは認められなくとも、その業務の実態や災害が発生した場合の影響等に照らし、労災保険制度による保護が必要であると考えられる者については、特別加入制度が設けられている。中小事業主およびその事業に従事する者、個人タクシーの運転手や大工などのいわゆる「一人親方」とその家族従事者などが対象となる。また、2021年、2022年には相次いで特別加入の対象が拡大され、フードデリバリー配達員や個人事業主のITエンジニアなども労災保険に加入できることになった（33条、労災保険法施行規則46条の16以下）。

労災保険の保険料を負担するのは事業主である。労働保険や健康保険のように労働者負担分はない。保険料の徴収は、「労働保険の保険料の徴収等に関する法律」（徴収法）に基づいて、雇用保険法に基づく保険料の徴収とともに行わ

図表1　労基法上の災害補償と労災法上の給付との対応関係

労働基準法	労災保険法／業務災害	労災保険法／通勤災害	
療養補償（75条）	療養補償給付（13条）	療養給付（22条）	
休業補償（76条）	休業補償給付（14条）	休業給付（22条の2）	
障害補償（77条）	障害補償給付（15条）	障害給付（22条の3）	
遺族補償（79条）	遺族補償給付（16条）	遺族給付（22条の4）	
葬祭料（80条）	葬祭料（17条）	葬祭給付（22条の5）	
	傷病補償年金（18条）	傷病年金（23条）	
	介護補償給付（19条の2）	介護給付（24条）	第二次健康診断給付（26条）

れる。そのため労災保険にかかる保険料と雇用保険にかかる保険料のことを総称して労働保険料ともいう。他方、特別加入の場合、保険料は全額自己負担である。

(c)　労災保険給付の手続

労災が生じた場合、被災労働者もしくは遺族が労災補償のための保険給付を受ける場合には、所轄の都道府県労働局長または労働基準監督署長に給付請求しなければならない（労災法12条の8第2項）。そして、請求を受けた所轄の都道府県労働局長または労働基準監督署長は、保険給付の支給または不支給（一部不支給も含む）を決定し、遅滞なく、文書で、その内容を請求人等に通知しなければならない。

被災労働者あるいはその遺族は、当該決定について不服がある場合、労働者災害補償保険審査官に対して審査請求をすることができる。また、審査官の決定に不服がある場合には、労働保険審査会に対して再審査請求をすることができる（労災法38条）。労災保険給付の全部または一部不支給の決定は、行政処分に該当するため、請求人等は、その処分の取消しを求めて裁判所に提訴することができるが、その訴えは、原則として、この審査請求および再審査請求にかかる裁決を受けた後でなければ提起することはできない（労災法40条・審査前置主義)。

(d) 労災保険給付の内容

労災補償のために支給される給付は図表1のとおりである。このうち、療養補償給付以外は金銭で給付され、その額は、被災労働者の平均賃金（労基法12条）を基礎に計算される。

たとえ業務上で生じた災害であっても、当該災害が、労働者の故意によって引き起こされたものである場合、保険給付は行われない（労災法12条の2の2)。他方、被災労働者が保険給付を受ける権利は手厚く保護されており、労働者が退職しても変更されることはなく（労災法12条の5第1項)、譲渡、担保または差押え、課税の対象となることもない（同2項および12条の6)。もっとも、労災保険給付のうち、療養補償給付、休業補償給付、葬祭料、介護補償給付および二次健康診断等給付を受ける権利は2年を経過したとき、障害補償給付、遺族補償給付を受ける権利は5年を経過したときは、時効によって消滅する（同42条)。

(i) **療養補償給付**　療養補償給付は、保険者が指定した病院等で、診察、薬剤または治療材料の支給、処置、手術その他の方法で行われる。被災労働者は、診察等にかかる費用を自己負担する必要はない。(労災法13条)。

(ii) **休業補償給付**　休業補償給付は、労働者が業務災害によるケガや病気等の療養のため労働することができず、賃金を受けない場合に、第4日目から支給される。その額は1日につき、給付基礎日額の60%である（労災法14条)。なお、労災保険給付を受ける場合でも第3日目までは労基法76条に基づく休業補償が受けられる。

(iii) **傷病補償年金**　傷病補償年金は、業務災害によるケガや病気等の療養の開始後1年6か月を経過した日またはその後において、そのケガや病気が治っておらず、かつ、ケガ等による障害の程度が厚生労働省令で定める傷病等級に該当する場合に支給される（労災法12条の8第3項、18条)。なお、被災労働者が療養の開始後3年を経過した日において傷病補償年金を受けている場合、または同日後傷病補償年金を受けることとなった場合には、当該3年を経過した日または傷病補償年金を受けることとなった日において、「打切補償」（労基法81条）を支払ったものとみなす。これによって、それまで解雇権の行使を禁止されていた使用者は、当該被災労働者を解雇することができることとなる（同19条１項）。

(iv) **障害補償給付**　障害補償給付は、厚生労働省令で定める障害等級に該当する場合に支給される給付で、大きく、障害補償年金と障害補償一時金に分かれる（労災法15条）。いずれの給付が行われるかは、被災労働者の負った障害の程度（障害等級）による。障害等級１～７級については障害補償年金が、８～14級については障害補償一時金が支給される。

(v) **遺族補償給付**　遺族補償給付は、被災労働者が死亡した場合にその遺族に支給されるものである。遺族補償給付には、遺族補償年金と遺族補償一時金がある。遺族補償年金は、被災労働者の配偶者、子、父母、孫、祖父母および兄弟姉妹であって、被災労働者の死亡当時その収入によって生計を維持していた者に支給される。このうち、妻（事実婚も含む）以外の者にあっては、受給にあたって、年齢の要件が課せられている（労災法16条、16条の２）。遺族補償年金を受ける権利を有する者が２人以上あるときは、遺族補償年金の額は、法規定の額をその人数で除して得た額とする（同16条の３）。遺族補償一時金は、被災労働者の死亡当時遺族補償年金を受けることができる遺族がいない場合等に支給される。遺族補償一時金を受けることができる遺族は、①配偶者、②被災労働者の死亡当時その収入によって生計を維持していた子、父母、孫および祖父母、③②に該当しない子、父母、孫および祖父母ならびに兄弟姉妹であり、当該給付を受ける資格のある者が複数いる場合には、①から③に掲げる順序で受給資格が順位付けされる（同16条の６、16条の７）。

(vi) **葬祭料・介護補償給付・二次健康診断等給付等**　そのほか、葬祭料（労災法17条）、介護補償給付（同19条の２）、二次健康診断等給付（同26条）があり、さらに、社会復帰促進等事業として、保険給付に上乗せされる特別支給金の支給、被災労働者の遺族の就学の援助（就学援護費）、社会復帰支援等がある（同２条の２、29条）。

(e) 業務上災害の認定

労災保険給付の対象事故は、業務上発生したものに限られる（労災法１条）。そのため、労災保険給付の対象となるか否かは、当該事故が「業務上」のものといえるかによる。具体的には、業務と負傷、疾病または死亡等との間に一定の因果関係があることが求められる。ここでいう「業務」とは、労働者が労働契約に基づいて事業主の支配下にある状態のことを指し、これを特に「業務遂行性」と呼ぶ。また、一定の因果関係があることとは、業務が事故という結果の原因事実であり、原因と結果との間に経験則上相当な適合関係があることをいう。これを「業務起因性」と呼ぶ。

問題となる事故に、業務遂行性および業務起因性があることについては、被災労働者が立証しなければならない。もっともその立証の程度は、一点の疑義も許されない自然科学的証明ではなく、経験則に照らして、事実と結果との間に高度の蓋然性を証明することができ、通常人が疑いを差しはさまない程度に真実性の確信をもちうるものであれば、それで足りる。

業務災害が発生する場合としては、①事業主の支配下で、かつ、管理下にあり、業務に従事している場合、②事業主の支配下で、かつ、管理下にはあるが、業務に従事していない場合、③事業主の支配下にあるが、その管理を離れて業務に従事している場合に分けられる。

①は、典型的には、就業時間中の災害であり、たとえば、作業中、用便や飲水等作業中断中、あるいは作業にともなう準備行為や後始末行為中に発生した災害がこれにあたる。この場合、基本的には、私的な行為の介在など業務起因性を否定する特別の事情がない限り、業務災害と認められる。

②の典型的な例は、休憩時間中の災害である。これは、業務遂行時の事故とはいえないため、基本的には業務災害とは認められないが、当該災害が、危険な作業環境や、事業場施設の不備・欠陥に起因する場合には業務災害と認められる。

③の典型的な例は、出張中の災害である。出張には業務遂行性が認められるため、その期間中の災害は原則として業務災害にあたる。もっとも、当該事故が、被災労働者の私的な逸脱行為によって引き起こされた場合には業務起因性が否定され、業務上の災害にはあたらない。

その他、会社主催の運動会や慰安旅行等に参加した際に生じた事故については、原則として、業務遂行性が認められないため、業務上災害とはならない。しかし、当該催しに参加することが会社から強制され、それゆえ業務性があると認められる場合には、業務遂行性および業務起因性が認められることがある。

(f) 職業性疾病

その原因に着目した場合、業務上の疾病は、大きく、災害を原因とする疾病（災害性疾病）と、職業に内在する有害作用等に長期間さらされることにより生ずる疾病（職業性疾病）に分けることができる。前者は、特定の事故が介在する疾病でもある。職業性疾病の場合、業務起因性の立証が困難であり、そのため私傷病として見過ごされやすい。そこで、労基法は、業務内容とそれに典型的に対応する疾病とを組み合わせ、例示的に列挙している（労基法75条２項、労基則別表１の２）。労働者がそこに列挙される疾病に罹患し、かつ、当該労働者の業務内容が従事期間その他の点で当該疾病を引き起こすに足りるものである場合には、特段の反証のない限り、業務起因性が認められることになる。

(g) 過労死

1980年代以降、日本における大きな社会問題となっている「過労死」は、最近まで、業務上疾病として明記されていなかったが（「その他業務に起因することが明らかな疾病」の枠内で判断されていた）、2010年の労働基準法施行規則改正の際に追加された。それによれば、長期間にわたる長時間の業務その他血管病変等を著しく増悪させる業務による脳出血、くも膜下出血、脳梗塞、高血圧性脳症、心筋梗塞、狭心症、心停止（心臓性突然死を含む）もしくは解離性大動脈瘤またはこれらの疾病に付随する疾病とされている（労基則別表１の２第８号）。

問題となるのは、いかなる態様の業務が当該疾病を引き起こすかであるが、この点について、労働省・厚生労働省はこれまで数次にわたり、認定基準に関する行政通達を出してきた（昭和62・10・26基発620号、平成７・２・１基発38号、平成13・12・12基発1063号）。最も新しい平成13年の行政通達によれば、①発症直前から前日までの間において、発症状態を時間的・場所的に明確にできる出来事に遭遇したこと（「異常な出来事」）、②発症に近接した時期（発症前おおむね１週間）において特に過重な業務に従事したこと（「短期間の過重業務」）、③発症前の長期間（おおむね６か月間）にわたって、著しい疲労の蓄積をもたらす特に過重な業務に就労したこと（「長期間の過重業務」、１か月80時間を超える時間外労働が目安とされている）のいずれかの場合に発症した脳・心疾患を、業務上の疾病として取り扱うとしている。

(h) 過労自殺

過労自殺は、過労死と並び、日本において大きな社会問題となっている。通常、労働者の自由な意思による自殺は保険給付の対象とはならない（労災法12条の2の2）。しかし、過労自殺の場合、心因性の精神障害を発症し、心神喪失状態になった結果として自殺したものと考え、当該精神障害の発症について業務起因性が認められる場合には、業務上の疾病にあたるとされる。精神障害も、過労死と同様に、2010年の労基則改正によって業務上疾病のひとつとして明記された。すなわち、人の生命にかかわる事故への遭遇その他心理的に過度の負担を与える事象をともなう業務による精神および行動の障害またはこれに付随する疾病をいう（労基則別表1の2第9号）。

いかなる業務上の事柄が強い心理的負担と判断されるかについては、認定基準に関する行政通達が数次にわたり出されている（平成11・9・14基発544号、平成21・4・6基発0406001号、平成23・12・26基発1226第1号）。労災認定実務においては、心理的負荷の強度の判断は、「業務による心理的負荷評価表」と「業務以外の心理的負荷評価表」を用い、それぞれの表に具体的に示されている負荷を与える出来事とその強度（弱、中、強）の判断に従って行われる。

(i) 複数の会社等で働いている者に対する特別措置

2020年、労災保険法が改正され、複数の会社等に雇用されている労働者（特別加入者を含む）について特別な措置が設けられた。

第1に、労災保険給付のうち、会社を休業したときに給付される休業（補償）給付および遺族（補償）給付については、雇用されているすべての会社等の賃金額の合算額をもとに保険給付額が決定されることになった。従前の制度によれば、たとえばA社（月給20万円）とB社（月給15万円）でダブルワークをしている労働者が、B社で労災事故に遭った場合、保険給付はB社での収入をもとに算定されていた。しかし、法改正により、2社の合計賃金額35万円を基礎に保険給付額が算定されることになった。

第2に、過労や精神障害等の疾病が労災にあたるか否かの判断をする際に行われる、仕事での負荷（労働時間やストレス）の評価方法についての特別な扱いである。従前は、複数の会社等で雇用されている場合の仕事での負荷は、それぞれの会社等での負荷で評価され、労災認定の可否が判断されていた。しかし、今回の法改正により、雇用されている会社等のうち1つの会社等における仕事での負荷を個別に評価しても労災認定できない場合、雇用されているすべての会社等における仕事での負荷を総合的に評価して労災認定できるかを判断することとなった。つまり、A社とB社でダブルワークをしている労働者が精神疾患に罹患した場合に、A社ないしB社それぞれでの労働時間やストレスの程度に照らせば労災認定基準に満たない場合であっても、AおよびB社での仕事の負荷を総合的に評価した場合には労災に該当すると判断される可能性があるということである。

昨今、ダブルワーカー、トリプルワーカーといった複数の会社で働く労働者（複数事業労働者）はめずらしいものではなくなった。そういった社会の現実に対応すべく設けられた措置であるといいうる。

(3) 通勤災害に対する補償

通勤災害とは、労働者が通勤途上において負傷、疾病、死亡したり、障害が残る場合をいう。ここでいう「通勤」とは、労働者が就業のために、①住居と就業の場所との間の移動、②一つの就業の場所から他の就業の場所への移動、③単身赴任をしている場合の単身赴任先住居と帰省先住居との間の移動を、合理的な経路および方法により往復することを指し、業務の性質を有するものを除く（労災法7条2項）。移動にあたっては、原則として、中断または逸脱があってはならず、中断または逸脱がある場合には、その後の行程についても通勤とは認められない。ただし、当該逸脱または中断が、日常生活上必要な行為である場合は、当該逸脱または中断の間を除き、「通勤」と扱われる（同3項）。「日常生活上必要な行為」とは、具体的には、日用品の購入その他これに準ずる行為、職業訓練等職業能力の開発向上に資するものを受ける行為、選挙権の行使その他これに準ずる行為、病院等において診察や治療を受ける行為、要介護状態にある配偶者、子、配偶者の父母などの介護のために必要な行為である（労災則8条）。

通勤災害にあたると認定された場合、被災労働者は、療養給付（労災法22条）、休業給付（同22条の2）、障害給付（同22条の3）、遺族給付（同22条の4）、葬祭給付（同22条の5）、傷病年金（同23条）、介護給付（同24条）を受けることができる。

通勤災害に関する給付は、基本的に、業務災害に関する保険給付と同一の内容である。療養給付の場合、通勤災害の場合には200円を超えない範囲内の額を負担するとされているが（労災法31条２項）、実務上は、休業給付の額から一部負担金相当額を減額して、一部負担金の徴収に代える扱いがなされている。

3　使用者に対する損害賠償請求

(1)　安全配慮義務

労災に被災した労働者あるいはその遺族は、労災認定を受け、労災保険給付を受給することができる。しかし、それとは別に、使用者を相手取って損害賠償請求を行うことも可能である（併存主義、労基法84条２項を参照)。この併存主義が採られた背景には、労災補償保険制度には被災労働者またはその遺族の精神的損害の填補が含まれていないこと、休業（補償）給付や障害（補償）給付には、個別の労働能力喪失の程度が見込まれていないことなどがあげられる。

損害賠償請求の法的根拠は、一般に使用者が労働契約上負う「安全配慮義務」にある。最高裁は、車両整備工場で車両整備に従事中、大型自動車にひかれ死亡した自衛隊員の両親が、使用者たる国に対して損害賠償を請求した事案（陸上自衛隊八戸車両整備工場事件・最判昭和50・２・25労判222号13頁）において、国は公務員の「生命及び健康等を危険から保護するよう配慮すべき義務（以下「安全配慮義務」という）を負つて」おり、それは、「ある法律関係に基づいて特別な社会的接触の関係に入つた当事者間において、当該法律関係の付随義務として当事者の一方又は双方が相手方に対して信義則上負う義務として一般的に認められるべきもの」と述べた。それ以来、使用者による安全配慮義務が果たされず、労働者が労災にあった場合、使用者の安全配慮義務違反という債務不履行（民法415条）に基づく損害賠償請求の法理が確立した（川義事件・最判昭和59・４・10労判429号12頁)。現在では、労契法５条が、「使用者は、労働契約に伴い、労働者がその生命、身体等の安全を確保しつつ労働することができるよう、必要な配慮をするものとする」と規定している。

安全配慮義務の具体的な内容としては、機械設備などの不備や有害物質の飛散する環境の改善あるいはそれに対する防止策をとることのほか、ハラスメント等が生じないよう職場の環境を整える義務も含まれる。この内容は、注意義務の内容と同じである。

また、近年特に問題となっている過労死、過労自殺について、過重労働が重大な原因となっていることに鑑み、使用者には労働時間を適切に把握する義務や適切な労働条件を確保する義務、人員配置などの点で配慮する義務などが認められる。さらに、労働者の健康状態を把握し、勤務の軽減などの措置をとる義務も、安全配慮義務や注意義務の内容の一つであり（電通事件・最判平成12・3・24労判779号13頁）、このような義務を使用者が果たさなかったために労災が生じたという場合には、使用者は損害賠償責任を負う。

さらに今日では、被災労働者や遺族が、健康・安全等にかかる使用者の注意義務違反を理由に、不法行為に基づいて損害賠償請求するケースも増えている。立証責任の点で安全配慮義務と注意義務にそれほど違いがなく（航空自衛隊芦屋分遣隊事件・最判昭和56・2・16判時996号47頁）、遺族固有の慰謝料請求や遅延損害金の起算点の点などではむしろ不法行為構成による方が労働者側に有利（大石塗装・鹿島建設事件・最判昭和55・12・18判時992号44頁）だからである。

(2) 労災保険給付と民事賠償との調整

このように、労災により被害をこうむった労働者あるいはその遺族は、労災保険給付請求と損害賠償請求のいずれも可能である。もっとも、被災労働者あるいはその遺族が、こうむった損害を二重に填補されることは認められない。

それを回避するために一定限度で調整が必要となるが、労災保険法は、民法上の損害賠償との調整に関する規定を有しない。そこで労基法84条2項の規定が類推適用され、次のように扱われている。すなわち、労基法が規定する災害補償は、民法による損害賠償との関係について、使用者が労基法に基づく補償を行った場合には、同一の事由については、その価格の限度において民法による損害賠償の責めを免れると規定するが（労基法84条2項）、これと同様の扱いを、労災保険給付でも行うというものである。なお、財産的損害のうちの積極損害（入院雑費、付添看護費はこれに含まれる）および精神的損害（慰謝料）は保険給付が対象とする損害に含まれない。

⑶ 第三者の行為によって労働災害が生じた場合

労働者が、たとえば外勤業務などの仕事のために外出している際に、見知らぬ他人の運転する自動車にはねられ、負傷したとする。このように、被災労働者やその事業主以外の行為によって発生した業務災害や通勤災害を「第三者行為災害」と呼ぶ。

第三者行為災害が労災と認められる場合、被災労働者あるいはその遺族は、当然、労災保険の保険給付を受ける権利を有するが、同時に、当該災害を引き起こした第三者に対して不法行為に基づく損害賠償請求を行うことができる。しかし、被災労働者あるいはその遺族が、それらの権利を行使することによって、損害を二重に補填することは認められない。そこで、労災保険法は次のような調整を行っている（労災法12条の４）。すなわち、被災労働者あるいはその遺族に対して、先に、労災保険から保険給付が行われた場合は、保険者たる政府は、その給付額の限度で、被災労働者あるいはその遺族が、第三者に対して有する損害賠償請求権を取得する。そして、政府は、取得した損害賠償請求権に基づき、第三者に対して、労災給付相当額を請求する（求償）。他方、被災労働者あるいはその遺族が、先に、第三者から損害賠償を受けた場合には、政府は労災保険の給付額からその額を差し引いて支給する（控除）。

〈参考文献〉

・西谷敏ほか編『新基本法コンメンタール　労働基準法・労働契約法　第２版』（日本評論社、2020年）第８章
・柴田洋二郎「労働安全衛生法概説」西谷敏ほか編『新基本法コンメンタール　労働基準法・労働契約法　第２版』（日本評論社、2020年）
・「労働法の争点」（2014年）第Ⅵ章
・有田謙司「安全衛生・労災補償の法政策と法論理」、川田知子「過労死と安全衛生・労災補償」、青野覚「職場におけるメンタル・ヘルス不調による精神障害・自殺の補償と予防」、三柴丈典「使用者の健康・安全配慮義務」『講座労働法の再生３巻』（日本評論社、2017年）所収

第4部　労働条件

第14章

企業内でのキャリア形成

Introduction

労働者は、仕事を通じて職業能力を取得し、それを向上させていく。こうしたキャリア形成が、雇用の安定をもたらし、また賃金の上昇につながる。

日本でのキャリア形成には大きな特徴がある。すなわち、長期雇用を前提とする正社員は、一般に採用時に職種や勤務地が決まっておらず、新入社員研修を受けてから配属が決まる。その後も、数年ごとにさまざまな職種に配置換えされ、企業内でキャリアを積んでいく。このような人事異動は、担当する職務内容の変更だけでなく、転勤のように生活環境の大幅な変更をともなうことがある。そのために人事異動が労働者のキャリア形成に有益であったとしても、労働者の生活に与える影響が大きい場合には、その有効性が争われることがある。

人事異動には、同一企業内での職種・勤務地等の変更である配転、元の企業に在籍したままでグループ企業などの別の企業で就労する出向、元の企業から完全に他企業に移籍する転籍がある。これらは職種・勤務地等の変更という点では共通であるが、労務提供先や労働契約上の地位の変更の有無という点で明確に区別されるため、人事異動を命じる要件やその範囲も異なる。

1　企業内でのキャリア形成

長期雇用慣行の下では、労働者は職務や勤務地を限定せずに採用されるのが一般的である。そして、さまざまな職種に配置換えされ、経験を積み、労働者は企業内で自らのキャリアを形成していく（OJT = On-The-Job Training）。人事異動は定期的にローテーションで行われ、当該労働者の企業内における専門性は次第に絞られていく。OJT では、企業ごとに固有のキャリア形成が行われるため、必ずしも退職した後に他の会社で通用するキャリアが形成されるとは限らない。

OJT の他に企業外での研修など担当職務を外れて行われるキャリア形成（Off-JT = Off-The Job Training）もあるが、あまり重視されていない状況にある。長期雇用が保障されない状況になってくると、他企業で必要とされるキャリア形成のために、労働者が主体的に企業外での教育訓練を受ける必要が高まってくるが、その機会もあまり設けられていない（教育訓練のための特別休暇を設けている企業もあるが、ごくわずかである）。

潜在的な職務遂行能力により評価される職能資格制度の下では、企業内でのキャリア形成は労働者自らの労働能力の形成というだけではなく、賃金決定にも大いに関係する。具体的には、職能資格制度の下での昇進、昇格、降格などの格付けの際に影響が生じる（第９章を参照）。

2 配　転

(1) 配転の意義と目的

配転とは、同一企業内で、労働者の職種や職務内容、または勤務場所等の配置を長期にわたって変更する人事異動をいう（これらの変更が一時的な場合として出張がある）。配転はさまざまな目的をもって行われる。欠員が生じたり業務量が拡大した場合などの人員不足の補充のための配転、長期的な人材育成のための定期的な人事異動の一環としての配転、そして不採算部門に生じた余剰人員の雇用確保のための他部門への配転などである。

(2) 配転命令の法的根拠

配転は、通常、使用者の判断に基づき、配転命令という形で行われる。配転は、一定期間にわたって職種や職務内容あるいは勤務場所など労働契約の重要な内容を変更するものであるため、使用者が配転を命じるには明確な法的根拠が必要となる。

配転命令権の法的根拠について、労働契約は労働者が労働力の処分を包括的に使用者に委ねる契約であるから、別に特約のない限り、使用者は一方的に配転を命じうるとする説（包括的合意説）と、労働契約では職種や職務内容、勤務場所は合意によって定まるものであり、使用者は合意された範囲内でのみ配転を命じうるとする説（労働契約説）とが対立している。両説の対立点は、労働契約というものが、原則として使用者に広範な労働力処分権を付与するものであるととらえるか、という点にある。

両説は鋭く対立するようにみえるが、実際上の差異は必ずしも大きくない。包括的合意説も、職種や職務内容、勤務場所等の限定特約を認める点で労働契約説に接近するし、労働契約説は具体的合意だけでなく包括的内容の合意も許容する点で包括的合意説に接近するからである。具体的には、就業規則や労働協約に「会社は業務上の必要がある場合に労働者に配転を命じることがある。労働者は正当な理由なくこれを拒否できない」といった規定が設けられていることが多く、両説ともこの規定から配転命令権を導く。これに対して職務内容や勤務場所が限定されている場合には、これを変更する配転命令権は否定され、配転についてあらためて労働者の同意を得なければならない。

判例は、労働協約や就業規則の配転規定を根拠に使用者の配転命令権を肯定する（東亜ペイント事件・最判昭和61・7・14労判477号6頁、日産自動車村山工場事件・最判平成元・12・7労判554号6頁）。もっとも、職種等の限定合意がある場合はそれが優先するため（就業規則につき、労働法7条ただし書）、配転命令権は当該合意の範囲に限定される。職種や勤務地が限定されているかどうかについて判断する。ただし、長期雇用を前提とする正社員は職種や勤務地の限定をせずに採用されるのが一般的であることから、判例は職種等の限定を肯定することに消極的である。たとえば、入社以来アナウンサーとして24年間就労していた者がニュースの編成業務などに配転されたケース（九州朝日放送事件・最判平成10・9・10労判757号20頁）では、アナウンサーとしての職種限定の明示の合意も黙示の合意も認められなかった。しかし、このような配転は労働者が特定職種について培ってきた長年のキャリアを無にすることにもなるため、職種等の限定の黙示の合意を認めることに過度に消極的になるべきではない。また、職種等の限定に明示の合意がなくても、長年特定職種においてキャリアを積んできた労働者に対する配転については、使用者は当該労働者のキャリア形成に著しい不利益が生じないよう、慎重に命じるべきと思われる。

(3) 配転命令権の限界

使用者に配転命令権が認められても、その行使が労基法3条等の強行法規に反してはならない。また、配転命令権の行使は権利の濫用となってはならず、権利濫用とされた配転命令は無効となる（民法1条3項、労契法3条5項）。判例は配転命令が権利濫用となるケースを以下の3つに大別している（前掲・東亜ペイント事件）。まず、①業務上の必要性が存しない配転命令である。この業務上の必要性は、労働力の適正配置、業務の能率増進等で足りる。また、業務上の必要性があっても、②嫌がらせや退職に追い込むなどの不当な動機・目的による配転命令は権利濫用となる。

さらに、③「労働者に対し通常甘受すべき程度を著しく超える不利益を負わせる」配転命令は権利の濫用となる。この権利濫用性の判断では、業務上の必要性と労働者の不利益性の比較衡量が行われることになる。なお、運行管理者の資格を持ち運行管理業務に従事していた労働者に対する倉庫業務への配転命令が、労働者に著しい不利益を負わせたものとして無効とされた裁判例があるが（安藤運輸事件・名古屋高判令和3・1・20労判1240号5頁）、労働者のキャリアへの配慮という点から注目される。

労働者のこうむる不利益性について、ワーク・ライフ・バランスの観点から、判例には大きな変化がみてとれる。裁判例では、遠隔地の単身赴任（前掲・東亜ペイント事件、帝国臓器事件・東京高判平成8・5・29労判694号29頁）や通勤時間が片道2時間弱となり、それまで可能であった育児が難しくなるような配転命令（ケンウッド事件・最判平成12・1・28労判774号7頁）は、権利濫用と判断されていない。そして、労働者本人に精神疾患があるなど健康状態に問題がある場合（損害保険リサーチ事件・旭川地決平成6・5・10労判675号72頁）や、2人の子どもが病気で、両親も体調不良である場合（北海道コカ・コーラボトリング事件・札幌地決平成9・7・23労判723号62頁）など、労働者側に同情すべき重大な事情が存在する事例でしか、権利濫用は認められてこなかった。

これに対して、ワーク・ライフ・バランスの観点が次第に重視されるようになっている。2001年に育児・介護休業法が改正され、人事異動に際して労働者の育児または介護の状況に対する配慮を使用者に義務付ける26条が追加されたこともその一助となっている。たとえば共働きで３歳以下の子どもが重度のアトピー性皮膚炎に罹患している事案で、同条が引用され、配転命令を強要する態度に終始したとして権利濫用にあたるとされている（明治図書出版事件・東京地決平成14・12・27労判861号69頁）。使用者が労働者の意見聴取を全く行わずになされた転勤命令は、同条に違反し権利濫用にあたり無効とされる（ネスレ日本（配転）事件・大阪高判平成18・４・14労判915号60頁）。さらに、家族の介護が難しくなるケースにおいても同様の判断がされている（NTT 東日本事件・札幌高判平成21・３・26労判982号44頁）。2007年の労働契約法制定では、仕事と生活の調和への一般的配慮義務が使用者に課されており（労契法３条３項）、ワーク・ライフ・バランスへの配慮が労働法において次第に重要な位置を占めつつある。先の最高裁判例の判断枠組みは、その点で修正を受けていると考えることができる。

なお、労働協約や就業規則に配転手続に関する条項（人事協議・同意条項）が置かれている場合には、それに反する配転命令も権利の濫用として無効となろう。

配転と同時に降格が行われることがあるが、この場合、配転命令にともない賃金も引き下げられることになる。そのため、通常の配転命令の有効性判断よりも厳格な判断が行われるべきであり、具体的には降格の有効性も考慮された判断が行われるべきである（日本ガイダント事件・仙台地決平成14・11・14労判842号56頁）。

3　出　向

(1)　出向の意義と目的

出向とは、本来の使用者（出向元）の従業員としての地位を維持しながら（休職扱いになる）、他の使用者（出向先）の下で長期にわたり就労させる人事異動をいう。出向も多様な目的により行われる。たとえば、子会社や取引先の役員としての出向、経営や技術指導のための出向、人材育成や新技術習得のための出向、中高年労働者の定年退職の準備のための出向、不採算部門の人員整理のための出向、企業グループ内での人事異動としての出向などがある。

(2) 出向命令権の法的根拠

出向は労働契約の要素である労働の提供の相手方が変わるものであり、指揮命令権者も当然に変更される。その点で、配転の場合よりも労働者への影響が大きい。また、出向にともない賃金が引き下げられるなど労働条件が大きく変更される場合もある。そのため、使用者が出向を命じるには、配転よりもいっそう厳格な法的根拠が必要であり、かつ、その有効性判断も厳格に行われなければならない。

出向において労務を提供する相手方を変更することは、労働契約の本質的要素の変更であるため、そもそも、使用者は労働者の同意がなければ出向を命じることはできない。出向では、使用者の労務提供請求権が第三者に譲渡されるが、これをするためには、労働者の「承諾」が必要となる（民法625条1項）。ここにいう労働者の「同意」（承諾）は、個別同意を意味するとする説だけでなく、就業規則等に出向を命じる規定があれば足りるとする包括的同意説も主張されている。たとえば、ある最高裁判決は、労働協約と就業規則に出向を命ずる旨の規定があり、労働協約に出向中の賃金などの労働条件について出向労働者の利益に配慮した詳細な規定がある事案で、使用者は労働者の個別同意なしに出向を命じることができるとしており、包括的同意説を採っているとみられる（新日本製鐵事件・最判平成15・4・18労判847号14頁）。

この最高裁判決のような包括的同意説であっても、労働者の包括的な同意が肯定されるには出向先での労働条件が具体的に明確化され、労働者の不利益への配慮がなされていることが条件となる（条件付包括的同意説や具体的同意説などと呼ばれる）。出向が企業経営上必要、かつ労働者のキャリア形成にも有用であることから、出向に常に個別的同意を要求するのは硬直的にすぎる。ただし、出向は労務提供先が変わるだけでなく、賃金などその他の労働条件の変更をともなうこともあるため、労働者が出向にともなって不利益をこうむらないように、配転よりも厳格な内容での同意を要求すべきであり、条件付包括同意説が妥当であろう。

(3) 出向命令権の限界

使用者に出向命令権が認められる場合でも、出向命令がその必要性、対象労働者の選定状況などの事情に照らして権利濫用と認められる場合には、無効となる（労契法14条）。この判断においては、配転同様、業務上の必要性と労働者の不利益の衡量が行われる。たとえば、勤務態度不良で管理職としての適格性を欠くと認識していた労働者を、出向という手段を利用して職場から放逐しようとしたと推認される場合に、出向命令は権利濫用とされる（ゴールド・マリタイム事件・大阪高判平成2・7・26労判572号114頁）。また、事前に決められた出向期間を延長する場合には、就業規則等の出向規定に出向期間の延長要件などが明確にされていない限り、権利の濫用にあたると解すべきである。

(4) 出向中の労働関係と復帰

出向中、労働者の従業員としての地位は出向元との間で維持されるとともに、出向先との間にも労働関係が成立する。出向先と労働者との関係は、労働者派遣の場合のように単なる指揮命令とその服従の関係とは異なる。

とはいえ出向先と出向労働者の関係は、通常の労働契約の関係とは異なっている。たとえばけん責や戒告あるいは減給などの比較的軽微な懲戒処分は出向先でも行うことはできるが、普通解雇や懲戒解雇のような従業員身分の得喪に関する権限は、通常は出向先には認められない。こうした事情が生じた場合には、いったん出向関係を解除して、出向元がそれを行うことになる。

出向は、一定の期間が満了したら出向元に復帰するのが一般的である。他方、期間の定めのない出向中は、使用者は特別の事情がない限り（出向元での懲戒など）、労働者の同意なく復帰を命じることができるとした例がある（古河電気工業・原子燃料工業事件・最判昭和60・4・5労判450号48頁）。

4 転　籍

転籍とは、本来の使用者との労働契約関係を解消し、他の使用者の下での労働契約関係を成立させるものをいう。これは、新労働契約の成立が旧労働契約の解約の前提となっており、その意味で転職とは異なる。

転籍は、旧労働契約の解約をともなうものであるため、使用者は労働者に一方的に転籍を命じることはできず、常に労働者の個別の同意が必要となる（三和機材事件・東京地判平成7・12・25労判689号31頁）。採用の際に転籍についての明確な説明があり、転籍が会社の人事体制に組み込まれ永年継続されてきたなどの事情から、労働者は入社時に転籍についての包括的な同意を会社に与えたとする例がある（日立精機事件・千葉地判昭和56・5・25労判372号49頁）。しかし、採用時の労働条件のうち転籍についてのみ労働者が拒否できると解するのは非現実的であるから、これは認められるべきではない。

5　昇進、昇格、降格、人事考課

労働者の企業内のキャリア形成にも大いに影響するものとして、昇進、昇格、降格がある。これらの前提には人事考課がある。

(1)　人事考課

人事考課は、昇進、昇格等の人事上の処遇のほか、賞与などの賃金決定に際しても行われる。一般に、職務遂行に必要な知識技能、管理・指導能力、責任などの各項目について判断される。通常、人事考課における労働者の評価やその具体的方法は人事上の機密とされ、労働者本人に開示されることはない。

使用者が行う昇進、昇格、降格などの人事処遇の決定権は人事権と呼ばれるが、その行使は使用者の広い裁量に委ねられている。人事処遇の内容は多様である上に、その決定においては主観的判断も必要であることから、使用者に広範な裁量を認めざるをえない。

しかし、違法な差別にあたるなど法令に違反する場合（労基法3条、均等法6条、労組法7条など）や、人事考課が裁量の範囲を著しく逸脱するような場合には、人事考課は権利濫用（民法1条3項、労働法3条5項）として違法となり、労働者は損害賠償請求をすることが可能となる（紅屋商事事件・仙台高判昭和63・8・29労判532号99頁）。具体的には、人事考課の手続や基準を就業規則等で定めてこれと異なる人事考課を行い、労働者を低く評価していたケースや（マナック事件・広島高判平成13・5・23労判811号21頁）、一定の条件で昇格することを労働者に期待させておきながら、それと異なる人事考課を行い、労働者を長年昇格させなかったケースで（ヤマト運輸事件・静岡地判平成9・6・20労判721号37

頁）、不法行為に基づく損害賠償請求が認められている。

人事考課では、評価の内容などが必ずしも明らかにされないことなどから、労働者が自己への評価に不満をもち、人事考課を不公正と感じるケースも多いであろう。そこで、使用者は公正な人事考課を行う義務を負うと解する学説がある。人事考課が賃金という重要な契約内容を決定する行為である以上、それは公正に行われるべきであるが、何が公正であるのかの立証は難しい。

(2) 昇進、昇格

職能資格制度の下で、資格等級が上がることを昇格といい、職位が上昇することを昇進という。昇進・昇格とは逆に資格等級や職位が引き下げられることを、まとめて降格という。

昇進・昇格は、使用者の決定により効果が発生するが、これは使用者の裁量により決定される。したがって、仮に労働者を昇進・昇格しなかったことが違法とされた場合でも、昇進・昇格の実現を求めて地位確認請求をすることは相当に困難である。ただし、一定要件をみたすと自動的に昇格する制度があったケースのように、昇進・昇格の決定が使用者の自由な裁量から離れ、客観的に行われる場合には、昇進・昇格した地位の確認請求が認められる（芝信用金庫事件・東京高判平成12・12・22労判796号5頁）。

こうした事情がない限り、労働者は昇進・昇格における差別的取扱いについて、不法行為に基づく損害賠償請求をすることができるにとどまる。その結果、昇進・昇格が違法であると評価されても昇進や昇格自体が認められるわけではないので、これにかかわる紛争が根本的には解決されることはない。日本の雇用平等法全般にかかわる問題でもある。

(3) 降　格

降格も人事権の行使ではあるが、これには通常、賃金の引下げをともなうし、労働者のキャリア形成にとって大きなマイナスになるため、使用者の広範な裁量を認めることには慎重になるべきである。降格には資格等級の引下げと職位の引下げとがある。

職能資格制度の下では労働者の職務遂行能力は、個人差はあるとしても、次第に蓄積されることが前提とされており、いったん獲得した職務遂行能力が失われることは想定されていない。このことから、資格等級の引下げには就業規則等の労働契約上の根拠が必要であると考えられる（アーク証券（本訴）事件・東京地判平成12・1・31労判785号45頁）。また、契約上の根拠がある場合でも、労働者の従前の資格等級に要求される能力と比べ著しく劣っていることを使用者が主張立証するなど、降格の明確な理由を示すことが使用者に求められるべきである（マッキャンエリクソン事件・東京高判平成19・2・22労判937号175頁）。また、降格による給与減額の不利益の程度も考慮されなければならない（給与が半減する降格が無効とされたケースとして、日本ドナルドソン青梅工場事件・東京地八王子支判平成15・10・30労判866号20頁）。

他方、職位の引下げは、人事権の行使として、就業規則等に根拠がなくとも行いうると解されている（エクイタブル生命保険事件・東京地決平成2・4・27労判565号79頁）。しかし、職位の引下げも裁量の範囲を逸脱してはならず、業務上の必要性や、降格される労働者の帰責性、賃金の引下げの不利益の程度などを総合考慮して、裁量の範囲の逸脱の有無が判断されることになる（大阪板金工業組合事件・大阪地判平成22・5・21労判1015号48頁）。

6　就労請求権

労働者のキャリアは、実際に労働に従事することによって形成され発展していく。また、現実に労働に従事することは、労働者によって喜びでもあり（したくても労働できない状態を考えて頂きたい）、社会との関係を作っていくうえでも欠かすことができない。通説・判例では、使用者との間に特約があったりあるいは就業規則に定めがある場合（大学講師の例として学校法人栴檀（せんだん）学園事件・仙台地判平成9・7・15労判724号34頁）、また、実際の労働の従事に特別の利益がある場合（レストランの調理人について、レストラン・スイス事件・名古屋地判昭和45・9・7労判110号42頁）を除いて、労働者の就労請求権を否定している。使用者には報酬支払い義務はあるが（民法623条、労契法6条参照）、労務受領義務はない、というのがその理由である。

上述した、労働することがもつ経済的、人格的、社会的意義を考えた場合には、労務受領が使用者に甘受しがたい事情がある場合を除いて、原則として労働者の就労請求権は肯定されるべきである。

〈参考文献〉
・名古道功「人事異動」西谷敏・根本到『労働契約と法』（旬報社、2010年）205頁以下
・小畑史子「使用者の人事権と労働者の職業キャリア・個人の生活および事情」『講座労働法の再生２巻』（日本評論社、2017年）

第4部　労働条件

第15章

懲戒処分

Introduction

今日の労働法において、懲戒処分とは、使用者が労働者に課す制裁であるとの理解が一般的である。懲戒とは、目上の使用者がよからぬことを行った目下の労働者を懲らしめる制度であるという観念が、ほとんど無意識のうちに前提にされているように見受けられる。そして、なぜ懲戒をする側が使用者に限られ、される側が労働者のみであるのかという問題については、ほとんど研究がなされていない。

しかし、現実に目を向けるならば、使用者（企業経営者）によるコンプライアンス違反ないしそれに準じた行為が横行しており、それによって企業のイメージが傷つき、結果として、企業構成員全員が重大な損失をこうむることのあることもまた、周知の事実である。あらためて、企業および企業秩序とは何か、企業における懲戒制度とはいかなるものであるべきか、などの問題について根本的に考える必要がある。

1　懲戒制度の問題点

(1)　企業秩序

(a)　判例の説く企業秩序

判例が使用者による懲戒処分を正当化するためにしばしば用いてきたのが、企業秩序という概念ないし用語である。この概念は次のように説明されている。「使用者がその雇用する従業員に対して課する懲戒は、広く企業秩序を維持確保し、もって企業の円滑な運営を可能ならしめるための一種の制裁罰である。従業員は、雇用されることによって、企業秩序の維持確保を図るべき義務を負担することになるのは当然のことといわなくてはならない」(国鉄中国支社事件・最判昭和49・2・28判時733号18頁)。また、「労働者は、労働契約を締結して雇用されることによって、使用者に対して労務提供義務を負うとともに、企業秩序を遵守すべき義務を負い、使用者は、広く企業秩序を維持し、もって企業の円滑な運営を図るために、その雇用する労働者の企業秩序違反行為を理由として、当該労働者に対し、一種の制裁罰である懲戒を課することができる」(関西電力事件・最判昭和58・9・8労判415号29頁)。上記の判例は、使用者が懲戒権者、労働者が懲戒対象者となることを当然視している点が特徴的である。

とはいえ、使用者が懲戒権者であり、労働者が懲戒対象者となるということを前提としていない次のような判例もあることに留意したい。たとえば、富士重工事件は次のように判示する。「企業秩序は、企業の存立と事業の円滑な運営の維持のために必要不可欠なものであり、企業は、この企業秩序を維持確保するため、これに必要な諸事項を規則をもって一般的に定め、あるいは具体的に労働者に指示、命令することができ、また、企業秩序に違反する行為があった場合には、その違反行為の内容、態様、程度等を明らかにして、乱された企業秩序の回復に必要な業務上の指示、命令を発し、又は違反者に対し制裁として懲戒処分を行うため、事実関係の調査をすることができることは、当然のことといわなければならない」(富士重工事件・最判昭和52・12・13労判287号7頁)。この判決は懲戒権者を「企業」としており、使用者とは特定していない。同様の点は、国鉄札幌運転区事件にも認められる。すなわち、「企業は、その存立を維持し目的たる事業の円滑な運営を図るため、それを構成する人的要素及びその所有し管理する物的施設の両者を総合し合理的・合目的的に配備組織して企業秩序を定立し、この企業秩序のもとにその活動を行うものであって、企業は、その構成員に対してこれに服することを求めうべく、その一環として、……その物的施設を許諾された目的以外に利用してはならない旨を、一般的に規則をもって定め、又は具体的に指示、命令することができ、これに違反する行為をする者がある場合には、企業秩序を乱すものとして、……制裁として懲戒処分を行うことができる」(国鉄札幌運転区事件・最判昭和54・10・30労判392号

12頁)。同判決は、企業秩序に服すべきは「企業の構成員」としている。企業とは、いうまでもないが、労働者と使用者から構成される組織である。

では上記判例において企業秩序に違反するとされた行為は、具体的にどのようなものだったのだろうか。前掲・国鉄中国支社事件においては、休職中に職場外で、組合活動に関連して警官の身体的自由を奪おうとした者が、公務執行妨害罪による執行猶予付きの有罪判決を受けたことが企業秩序違反とされ、その者の免職処分が肯定された。また、前掲・関西電力事件においては、就業時間外に社宅において会社を批判する内容のビラを配布し、労働者の会社に対する不信感を醸成したことが企業秩序を乱す行為であるとして、懲戒処分が有効とされた。さらに、前掲・国鉄札幌運転区事件においては、使用者の許諾を得ないで、労働組合の活動の一環として企業施設にビラ貼りをすることが企業秩序違反とされ、これを理由とする懲戒処分が有効とされた。こうした事例から分かるのは、労働者の行為が、使用者にとって都合の悪いものであれば、たとえそれが職場外でなされた職務遂行に関係のない行為であっても、企業秩序違反とされ、懲戒処分が有効とされてきたことである。前掲・国鉄札幌運転区事件は、抽象的規範の次元では「企業」が懲戒権者であるとしながらも、具体的判断においては使用者が労働者に懲戒処分を課すことを肯定している。

(b) 学説の反応

判例が繰り返し用いてきた企業秩序という概念ないし用語に対し、学説の反応はさまざまである。企業秩序が企業の維持運営に不可欠であることは、何人も否定しがたいと論じる説（便宜上、肯定説としておく)、集団的性格をもつ現代の労働関係においては職場規律の保持は不可欠の要請であるため、労働者が労働契約上負うべき義務に職場規律に従って労働する義務は含まれるとしても、企業秩序遵守義務といった包括的な義務は認められるべきではないと唱える説（便宜上、否定説としておく）のほか、企業秩序は（懲戒処分を正当化するための）単なる説明概念にすぎないとする説なども存在する。

(2) 労契法15条

労契法15条は、「使用者が労働者を懲戒することができる場合において、当該懲戒が、当該懲戒に係る労働者の行為の性質及び態様その他の事情に照らして、客観的に合理的な理由を欠き、社会通念上相当であると認められない場合は、その権利を濫用したものとして、当該懲戒は、無効とする」と規定する。本条は、「使用者が労働者を懲戒することができる場合において、当該懲戒が、当該懲戒に係る労働者の行為の性質及び態様その他の事情に照らして」という規定の仕方から、懲戒権者が使用者、懲戒対象者が労働者であることを前提としている。

(3) 考 察

思うに、現代・資本主義社会における労働が集団で協業的に行われるものであるということ（労働の集団的性格）が要請する企業秩序という思考、およびその企業秩序を維持するための一手段としての懲戒制度は、否定さるべきものではない。労働者と使用者は労務と賃金の取引を約して労働契約を締結し、そのような労働契約の束によって形成される企業は、労働者・使用者の別なくすべての構成員がともに働く組織である。企業という協働組織の構成員となった当事者が、この協働組織を成り立たしめるための「企業秩序」を遵守しなければならないことは、労働契約を締結する際に、両当事者とも、少なくとも暗黙の形で同意していたはずである。ここに、企業が労働者・使用者の別なく、企業秩序に違反する構成員に対してすべての違反行為に見合うだけの制裁の制度（懲戒制度）を設ける根拠がある。このように考えてくるならば、企業において、懲戒権者は使用者ではない。それは、企業という組織体におけるさまざまな職務を遂行する「企業秩序」共同体でなければならない。この「企業秩序」共同体の一執行機関としての懲戒委員会が、使用者・労働者の別なく、「企業秩序」に違背した者に対して、懲戒権を行使しうると考えねばならない。また、懲戒対象者に使用者が含まれることも前提とするならば、労働者側からの懲戒請求は当然に可能とされなければならない（懲戒権者が使用者であるということを前提とする判例の説く企業秩序と、筆者が意味する「企業秩序」は異なることを明らかにするために、筆者の説く「企業秩序」にはカギ括弧をつけて表記する）。

企業が協働組織であることは、企業秩序肯定説も否定説も等しく認めている。にもかかわらず、肯定説は企業秩序を肯定し、否定説はこれを否定する。否定説は、恐らく、判例が実際上企業秩序違反と認定した行為が、労務の提供とは関連性のない行為――就業時間外に行われた行為（組合活動を含む）であっても使用者にとって不都合なもの――であることに大いに疑問を抱き、判例の説く企業秩序が明らかに職場という協働（ともに作業をし働く）組織の秩序を越えるものとなっている点を批判して、企業秩序遵守義務といった包括的な義務は認められるべきではないと唱えたのだろう。確かに、判例の説く企業秩序は、司法が労働関係を、使用者を主君、労働者をその従者とする身分契約ととらえているのではないかという疑念を生じさせるものであり、否定説はこの点においては傾聴に値する。

しかしながら、企業秩序否定説は肯定説と同様に、使用者が懲戒権者であり、労働者が懲戒対象者となることに疑いを挟まない点で問題ありといわざるをえない。両説が使用者を懲戒権者とし、労働者を懲戒対象者としているのは、労契法15条がそう規定しており、また個々の就業規則もそのような定めになっていることが多いことを前提としているからなのであろうが、その前提に問題があることは既に述べたとおりである。

したがって、以下では次の3つの観点に留意しつつ、懲戒制度および懲戒処分のあり方についての考察を進めていくこととする。すなわち、①職場という協働組織の秩序たる「企業秩序」は、協働組織を構成する使用者も維持すべきであること。②「企業秩序」はともに働くということに由来する秩序であり、それゆえに労働者について問題とされるべきは、ほかの多数の労働者と協業的に労働する際に必要となる職場規律を保持しつつ使用者の指揮命令にしたがって労務を提供する義務を遵守しているかであること。対して、使用者について問題とされるべきは、事業の運営のために、多くの人的・物的資源を合理的・合目的的に配備組織し、人的資源である労働者から提供された労務に対しては応分の賃金を支払う義務を遵守しているかであり、ここには当然、多数の労働者を配置組織する際に合理的理由なしに別異取扱いをしない（差別をしない）義務も含まれること。そして、③懲戒は協働組織たる企業の構成員の誰からでも請求でき、懲戒権者は協働組織たる企業の全員を代表する懲戒委員会であり、協働組織の構成員の誰しもが懲戒処分の対象者となる可能性があること、である。

2　懲戒制度の法的根拠および有効諸条件

(1)　懲戒処分の法的根拠

懲戒処分の法的根拠につき、次のようないくつもの学説が並立している。使用者は企業運営上の固有の権限として懲戒処分を行いうるという見解（固有権説）、懲戒処分には契約上の根拠が必要であるとして、使用者は就業規則上に懲戒事由と手段を明記しておけば懲戒処分を行いうるという見解（契約説）、労基法89条９号が使用者による制裁の可能性を認めたという見解（労基法説）などである。

労働者と使用者の関係は、すべて労働契約を出発点にして形成され、労働契約によってその限界も画されるという基本に立ち返れば、固有権説は採りえない。労基法説は、懲戒処分の法的根拠を労基法に求めていて、契約説とは異なるものであるかのように見えるが、そもそも契約に基づいて労働関係が形成されなければ労基法の適用さえ問題にならないことを踏まえると、契約説と労基法説に根本的差異があるとは思われない。いずれも、今日では労契法７条が、内容に合理性があり周知がなされた就業規則の労働条件は労働契約の内容となると規定していることを踏まえ、就業規則に懲戒規定が置かれることによって、当該規定が労働契約の内容となるものと考えていると思われる。換言すれば、両説とも、懲戒処分の法的根拠は労働契約にあると考えている。そして、その見解は妥当である。

(2)　懲戒処分が有効とされるための諸条件

懲戒権者の権利の濫用が許されないのは当然である。労契法15条はこのことを定めた条文であるとされるが、1(3)で論じたように、懲戒権者を使用者に限定している点で問題がある。懲戒権者は協働組織たる企業の構成員を代表する懲戒委員会でなければならない。また、その前提として、懲戒請求は労働者側からも使用者側からも可能でなければならない。「使用者が労働者を懲戒することができる場合において……」という労契法15条の文言は、「懲戒権者が懲戒対象者を懲戒することができる場合において」と読み換える必要がある。また、労働者・使用者いずれからの懲戒請求も可能であることおよび懲戒権者が懲戒委員会であることを規定していない就業規則は、契約正義（信義誠実）に反し、内容的に合理性を有するとはいえず、労働契約の内容とならない（労契法7条参照）と解すべきである。

懲戒権者が権利を濫用していないといいうるためには、①就業規則における懲戒規定が上記の意味での合理性を有し、周知されている必要がある。そのうえで、②懲戒対象者の行為が就業規則の懲戒事由に該当し、かつ③社会通念上相当であることが必要とされる。

上記②の点に関連して、懲戒処分の有効性を基礎づける事実として懲戒事由の追加が認められるかどうかが問題となった事例がある。2日間の休暇を申し入れた労働者に「勝手に休まれたのでは、仕事にならない」として懲戒解雇を言い渡した使用者が、労働者側の提起した当該懲戒解雇の有効性を争う訴訟において、当該懲戒解雇後に知りえた当該労働者の経歴詐称を、当該訴訟において処分理由に追加したことにつき、最高裁は、使用者が懲戒処分時に認識していなかった事実は、処分の有効性を基礎づける事実とすることはできないと判示した（山口観光事件・最判平成8・9・26労判708号31頁）。

上記③の社会通念上の相当性は、以下のような観点から判断される。第1に、新設ないし改定した就業規則の条項を、過去の行為に適用して懲戒処分を行うことは許されない（遡及禁止）。

第2に、1つの行為につき、2回懲戒処分をすることは認められない（二重処分の禁止）。時間外労働拒否に対する懲戒解雇処分が有効と判断された有名な事例において、使用者は、時間外労働を拒否した労働者に対し出勤停止の懲戒処分を課し、始末書の提出を命じたが、提出された始末書に反省の色がないとして、これを受理しなかったばかりか、当該労働者には過去に4回の処分歴があったことから、就業規則所定の懲戒事由「しばしば懲戒、訓戒を受けたにもかかわらず、なお悔悟（かいご）の見込みのないとき」に該当するとして、当該労働者を懲戒解雇した（日立製作所武蔵工場事件・最判平成3・11・28労判594号7頁）。最高裁は当該懲戒解雇が二重処分の禁止に反しないか具体的検討を行っておらず、問題である。

第3に、問題とされる行為の重大性と懲戒処分の程度が比例していなければならない（比例原則）。また、先例を踏まえ、同様の事例については同程度の処分がなされるべきでこととなる。

第4に、懲戒処分は、就業規則や労働協約に規定された手続にしたがって行われなければならない（懲戒手続の履践）。過去には、懲戒手続の1つとして本人に弁明の機会を保障することが就業規則等に記載されておらず、この機会を保障すべきか否かが争われ、これを否定した事例も存在するが、事実が明白である等の特段の事情がない限り、本人に弁明の機会を保障しなければ、権利の濫用になるというべきである。

第5に、時期を失した懲戒処分は権利の濫用となる。使用者が公的機関（警察、検察、裁判所）における非違行為についての判断を待っていたために、懲戒処分が非違行為から7年以上経た後にされたという事例において、最高裁は、かかる処分は客観的に合理的な理由を欠き、社会通念上相当なものとして認められないとして無効と判示した（ネスレ日本事件・最判平成18・10・6労判925号11頁）。懲戒処分は「企業秩序」の回復を目的とするものであるため、その秩序が乱されたのであれば、公的機関の判断とは無関係に、速やかになされるべきであり、時期を失した懲戒処分は、権利の濫用になるというべきである。

3　懲戒処分の種類

懲戒処分の種類としては、けん責・戒告、減給、出勤停止、降格・降給、懲戒解雇などがある。けん責・戒告とは、口頭または文書によって労働者を叱責し、戒めるものである。処分としては最も軽微で、労働者に直ちに経済的不利益をもたらすものではない。しかし、人事考課に際しては不利益に考慮されることがあり、また回数が重なると重い懲戒処分が課されることがあるため、労働者側から無効確認請求がなされることがある。

減給は、本来支払われるべき賃金額から一定額を控除する処分である。労基法91条は、この制裁が過度に及ばないよう、「減給は、1回の額が平均賃金の1日分の半額を超え、総額が一賃金支払期における賃金の総額の10分の1を超えてはならない」と規定している。

出勤停止は、労働者に一定期間の出勤を禁止し、その間の賃金を支払わないという制裁である。労働者の収入が減るという点では減給と同じ結果になるが、行政解釈や判例は、出勤停止については労基法91条の適用はないとしている。働いていないから反対給付たる給与が支払わされないという「ノーワーク・ノーペイの原則」が適用される。降格とは、職能資格制度における資格や職位を引き下げることをいい、多くの場合、降給、すなわち労働者の給与のうちの基本給の減給をともなう。判例は、降格を行うには、就業規則などに降格・降給の可能性が予定され、使用者にその権限が根拠づけられていることが必要であるとしている（アーク証券事件・東京地決平成8・12・11労判711号57頁）。

懲戒解雇は解雇の一種であるが、最も重い懲戒処分であり、退職金の不支給や減額をともなう点で普通解雇と大きく異なる。ただし、退職金の不支給は、懲戒解雇の当然の効果ではないので、就業規則にその旨が規定されていることが必要である。なお、企業によっては、退職金の全額あるいは一部支給をともなう退職勧告を「諭旨解雇」として制度化していることがあるが、そのような企業においても、労働者が退職届を提出せず退職に応じない場合には懲戒解雇が予定されていることが多く、諭旨解雇も懲戒解雇の一種とみなしうる。

4　懲戒処分事由とその限界

(1)　経歴詐称

経歴詐称とは、採用時に学歴や職歴などを秘匿し、または虚偽の申告をすることをいい、ほとんどの就業規則がこれを懲戒事由としている。判例も、経歴詐称に対する懲戒処分を肯定している（炭研精工事件・最判平成3・9・19労判615号16頁）。しかし、経歴詐称を処分事由とする懲戒については、労働者の労働能力の把握にとって重要なものについての詐称に限定すべきである。また、労働者が採用後、相当の年月にわたり問題なく労務を遂行してきた場合には、後から判明した経歴詐称を理由に懲戒処分することはできないと解すべきである。

(2)　就業・業務遂行上の規律違反

いわゆる服務規律違反と呼ばれるもので、無断欠勤、遅刻過多、早退過多、不適切な服装、職場離脱、会社物品の不正使用や損壊、経費や通勤手当の不正請求、上司や同僚への非違行為（他人の就業環境を害する行為等）、職務上知りえた秘密の漏洩などがあげられる。これらについては、不法行為責任を問うことも可能であるが、それとは別個に、「企業秩序」の回復を目的として懲戒処分をすることも可能である。たとえば、男性社員が女性社員に自らの性器や性欲に関するきわめて露骨で卑猥な発言をし、女性社員が結婚していないことを侮辱した事件において、使用者が課した出勤停止の懲戒処分は有効と判断されている（L館事件・最判平成27・2・26労判1109号5頁）。また、精神的な不調のために長期の無断欠勤を続けていた労働者について、使用者が精神科医による健康診断の実施、治療の勧奨、休職などの措置をとることなく、直ちにその欠勤を無断欠勤扱いして諭旨退職の懲戒処分をすることは許されないとしている（日本ヒューレット・パッカード事件・最判平成24・4・27労判1055号5頁）。

(3) 業務命令違反

業務命令違反の例としては、残業拒否や転勤拒否などがあげられる。この場合の懲戒処分の効力は、業務命令が有効であることを前提とするので、業務命令が無効であれば、その拒否を理由とする懲戒処分も無効となる。

残業拒否の代表的事例は、就業規則において、三六協定の範囲内で一定の業務上の必要があれば所定労働時間を延長して労働させることができる旨規定されているときは、当該就業規則の規定の内容が合理的なものである限り、労働者はその定めるところに従い、所定労働時間を超えて労働する義務を負うとし、結論として懲戒解雇は権利濫用にあたらず有効であると判断した（前掲・日立製作所武蔵工場事件、本件懲戒解雇処分が二重処分の禁止にあたるか否かについての判断がなされていないことの問題性については、3において述べたとおりである）。三六協定には、延長時間数と時間外労働事由を定めなければならないが（労基法36条2項）、使用者は時間外労働を必要とするあらゆる事由に事態に対応できるような包括的事由を定めることが多いので、適法な三六協定に依拠する就業規則のほとんどは合理性が肯定され、時間外労働命令が無効とされる余地はきわめて小さい。もっとも、三六協定に包括的事由を定めておき、時間外労働が常態化しているような場合には、時間外労働事由該当性をある程度厳格に審査することにより、懲戒処分の限界を画することができると考えられる。

転勤拒否の代表的事例は、①労働協約および就業規則に、業務上の都合により転勤を命ずることができる旨の定めがあり、②現に労働者が頻繁に転勤しており、③入社の際に勤務地を限定する合意はなかったことという条件の下では、使用者は労働者の同意なしに転勤を命じる権限をもつとしている。そのうえで、当該転勤命令につき(a)業務上の必要性が存しない場合、または(b)業務上の必要性が存する場合であっても、(b)-1当該転勤命令がほかの不当な動機・目的をもってなされたものであるとき、もしくは(b)-2労働者に対し通常甘受すべき程度を著しく超える不利益をおわせるものであるとき等、特段の事情の存する場合でない限りは、当該転勤命令は権利の濫用になるものではないとし、結論として、本件転勤命令は権利の濫用にあたるとはいえず、懲戒解雇は有効であると判示した（東亜ペイント事件・最判昭和61・7・14労判477号6頁）。

しかし、転勤拒否が形式的には業務命令違反という懲戒事由に該当しても、それが「企業秩序」を乱すものであるかどうかは疑わしい。このような場合もあることから、処分を行う前には、労使の代表者や第三者で構成される懲戒委員会に諮り、「企業秩序」を乱す行為であったか否かをさまざまな立場の人が検証することを懲戒手続に含めるべきであり、そのような手続なしに行われた処分は、使用者の権利濫用にあたると解すべきである。上記・東亜ペイント事件では、転勤命令の業務上の必要性について、当該転勤先への異動が余人をもっては容易に変え難いといった高度の必要性に限定することは相当ではないとしており、私見では、その程度の必要性しか存しない転勤命令を拒否したことにより、企業の「企業秩序」が乱れたとは思えない。懲戒解雇有効という判断は失当である。

(4) 職場の規律および風紀を乱す行為

職場の規律および風紀を乱す行為も懲戒事由とされる。これとの関係で大きな問題となってきたのは、労働者による無許可のビラ配布など企業内での政治活動である。判例は、企業秩序維持の見地から、就業規則により職場内における政治活動を禁止することは、合理的な定めとして許されるべきであるとしつつ、表現の自由にある程度の配慮を見せて、ビラ配布行為が企業秩序を脅かすおそれのない特段の事情がある場合には、就業規則違反とはいえないとする立場をとる。とはいえ、具体的判断においては、休憩時間中に休憩室や食堂で行われた平穏なビラ配布についてさえ、就業規則違反を否定できないとし、職場の規律を乱す行為であり懲戒事由に該当するとしている（目黒電報電話局事件・最判昭和52・12・13労判287号26頁）。本件・政治活動は、休憩時間自由利用の原則――それは労働契約が身分契約ではなく取引契約であることから当然に導き出される原則である――に照らして、就業規則違反とはなしえないものであった。仮に、当該政治活動が就業時間中に行われたとしても、当然に懲戒事由に該当するとはいえず、それが多数の者の協働を現実に阻害するものである場合にのみ、懲戒事由に該当するというべきである。

(5) 使用者の名誉・信用の侵害

使用者が自らの名誉・信用を侵害した労働者に対して悪感情を抱くのは当然であるが、使用者の名誉・信用の侵害に対する懲戒処分の有効性は、そのような感情によって判断されるべきものではない。労働者による使用者の名誉・信用の侵害により、「企業秩序」が乱れたときのみ、懲戒処分が肯定される。他人の住居に侵入しようとしたところ、私人に捕まり警察に引き渡され、住居侵入罪で2500円の罰金刑を受けた従業員の犯行および逮捕の事実が噂として広まり、工場周辺の住民および会社のほかの従業員の相当数の知るところとなったため、会社が当該犯行に及んだ従業員を懲戒解雇した事件において、最高裁は、犯行の態様、刑の程度、（犯行に及んだ労働者の）職務上の地位などの諸事情から無効と判断した（横浜ゴム事件・最判昭和45・7・28判時603号95頁）。事例判断の域を出ない判決であるとはいえ、最高裁が諸事情に鑑みて、労働者の非違行為が「企業秩序」（企業イメージの失墜により、企業構成員の労働意欲や当該企業構成員であることの誇りを減退させるなど）を乱すほどのものではなかったと判断した結果であるのならば、妥当な判断である。

使用者の名誉・信用を侵害したとされる労働者の行為は、ときに労働者の良心や正義感に基づいた表現活動によるものであることがある。近年、食品の偽装表示やリコール隠しなどの企業の不正の多くが、労働者からの内部告発によって明るみに出されるようになってきたが、使用者は労働者の内部告発行為に対して、使用者の名誉・信用保持義務違反や秘密保護義務違反を理由に懲戒処分を行うことが少なくない。判例は、内部告発の①内容の真実性（ないし真実と信じる相当の理由の有無）、②（企業の不正を正すという意味での）公益性、③（態様の）相当性を基準に、その正当性を判断している（学校法人田中千代学園事件・東京地判平成23・1・28労判1029号59頁）。内部告発が正当と判断されても、使用者は告発した労働者を恨み、労働者も衝撃を受け、「企業秩序」は乱れるであろうが、それを根拠として内部告発者に対する懲戒処分が有効とされるのは筋違いといわざるをえない。企業の不正を放置しておくことによって保たれる「企業秩序」は、法的保護に値する「企業秩序」ではない。

〈参考文献〉

・淺野高宏「懲戒処分と労働契約」日本労働法学会編『講座労働法の再生２巻』（日本評論社、2017年）201頁
・野川忍「企業秩序と懲戒権の到達点」季刊労働法177号（1995年）６頁
・三井正信「懲戒権の根拠・要件・効果」、紺屋博昭「経歴詐称」、石田信平「企業外の行動と懲戒」「労働法の争点」（2014年）

第5部　労使自治

第16章

団体交渉と労働協約

Introduction

通常の契約では、契約締結のために行われる交渉の内容や方法は法的に規制されない。この過程で強迫があったり当事者が重要な事項について勘違いをしている場合には、民法の意思表示に関する規定（93条以下）や消費者契約法の規定（4条以下）によって、その意思表示や契約自体の効力が否定されるだけである。

しかし、労働組合を通じた労働条件等に関する団体交渉は、これとは異なっている。憲法28条により労働者には団体交渉権が保障され、正当な理由がなく使用者がこの申込みを拒否したり、誠実に交渉に応じないと、団交拒否の不当労働行為になる（労組法7条2号）。

団体交渉の結果として締結される労働協約もまた、通常の契約とは異なっている。通常の契約では、その効力は契約当事者以外には及ばないが、労働協約は契約当事者ではない労働組合員の労働条件も直接規制する（労組法16条）。なぜ、民法とは異なることが定められているのであろうか。

1　団体交渉

(1)　団体交渉の意義

団体交渉とは、労働組合またはそれに準ずる団体（争議団）が、使用者または使用者の団体と労働条件や労使関係のルール等について行う交渉である。交渉の結果、労使で合意にいたった内容は、通常、労働協約として書面化される。

日本では、個別企業ごとに組織される企業別組合が圧倒的多数を占めており（産業別組合である全日本海員組合や企業横断的な労働組合である地域ユニオン・合同労組もある）、また労働条件等について交渉する権限が認められた使用者団体がほとんど存在しないので、団体交渉は通常は企業ごとに行われる。

個々の労働者と使用者が労働条件について契約交渉をすることもあるが、交渉力に大きな格差があるために、労働者にとって満足のいく交渉ができない。こうした交渉を、労働組合という団結体によって、しかも争議行為等の圧力的手段を背景に行うことによって、当事者間に対等性が確保されるようになる。憲法28条が団体交渉権を承認しているのは、こうした考えに基づいている。

(2) 団体交渉の当事者および担当者

団体交渉の当事者とは、労働組合や使用者など自らの名において団体交渉をし、労働協約の締結主体となる者をいう。○○組合支部や○○分会などその名称にかかわらず、独自の規約、組織、財政基盤を備えるなど独立の労働組合としての実態を有しており、かつ組合から交渉権が認められているものも団体交渉の当事者になることができる。企業別組合だけでなく地域ユニオンや合同労組も、当該使用者に使用される労働者を組織している限りで団体交渉の当事者となることができる。

労組法７条２号は「使用者が雇用する労働者の代表者」との団体交渉を使用者に義務付けているが、ここにいう「雇用する」という文言は限定的に解すべきでない。解雇された労働者の加入する労働組合であっても、その有効性を争ったり、未払い賃金、退職金請求などの紛争が継続している以上、当該労働組合は団体交渉の当事者となることができる。

団体交渉の当事者は労働協約の当事者となりうる者であるので、法人あるいは権利能力なき社団等の団体である。これに対して、団体交渉という事実行為を実際に行う者を団体交渉の担当者という。これは自然人に限られる。労働者側の担当者は、労働組合規約上の代表者である委員長、副委員長、書記長、執行委員などのいわゆる労働組合の代表者や労働組合の委任を受けた者である（労組法６条）。他方、使用者側の担当者は、個人事業主や法人の代表者、事業所長、支店長、工場長等のほか、当該団体交渉の交渉権限が付与されている人事課長や人事労務担当者などである。

団体交渉の担当者が有する権限には、交渉をする権限、妥結する権限、そして労働協約を締結する権限がある。これらの権限がどこまで委ねられているかは、組合規約等によって定められている。したがって、組合規約に基づいて労働協約締結権限が付与されていなければ、当該交渉担当者の締結した労働協約は無効となる（中根製作所事件・東京高判平成12・7・26労判789号6頁）。民法の表見代理に関する規定（109条以下）は適用されない。

また、労働協約締結権限を付与されていない使用者側の担当者は、権限が付与されていないことを理由に団体交渉を拒否してはならないし、交渉の結果合意にいたるような場合には、締結権限を有する者に具申し、労働協約が成立するよう努力をしなければならない（全逓都城郵便局事件・最判昭和51・6・3労判254号20頁）。労働協約締結権限のない担当者のみによる団体交渉を繰り返すことは、後述の誠実交渉義務違反となりうる（大阪特殊精密工業事件・大阪地判昭和55・12・24労判357号31頁）。

(3) 団体交渉の対象事項

団体交渉では多様な事項が対象とされるが、使用者が正当な理由なく団体交渉を拒否すると不当労働行為となる事項を義務的団交事項という。そうでない団交事項を任意的団交事項といい、これを団交の場で扱うかは当事者の合意による。

義務的団交事項は、組合員である労働者の労働条件その他の待遇、当該団体的労使関係の運営に関する事項（ユニオン・ショップ制、組合事務所の貸与、チェック・オフ、団体交渉のルール、労使協議の手続、争議行為のルールなど）であって、使用者に処分可能なものと解されている（エス・ウント・エー事件・東京地判平成9・10・29労判725号15頁等）。

労働条件その他の待遇には、賃金、労働時間、安全衛生、福利厚生、人事異動、懲戒、解雇の基準および手続などが含まれる。この労働条件は、原則として組合員の労働条件を指すが、非組合員の初任給の引下げのように、将来的に組合員の労働条件、権利等に影響を及ぼす可能性が大きく組合員の労働条件とのかかわりが強い事項も、義務的団交事項にあたると解されている（根岸病院事件・東京高判平成19・７・31労判946号58頁）。

生産計画や工場の統廃合、経営者の人事、組織変更等の事項は経営権事項といわれることもあるが、これらの事項であっても、労働者の労働条件や経済的地位の向上と関係する限り、義務的団交事項となる（国鉄団交拒否事件・東京地判昭和61・２・27労判469号10頁、同事件・東京高判昭和62・１・27労判489号13頁）。たとえば工場の統廃合にともなうリストラ計画がある場合に、団体交渉により生産計画等の変更が不可能だとしても、団体交渉を通じて労働条件の引下げや配転によるリストラの回避が可能となるかもしれない。したがって、労働条件その他の待遇について交渉の余地がある限りで、工場等廃合問題も団交事項となる。

個々の労働者に対して実際に行われる個別の配転、解雇などは集団的労働条件ではないが、企業別組合が実際に苦情処理にあたる状況をふまえ、これらの個別的労働条件に関する事項も義務的団交事項にあたると解されている（日本鋼管鶴見造船所事件・東京高判昭和57・10・７労判406号69頁）。労働組合のない会社で働く労働者が不当解雇等の個別問題を解決するために、地域の合同労組に加入し、その労働組合が当該企業に対して団体交渉を申し込むということが、実際にもよく行われている（これは「駆け込み訴え」といわれる）。

(4) 誠実交渉義務

団体交渉を申し込まれた使用者は、単に交渉のテーブルにつくだけでなく、誠実に交渉する義務を負う（山形大学事件・最判令和４・３・18労判1264号20頁）。使用者は、合意の到達を目指して、労働組合の要求や主張に対する回答やその根拠を具体的に説明し、必要な資料を提示し、労働組合の要求に譲歩できない場合でも、その論拠を示して反論するなどの努力が求められる（カール・ツァイス事件・東京地判平成元・９・22労判548号64頁）。使用者は、団交事項に関して合意の成立する見込みがないときであっても、誠実交渉義務を負う（前掲・山形大学事件）。

賃金にかかわる交渉において労働組合が使用者に対して人事、査定に関する情報の提示を求めたのに対し、これらの情報は人事権に関する内部情報であり、かつ、多数の労働者の個人情報を含むとして使用者がこれらの情報の提示を拒むことがある。このような情報であっても、使用者が単に人事に関する情報だからというだけで情報の提示を拒むことは、不誠実団交にあたる（普連土学園事件・東京地判平成７・３・２労判676号47頁）。また、情報の提示を拒む場合でも、その理由を十分に労働組合に説明すべきである（日本アイ・ビー・エム事件・東京地判平成14・２・27労判830号66頁）。

他方、団体交渉は合意を強制されるものではないため、誠実な団交が十分行われたものの、労使双方の主張が対立し、いずれかの譲歩により交渉が進展する見込みはなく団体交渉を継続する余地がなくなった場合であれば、使用者が団体交渉を打ち切ったとしても誠実交渉義務に違反しない（池田電器事件・最判平成４・２・14労判614号６頁）。

複数組合主義の下では、併存する労働組合はそれぞれ固有の団体交渉権をもっているため、使用者は、労働組合の規模にかかわらず、いずれの労働組合との関係においても誠実に団体交渉を行うべきことが義務付けられている（日産自動車（残業差別）事件・最判昭和60・４・23労判450号23頁）。もっとも、使用者が各組合の組織力、交渉力に応じた合理的、合目的的な対応をすることは許容される（前掲・日産自動車（残業差別）事件）。

(5) 団交拒否の法的救済

(a) 行政救済

使用者が団体交渉を正当な理由なく拒否したり、不誠実な団体交渉を行った場合、労働組合または労働者は、労働委員会に不当労働行為の救済を申し立てられる（労組法27条）。具体的には、「会社は、組合が平成○年○月○日付けで申し入れたX組合員の解雇撤回等を要求事項とする団体交渉に、速やかに、かつ、誠実に応じなければならない」などの救済命令が発せられる。救済命令確定後使用者がこれに従わない場合、50万円以下の過料に処せられる（同32条後段）。

また、団交拒否を労働関係調整法の労働争議として、労働委員会にあっせんの申請を行うこともできる（同12条）。

(b) 司法救済

使用者の団交拒否に対して、裁判所に救済を求めることもできる。かつては労働組合は使用者に対して私法上団交請求権を有しているとして、「使用者は団体交渉に応ぜよ」などと命ずる団交応諾仮処分を認める裁判例もあった（住友海上火災事件・東京地決昭和43・8・29判時528号84頁）。しかし、誠実交渉のように債務内容が不明確な場合もあることから、労働組合の私法上の具体的な団交請求権は否定されざるをえない。他方で、使用者が労働組合の団交当事者性を否定していたり（たとえば地域ユニオンのケースや請負型労務提供者を組織している労働組合のケース）、あるいは当該事項の義務的団交事項該当性を否定している場合には、労働組合からの団体交渉を求める地位の確認請求は認められる（前掲・国鉄団交拒否事件）。当該地位が確認されることにより、団体交渉における権利義務の内容を確定できるからである。

また、使用者の団交拒否が不法行為（民法709条）を構成する場合、労働組合は使用者に対して損害賠償請求をすることができる。ここにいう損害は、一般に「労働組合としての団体交渉権を否定されたことに基づく社会的評価、信用の毀損による無形の財産的損害」と解される（佐川急便事件・大阪地判平成10・3・9労判742号86頁）。

2 労働協約

(1) 労働協約の締結と要式

労働協約とは、労働組合と使用者の間の合意であり、書面で作成され、署名または記名押印が求められている（労組法14条）。この要件（要式性）は、団体交渉を経て最終的に妥結した事項をめぐる後日の不要な紛争の防止を目的に課されたものである（都南自動車教習所事件・最判平成13・3・13労判805号23頁）。労働協約が書面化されなかった場合労働協約の規範的効力（同16条）は否定されるが、労働組合と使用者の合意としての拘束力（債務的効力）は生じうる。

(2) 規範的効力と規範的部分

労組法16条は、労働協約に定める労働条件その他の労働者の待遇に関する基準に違反する労働契約の部分は無効とし（強行的効力）、無効となった部分および労働契約に定めがない部分は、基準の定めるところによるとする（直律的効力）。この労働協約の労働契約に対する強行的直律的効力は規範的効力といわれる。

規範的効力は賃金、労働時間、休暇、安全衛生、災害補償、服務規律などに及ぶ。規範的効力が及ぶ範囲を規範的部分という。

解雇、配転などの人事に際し、労働組合との同意や事前協議などの手続を定める旨の条項（人事同意・協議条項）が規範的部分にあたるかが問題となっている。この条項は、組合員の労働条件に影響を大きく及ぼすものの、労働条件そのものではなく、また、その具体的内容が事案ごとに異なりうるからである。人事同意・協議条項に違反した解雇、配転等は、一般に、手続違反による権利の濫用として無効とされると主張されているが、これら条項を規範的部分に含むと解した方がその違反の効果の法的根拠がより明確となると考えられる。

(3) 協約自治

労働条件や労使関係のルールの設定を団体交渉当事者に委ね、その合意を最大限に尊重すべきことを「協約自治」の原則という。このことはたとえば、規範的効力が、労働協約で定めた基準を下回る場合にのみならず、上回る場合にも否定するという形で現れる。後者の例の一つが、有利原則の問題である。

(a) 有利原則

組合員が労働協約の基準よりも有利な労働条件で使用者と合意した場合、その合意を一般的に有効と認めることを有利原則という。有利原則を肯定すると、組合員間で労働条件に差異が生じ、団結が乱され労働組合内部の統制力が損なわれるおそれが生じる。また、労働協約は職場の標準的労働条件を定めるものであり、これを上回る条件を予定しないのが通常であるため、例外を認めることは労働組合の労働条件交渉における発言力に悪影響を生じうる。他方、有利原則を否定すると、有利原則を肯定した場合のような問題は生じないものの、組合員が自主交渉によって獲得した有利な労働条件が、労働協約によって否定され、労働協約が組合員の労働条件の維持改善に悪影響を及ぼすこととなる。

労組法16条の文言からは、有利原則を肯定も否定もしていないと解釈できる。そこで、有利原則が肯定されるかは、まずは労働協約当事者の合意によって決定されると解すべきである。そして、労働協約当事者の意思が不明確である場合には、多くの組合員の利益にかかわるであろう労働組合の統制力や労働条件交渉における労働組合の交渉力の確保を優先し、有利原則を否定すべきである。

(b) 不利益変更

協約自治のもう一つの問題が、労働条件が不利益に変更された労働協約にも規範的効力が及ぶかである。かつては労働組合は労働条件の維持改善を目的とするものであることから（労組法２条参照)、この目的に反して労働条件を不利益に変更する労働協約に規範的効力を認めるのは困難であると考え、労働協約の不利益変更には組合員の個々の授権を要するとした裁判例がみられた（大阪白急タクシー事件・大阪地決昭和53・３・１労判298号73頁)。しかし、団体交渉ではその時々の社会的経済条件を考慮して総合的に労働条件が決定され、その協約の内容の一部をとらえて有利、不利ということは適切でないこと等から、不利益変更についても規範的効力が肯定されるようになっている（朝日火災海上保険（高田）事件・最判平成８・３・26労判691号16頁)。

もっとも、どのような不利益変更も許されるわけではない。組合規約上の労働協約締結の手続が履践されていない場合（前掲・中根製作所事件)、あるいは特定のまたは一部の組合員を特に不利益に扱う場合のように労働組合の目的を逸脱して締結された労働協約の規範的効力は否定される（朝日火災海上保険（石堂）事件・最判平成９・３・27労判713号27頁)。

このように、労働協約の不利益変更の有効性は、労働組合内の意見集約・調整プロセスが公正でない場合や、意見集約・利益調整に瑕疵がある場合には否定される。労働協約は、団体交渉という集団的労使自治の成果であるから、その内容について裁判所が強権的に介入すべきではなく、就業規則の不利益変更のような内容の合理性が問題とされるべきではないという考慮が、この判断枠組みの背景にあると思われる。ただし、労働組合の目的を逸脱した労働協約かどうかを判断する際には、不利益変更の内容や程度も考慮されるため、手続さえ踏まれていればどのような不利益変更も可能となるというわけではない。

(c) 協約自治の限界

このように協約自治は強力なものであるが、そこにも限界がある。労働協約は法令に違反してはならないのは当然である。そのほかにも、集団的決定にそぐわない労働者の個人的権利への規制や（たとえば、すでに発生している退職金債権の額の引下げの例として香港上海銀行事件・最判平成元・9・7労判546号6頁)、雇用の終了等組合員の契約上の地位の得喪や変更については規範的効力は認められない。これらの事項については、当該労働者の個別の同意がなければ労働協約の規範的効力は及ばない。

使用者の時間外労働命令、配転命令、出向命令等に従うことを義務付ける条項につき、このような条項は労働条件事項そのもので集団的規制の対象となるべきであるとして規範的効力を肯定する見解もみられる。しかし、これらの条項は本来組合員個人の同意を要すべき事項であるため、規範的効力は否定されるべきであろう。

(4) 債務的効力

(a) 債務的効力の意義

労働協約は労働組合と使用者との契約としての性格をもつため、協約当事者間にさまざまな権利義務関係を生じさせる（債務的効力)。使用者が労働協約に違反した場合には、労働組合は履行請求や損害賠償請求を行うことができる（山手モータース事件・神戸地判昭和48・7・19判タ299号387頁)。

(b) 債務的部分

規範的効力の及ばない労働組合と使用者の直接的関係を定めた部分を、労働協約の債務的部分という。これには、組合組織条項（組合員の範囲・ユニオン・ショップ)、組合活動条項（企業施設利用・就業時間中の組合活動)、団体交渉条項、経営参加条項（労使協議・苦情処理・懲戒委員会等)、争議行為に入る前に尽くす手続を定める平和条項、争議行為のルールを定める争議条項などがある。

労働協約は一種の平和協定としての性格をもっているので、明文の規定がなくても協約の有効期間中は協約所定の事項をめぐり争議行為を行わない義務が生じると考えられている（平和義務)。このような平和義務は相対的平和義務と呼ばれ、協約締結外の事項や労働協約の有効期間経過後の争議行為までも禁止するわけではない。他方、当該協約期間中は締結事項に限らず、いっさいの争議行為を行わないことが取り決められることがある。これは絶対的平和義務と呼ばれるが、憲法上保障された争議権を著しく制限するもので無効と解すべきである。

(5) 労働協約の拡張適用

(a) 工場事業場単位の拡張適用

労組法17条は、「一の工場事業場に常時使用される同種の労働者の四分の三以上の数の労働者が一の労働協約の適用を受けるに至つたときは、当該工場事業場に使用される他の同種の労働者に関しても、当該労働協約が適用されるものとする」と規定する。この規定の立法趣旨は明確ではないが、判例は、「当該事業場の労働条件を統一し、労働組合の団結権の維持強化と当該事業場における公正妥当な労働条件の実現を図ること」としている（前掲・朝日火災海上保険（高田）事件）。

労組法17条は、文言どおり、企業ではなく工場事業場を対象とするものである。「常時使用される」とは契約形式にとらわれず、実質的に判断される。「同種の労働者」かどうかは原則として労働協約の適用の範囲によって決定されるが、期間工やパートタイム労働者などの非正規労働者に組合員資格がない場合でも職務内容、処遇体系を総合考慮して実質的に判断されるべきである。

労組法17条は、労働協約手続にいっさい関与できない非組合員に対して労働協約の拘束力を及ぼすことから、労働条件が不利益に変更される場合にも拡張適用が認められるべきかが問題となる。判例は、労組法17条の文言では規範的効力の及ぶ範囲が限定されていないこと、労働協約はその一部をとらえて有利、不利ということは適当でないこと、また本条の趣旨等から、不利益となる拡張適用を原則として肯定する。ただし、拡張適用の場面では適用される労働者は協約締結手続に関与できず、他方、労働組合も拡張適用される労働者の労働条件改善等を行うものでもないこと等から、不利益の程度・内容、労働協約の締結経緯、拡張適用の対象となる労働者に組合員資格があるかどうか等に照らして、拡張適用が著しく不合理であると認められる特段の事情のある場合には、拡張適用は否定される（前掲・朝日火災海上保険（高田）事件）。

他方、他組合の組合員への拡張適用については、これらの者の団結権、団体交渉権を侵害することになるため、その意味で、拡張適用を認めるべきかどうかがあらためて問題となる。労組法17条が他組合の組合員への拡張適用を排除していないことから拡張適用自体は認められるが、それは他組合の組合員の団結権、団体交渉権を著しく侵害しない場合に限られると解すべきである。

(b) 地域単位の拡張適用

労組法18条は、地域単位の拡張適用を定めている。産業別協約を前提としたドイツの制度を導入したものである。企業別組合が圧倒的である日本ではごくまれにしか利用されないが、2021年9月22日付けで大型家電量販店に雇用される無期雇用フルタイム労働者を対象とする休日に関する労働協約の地域的拡張適用が厚生労働大臣により決定され、2022年4月1日から2023年5月31日までの間、茨城県内全域に拡張適用される。

(6) 労働協約の終了

(a) 労働協約の終了

労働協約は有効期間（労組法15条1項により上限は3年）満了により、期間の定めのない場合には90日の予告期間を置いた当事者の解約により終了する（同15条3項）。終了による空白状態を回避するために自動延長や自動更新の規定を設けることがあるが、この場合にも90日の予告期間を置いて解約できる（同4項）。その他、労働協約の終了原因には、当事者の消滅等がある。

解約については、労働協約の一部のみを解約することができるかという問題がある。労組法は労働協約の一部解約を制限しているわけではないが、通常、労働協約は団体交渉の結果、相互の譲歩によってもたらされた合意であるため、その一部のみを自由に解約できるとするのは、労働協約の譲歩部分のみの解約を許すこととなり適切でない。ただし、独立性の高い部分についての解約は、他の協約内容に影響がないことを条件に例外的に認められると解される（日本アイ・ビー・エム事件・東京高判平成17・2・24労判892号29頁）。

(b) 終了後の労働条件

労働協約の終了により債務的部分は終了する。他方、労働協約によって決定されていた労働条件については、消滅してしまうと空白が生じることになり大きな問題が生じる。

そこで学説は、さまざまな理論構成を採りながらもこの空白を認めない。たとえば、労働協約は労働条件を外部から決定するものにすぎないとする見解（外部規律説）では、労働協約の終了によって規範的効力は消滅するが、信義則等を根拠に労働契約の合理的解釈として従前の労働条件が存続すると解する。これに対して、労働協約の労働条件が労働契約内容になると解する見解（化体説）では、労働協約の終了と関係なく労働条件は存続することになる。

以上の場合に新たに労働協約が締結されれば、労働条件はその定める条件となる。しかし、これが行われずに就業規則で変更すると就業規則の不利益変更の問題となるが、前の労働条件が労働協約で決められていたことが変更の合理性判断に影響を与えると解される。

〈参考文献〉

・野川忍『労働協約法』（弘文堂、2015年）
・「労働法の争点」（2014年）第XI章「団体交渉・労働協約」の各論考

第5部　労使自治

第17章

組合活動と争議行為

Introduction

労基法等の労働者保護法は、労働者が人たるに値する生活を営むことのできる最低水準の労働条件を保障する。しかし、それを超えて労働条件の向上を目指そうとする場合、個別に使用者と交渉しようとしても、多くの場合、十分な成果が得られない。そこで、労働者は同様の立場にある労働者らと団結して労働組合を結成し、使用者と交渉に臨むことになる。そのような労働組合の交渉力を背後から支えるのが、争議行為を含む労働組合の活動である。

かつてドイツ連邦労働裁判所は、その判決文の中で、「ストライキ権を伴わない労働協約交渉は集団的な物乞い（Kollektives Betteln）にすぎない」と述べた。この一文は、争議行為を含む組合活動と、組合の交渉力との関係を如実に表している。不断の組合活動や交渉が暗礁に乗り上げたときに組合が行う争議行為は、使用者にプレッシャーを与え、労働組合に対する誠実で真摯な対応を促す。そうする中で、労働者の集団たる労働組合と使用者は、互いにとってよりよい結論を求めて交渉を積み重ねていくことができる。

本章では、そのような組合の活動をめぐる法的な問題についてみていきたい。

1　労働組合の活動とその保障

日本において、労働組合の活動を保障するのは、憲法28条の保障する団体行動権であるが、憲法による労働基本権保障を具体化した労働組合法は、労働者が労働組合の正当な行為をしたことのゆえをもって、使用者がその労働者を解雇したり、その他の不利益な取扱いをすることを不当労働行為として禁止している（7条1号）。また、正当な組合の行為に対しては、刑事免責（1条2項）や民事免責（8条）が保障されている。

このことから分かるように、争議行為を含む組合の活動は、当該行為が正当であることを要件に、法的に保護される。そこで、いかなる行為が、労働組合の正当な行為といいうるか、日常的な組合活動と争議行為とで分けて、それぞれみていきたい。

2　就業時間中の組合活動

(1)　職務専念義務

争議行為以外の日常的な組合活動について、原則として、就業時間中にこれを行うことは正当といえない。なぜなら、労働者は、就業時間中は、労働契約に基づく労働の提供を誠実に行う義務（職務専念義務）を負うからである。

最高裁は、この職務専念義務について、「その勤務時間及び職務上の注意力のすべてをその職務遂行のために用い職務にのみ従事しなければならない」義務であると説いた（目黒電報電話局事件・最判昭和52・12・13労判287号26頁）。この事例は、就業時間中に労働者が政治的表現を記載したプレートを着用して勤務した事案であり、組合活動の正当性が問題となった事案ではなかったが、判決は、身体活動の面だけからみれば作業の遂行に特段の支障が生じなかったとしても、精神的活動の面からみれば注意力のすべてが職務の遂行に向けられていないと解される場合にも、職務専念義務に違反するとした。

最高裁は、その後、就業時間中に、上着の左胸に「要求貫徹」などと記入したリボンを着用して就業するという組合活動（「リボン闘争」）の正当性が問題となった事案において、同様の理屈でもってこれを否定した（大成観光事件・最判昭和57・4・13労判383号19頁）。

しかし、同事件において補足意見を付した伊藤正己裁判官は、職務専念義務を厳しくとらえることの問題性を指摘している。すなわち、労働者の職務専念義務を厳しく考えて、労働者は、肉体的であると精神的であるとを問わず、すべての活動力を職務に集中し、就業時間中職務以外のことに一切注意力を向けてはならないとすれば、労働者は、少なくとも就業時間中は使用者にいわば全人格的に従属することになる、と述べた。そして、職務専念義務と何ら支障なく両立し、使用者の業務を具体的に阻害することのない行動は、必ずしも職務専念義務に違反するものとはいえないとした。

この指摘は非常に重要なものである。労働者は、たとえ労働契約に基づく労働を提供している場合であっても、その人格ごと使用者の支配に委ねるわけではない。労働者が、就業時間中の組合活動、とりわけリボン等の着用行為は、それが業務に支障をきたす可能性がない場合には、正当性が認められるべきである。そして、業務に支障をきたすか否かについては、使用者の業務や労働者の職務の性質・内容、当該行動の態様など諸般の事情を勘案して判断されるべきである。

(2) 協定や許諾がある場合

組合活動のために就業時間中に職場を離れることも、原則として、組合活動としての正当性を欠く。ただし、使用者からの許諾を要件に、就業時間中の労働組合の会議への出席等を認める協定が、労働組合と使用者の間で締結されている場合も多い。その場合には、当該行為は当然に正当な組合活動と解される。

また、使用者の許諾がない場合であっても、職場離脱が、団体交渉拒否等に対する抗議行動や対策協議のためであり、その組合活動が組合運営に不可欠であって、就業時間中に組合活動をせざるをえなかったことにつき使用者の側にその原因があり、それによって担当する業務に具体的な支障が生じていない場合には、正当な組合活動であるとされることもある（オリエンタルモーター事件・東京高判昭和63・6・23労判521号20頁）。

3 企業施設を利用した組合活動

日本の労働組合の多くは企業内組合であり、その活動を会社内で行うことが多い。そのため、労働組合活動と使用者の有する施設管理権とが抵触することもあり、その観点から組合活動の正当性が問われる場面も少なくない。たとえば、会社施設を利用した組合集会や学習会等の開催、会社施設内でのビラの配布や貼付、会社のインターネット設備を利用した情報宣伝活動等の組合活動の正当性が問題となる。

かつて学説・判例において有力に主張されていたのは、組合活動が使用者の施設管理権と抵触する場合であっても、使用者は一定の範囲で施設管理権の侵害を受忍すべきとする見解（受忍義務説）、あるいは具体的な業務阻害や施設管理権侵害等がない限り、組合活動の違法性は否定されるとする見解（違法性阻却説）である。これらは、企業内での活動を中心にせざるをえない、日本の企業内組合の状況を反映した考え方であった。

しかし、現在、最高裁は、使用者には組合活動のためにする企業の物的施設の利用を受忍しなければならない義務はないと述べ、従前の見解を明確に否定している。そして、労働組合または組合員が使用者の許諾を得ないで、企業の物的施設を利用して組合活動を行うことは、その利用を許さないことが当該物的施設につき使用者が有する権利の濫用であると認められるような特段の事情がある場合を除いて、正当な組合活動とは認められないとの見解（許諾説）を示した（国鉄札幌運転区事件・最判昭和54・10・30労判392号12頁）。

この見解はその後の裁判例においても踏襲されており、加えて、「特段の事情」は狭く解される傾向にある。しかし、それでは、企業施設内で行われる組合活動に正当性が認められる余地は、相当に限定されることになりかねない。企業内組合であるか否かを問わず、憲法28条に支えられた団体行動権の具体的な行使としての日常的な組合活動の大きな目的の一つは、同じ職場で働く同僚に、職場の抱える諸問題への意識を喚起し、共感を得、そしてそれを使用者に対する具体的な要求へと結び付けていくことにある。その観点からみた場合、裁判所の考え方は、労働組合の団体行動権の意義を大きく損なわせることになる。

そうであれば、仮に裁判所の判断枠組みに沿うとしても、「特段の事情」の存在を考慮する際に、組合の当該行為が団体行動権に基づくものであることに十分に配慮する必要がある。たとえばビラ配布や貼付、社内のインターネット設備の利用についていえば、ほかに組合の情報伝達や意思表示の適切な手段があるか否か、貼付された施設の性質、貼付の範囲、ビラの枚数・形状、文言、貼り方、それが業務遂行あるいは施設管理に及ぼす実質的支障の有無といったことを考慮したうえで、その利用を許さないことが使用者の施設管理権の濫用にあたらないかを慎重に検討する必要がある。

4　第三者に対する組合の抗議活動

労働組合が、自らの主張を訴え、関連グループ企業や取引銀行、あるいは取引先企業に対し、ビラ配布・送付といった情宣活動ないし抗議活動を行うことがある。一般に、労働組合の活動が正当なものであれば、憲法28条が保障する団体行動権に基づき損害賠償責任や刑事罰を免れることができる。しかし、このように直接の労使関係に立たない者への抗議行動は正当な組合活動といえるのだろうか。

裁判例においては、勤務していた会社が破産し解雇された労働組合員らが関連企業等に対して抗議活動を行ったところ、当該企業等が組合員らの抗議行動により名誉・信用を毀損されたとして当該組合員らに対し損害賠償請求を行ったという事案がある。東京高裁は、直接には労使関係に立たない者に対して行う要請等の団体行動も憲法28条の保障の対象となりうるとしながら、そういった団体行動を受ける者の有する権利、利益を侵害することは許されないとし、主体、目的、態様等諸般の事情を考慮して、社会通念上相当と認められる行為に限り正当性を認めるべきであるとした（富士美術印刷事件・東京高判平成28・7・4労判1149号16頁。請求一部認容、その後、上告不受理により確定）。

労働組合の役割やその意義を広く認める立場に立てば、直接的な団体交渉の相手方となるべき者よりも、より広く組合活動の対象範囲を認める本判決の見解は基本的に妥当である。しかし、抗議活動を受けた者の権利、利益の侵害の程度を重くみるならば、結局、組合活動の範囲を狭めてしまいかねない。権利、利益の侵害の程度と併せて、いかなる経緯で組合がそういった行動をとったのかなど目的ないし経緯についても慎重に判断することが求められる。

5　争議行為

(1)　争議行為の定義とその意味

労働関係調整法は、争議行為を、「同盟罷業、怠業、作業所閉鎖その他労働関係の当事者が、その主張を貫徹することを目的として行ふ行為及びこれに対抗する行為であつて、業務の正常な運営を阻害するものをいふ」と定義する（7条）。この定義は、同法上のものではあるが、これを手がかりに争議行為の一般的な定義を考えるならば、「業務の正常な運営を阻害する行為」であることが争議行為の不可欠の構成要素であるということができる。

争議行為とは何かということを明らかにすることには、次の2つの意味がある。第1に、日常的な組合活動との区別である。組合活動も争議行為も、正当な行為であれば、憲法28条が保障する団体行動権により、刑事罰を与えられないこと（刑事免責、労組法1条2項）、生じた損害に対して損害賠償を求められないこと（民事免責、同8条）が保障されるが、先に述べたように、日常的な組合活動の場合、「業務の正常な運営を阻害する」行為は基本的に正当性が認められにくくなる。これに対して、争議行為の場合には、業務を阻害したとしても、そのことをもって正当性が否定されるということはない。つまり、いずれの行為と認められるかによって、当該行為の正当性を判断する枠組みが異なる。

第2に、法令または労働協約で、争議行為が制限または禁止される場合がある。法令による制限または禁止については、公務員については国家公務員法や地方公務員法により争議行為が禁止されている。また、公益事業（運輸、郵便・電気通信、水道・電気・ガスの供給、医療・公衆衛生などの事業で、公衆の日常生活に欠くことのできない事業。労調法8条）における争議行為については、10日前までの労働委員会および厚生労働大臣または知事への通告が義務付けられ（同37条1項。罰金刑あり）、緊急調整の決定・公表がなされた場合には、関係当事者は50日間争議行為を禁止される（同35条の2および38条）。さらに、「電気産業および石炭鉱業における争議行為の方法の規制に関する法律」（スト規制法）は、電気の正常な供給と石炭鉱業の保安業務の正常な運営を阻害する争議行為を制限する。「争議行為」にあたるか否かは、労働組合の活動がこれらの法令による制限に服するものといえるかという観点からも問題になる。

なお、業務の阻害は、労働者による労務停止（ストライキ）からのみ生じるわけではない。労働組合は、長い歴史の中でさまざまな争議手段を編み出してきており、一定の類型に限定することは妥当ではない。もっとも、労働者や労働組合の起こした行為が、自らの主張を貫徹するために、業務の正常な運営を、部分的にしろ全面的にしろ、阻害するという明確な意思に支えられていることは必要である。

(2) 正当性の判断

争議行為の正当性は、主体、目的、態様、手続の観点から判断される。

(a) 主体の正当性

争議行為の主体が労働組合である場合、正当性に問題はない。

労働組合の下部組織などが、組合規約上、団交権限をもたない場合、あるいは、組合内部の任意の集団が労働組合の統制に反して争議行為を行う場合（「山猫スト」という）には主体としての正当性が認められるかが問題となる。判例や学説は一般にこうしたストライキの正当性を否定する。しかし、憲法28条の保障する団体行動権は、労働者個人に保障されていることから、労働組合が十分にその役割を果たしておらず、一部組合員がそれへの不満ゆえにストライキを行う場合には、主体としての正当性をただちに否定するのは妥当ではない。

(b) 目的の正当性

憲法28条が労働者に対して労働基本権を保障した趣旨は、経済的地位の向上等を目的とした使用者との交渉において対等の立場に立つことを促進することにある。そういう観点からみれば、上の趣旨に則さない争議権の行使や、使用者に対する違法・不当な行為の要求を掲げてなされる争議行為は正当性を欠く。

また、争議行為における要求の主たる名宛人を、使用者ではなく、政府や国会などの公的機関とし、特定の政治的主張の実現や政府等に対する措置・立法の要求のために行われる争議行為（「政治スト」という）の正当性については、議論がある。

判例は、使用者に対する経済的地位の向上の要請とは直接関係のないストライキは、憲法28条の保障とは無関係であるとの立場をとり、そのような争議行為は正当な行為とはいえないとする（三菱重工長崎造船所事件・最判平成4・9・25労判618号14頁）。これに対して学説においては、政治ストを純粋政治ストと経済的ストに区別し、後者は憲法28条によって保障されるとする見解も主張されている。

政治ストの最も大きな問題は、通常、争議行為に直面した使用者がとりうる行動、すなわち団体交渉において労働組合の要求を受け入れたり、あるいは、より一層の誠実さをもって交渉の妥協点を見出すといったような行動をとりえないことにある。労働組合としては、争議行為以外の方法で意見表明（たとえば国会前での抗議行動など）を行うのが本来のあり方であろうし、仮に、労働条件に直接関係するような政治的事項や社会保障制度、税金等にかかわる事項を目的とする政治ストを認めるとしても、正当性をもつのは時間を限定した示威ストや使用者の許諾（協力）を得て行われるストライキに限られると解すべきであろう。

また、他企業の労働者の争議行為の支援を目的としてなされる争議行為（「同情スト」という）についても、政治ストと同様に、不当と解するのが判例・通説の立場である。ただし、他企業のスト（原スト）で争われている労働条件が、同情ストを行う労働者の労働条件と密接に関連する場合には、同情ストも正当性を有すると解される可能性がある。昨今の地域ユニオンの拡大傾向に照らすならば、地域ユニオンが、組合員の一部が就労する企業に対する要求実現のために、別の企業に分散する組合員を一斉に争議行為に入らせるといった事態も想定しうるが、これは同一組織に属する組合員の要求実現を目的として行われる争議行為であることから、正当性は認められよう。

(c) 態様の正当性

争議行為の態様については、まず、労務の不提供にとどまるものは正当である。また、逆に、暴力の行使や会社の保安業務の妨害等をともなうものについては、基本的に正当性を欠く（労組法１条２項ただし書参照）。労働組合は、この幅の中で、労働者あるいは労働組合のこうむる不利益を最小限にしつつ、使用者に対し効果的な打撃を与えるよう工夫されたさまざまな戦術を編み出してきた。そのような戦術をとること自体はまったく正当である。使用者側が不当に大きな打撃をこうむる事態にいたる場合には、使用者は後述するロックアウトなどの対抗手段をとることが判例上認められている。

代表的な争議行為の態様としては、集団的意思に基づく労務提供拒否（ストライキ）、不完全な労務提供（怠業）、会社施設内への滞留（職場占拠）、他の労働者や顧客に対して、就労、原料搬入、出荷、取引等をやめるように働きかける行為（ピケッティング）、製品やサービスの不買を、顧客や公衆に対して訴える行為（ボイコット）などがありうる。このうち、ピケッティングの正当性については、平和的説得に限られるとする見解もあるが、単なる説得のみならず、団結の示威や、最小限の力の行使をともなうものも正当と解すべきであろう。

(d) 手続の正当性

争議行為の手続に関しては、予告を行わずに行われた争議行為（抜き打ちスト）の正当性や、労働組合と使用者との間で、あらかじめ争議行為を開始する前に予告や通告を行う旨の労働協約が締結されているにもかかわらず、それに反して争議行為が開始された場合の正当性が問題となる。

一般に、争議行為に予告がなかったことのみをもって、その正当性を否定することはできない。しかし、予告なしに行われた争議行為によって、使用者の事業の阻害の程度が著しく不公正であるという場合には、正当性が疑われる場合もある（たとえば、国鉄千葉動労事件・東京高判平成13・9・11労判817号57頁）。このことは、労働協約上の手続違反の争議行為についても同様に解するべきである。

6 争議行為と賃金

争議行為期間中、労働者は使用者から賃金を受けることはできない。その期間、労働を提供していないからである。これを「ノーワーク・ノーペイの原則」という。この期間中、争議行為を実行する労働組合員は、生活保障のために組合から手当を受け取ることもある。少なくない労働組合が、そのような手当の支払いのために、「闘争資金」の積み立てを行っている。

労働組合が争議行為を行う場合に、組合員の一部を争議行為に参加させ、それ以外の者については通常勤務を行わせるという場合もある。その際、争議に参加しない労働組合員の賃金はどのように考えるべきであろうか。

まず、スト不参加者の通常勤務が客観的に可能である場合には、当該勤務に対して通常どおり賃金が支払われなければならない。

次に、組合員の一部が争議行為を行った結果、当該組合の組合員およびそれ以外の労働者（非組合員や別組合員など）の通常勤務が不能あるいは無価値になる場合にはどのように解するべきか。

この場合、使用者が、不当労働行為の意思その他不当な目的をもってことさらストライキを行わしめたなどの特別の事情がない限り、当該組合の組合員であるか否かを問わず、スト不参加者は賃金請求権を失うと解される。なぜなら、当該争議行為の発生に関して、使用者には故意・過失あるいは信義則上それと同視すべき事情がないからである。

もっとも、労基法26条が保障する休業手当（平均賃金の60%）については、使用者の側に起因する事情により労務の提供が行いえない場合にその支払いが義務付けられることから、使用者は、スト不参加者のうち当該組合の組合員以外の者に対しては、その支払いを行う義務があると解すべきである。これに対して、争議行為実施組合の組合員であるスト不参加者については、自らの所属する組合の主体的な判断と責任に基づいて行われた争議行為に起因する事象であるということができるから、使用者はこれらの者に対して休業手当を支払う義務はないと解される（ノース・ウェスト航空事件・最判昭和62・7・17労判499号6頁）。

7　違法な争議行為の責任

争議行為に正当性が認められない場合には、刑事免責（労組法1条2項）、民事免責（同8条）および不当労働行為の救済（同7条）の利益を失うことがありうる。ただし、正当性がないことから、直ちに上記規定についての違法性が肯定されるわけではない（大和交通事件・奈良地判平成12・11・15労判800号31頁は、違法なピケッティングについて、労働組合および組合執行委員長の損害賠償責任を認めながら、組合執行委員長に対する懲戒処分については、ピケッティングの実害が軽微であること、他の執行委員との均衡を欠くこと、事前の弁明の機会を与えていないことなどから違法と判断している）。とりわけ刑事責任については、違法性の態様や程度などを考慮した慎重な判断が求められる。

損害賠償責任については、一般的には争議行為は労働組合の決議を経て、組合の活動として行われるのであるから、労働組合のみがその責任を負うことになる。組合員個人の責任については、当人が暴力を振るったなど違法性に積極的に荷担していない限り否定すべきである。

違法行為に荷担した組合員に対する懲戒処分については、当人の行為が就業規則の懲戒処分事由に該当する限りで可能である。ただし、組合の執行委員であることから当然に重い責任を負うわけではない。

8　争議行為と第三者に対する責任

争議行為は、使用者以外の第三者（取引先、顧客、市民等）にも損害を及ぼす場合がある。しかし、そのような場合であっても、憲法28条が保障する団体行動権の趣旨から、労働組合および組合員たる労働者は、第三者との関係においても、正当な争議行為である限り損害賠償責任を負わない。

裁判例においては、正当な争議行為のため、鉄道会社のサービスを利用できなくなったとして組合および会社に対して不法行為に基づく損害賠償請求が行われた事案について、争議行為に対する社会的批判にすぎないとして、組合および会社の責任が否定されている（東京急行電鉄事件・横浜地判昭和47・8・16判タ286号274頁）。なお、使用者は、争議行為の正当性いかんにかかわらず、契約上の相手方（取引先など）に対して債務不履行による損害賠償責任を負うことはある。

9　使用者の対抗手段——ロックアウト

労働組合の行う争議行為に対して、使用者はどのような対抗手段をとることができるのだろうか。労働組合が、部分スト、間歇（かんけつ）スト、怠業といった態様の争議行為により、争議行為に参加する組合員の賃金の喪失を抑えながら、使用者に対して全面ストに匹敵する打撃を与えようとする場合、使用者にとってこのことは切実な問題となる。なぜなら、そういった争議戦術によって、提供される労働が無意味になった場合であっても、使用者は、就労した労働者については賃金を支払わなければならず、その経済的な損失は多大なものとなりかねないからである。

この点、憲法28条が労働者に争議行為を含む団体行動権を認めた趣旨が、労使間の力の均衡を図ることにあることに照らせば、力関係において優位に立つ使用者に対して、労働者に対するのと同様な意味において争議権を認めるべき理由はない。しかし、具体的な事情の下で、労働者の争議行為により、かえって労使間の勢力の均衡が破れ、使用者側が著しく不利な圧力を受けるようなことになる場合には、労使間の勢力の均衡を回復するための対抗防衛手段として、使用者側において争議行為による圧力を阻止するための手段をとることは正当であると考えられる。

そうであれば、使用者の対抗防衛手段の一態様として行われる、労務受領拒否と職場からの排除（ロックアウト、作業所閉鎖）の正当性も、労使間の勢力の均衡が破れた状態といえるか否かという観点から判断されることになる。すなわち先制的でなく受動的な、また攻撃的でなく防御的なロックアウトについてのみ正当性が認められるといいうる（丸島水門事件・最判昭和50・4・25判時777号15頁、山口放送事件・最判昭和55・4・11労判340号25頁等）。

〈参考文献〉

・「労働法の争点」（2014年）第Ⅻ章
・中窪裕也「団体行動権の意義と構造」、石井保雄「争議行為の意義と正当性」、國武英生「争議行為の法的効果」、渡邉絹子「組合活動の法理」『講座労働法の再生５巻』（日本評論社、2017年）所収

第5部　労使自治

第18章

不当労働行為とその法的救済

Introduction

労働者あるいは労働組合が、憲法28条の労働基本権に基づき、労働組合を結成し、さまざまな活動を展開する中で、使用者による妨害行為を受けることがある。組合活動そのものに対する介入もあれば、組合員であることを理由とする解雇その他の不利益な取扱いもある。また労働組合への不加入・脱退を採用の条件とするといったこともありうる。

このような使用者の行為は、労働者の労働組合への加入やその活動を抑制してしまいかねない。そこで、労働組合法は、このような妨害行為を「不当労働行為」として、その禁止とそれが行われた場合の救済手段を定めている。不当労働行為救済制度は、労働基本権を具体的に保障するための重要な仕組みである。

1　不当労働行為とは

不当労働行為とは、労働者の労働基本権を侵害する使用者の行為をいい、労組法7条に列挙されている。

労組法は、1945年に制定され（旧労組法）、わずかな期間ののち1949年に改正された（労組法）。旧労組法においても、組合員であることを理由とする解雇その他の不利益な取扱い等を「不当労働行為」と定義し、その禁止が規定されていた。そして、これに反した場合、行政罰が科されることになっていた。

しかし、1949年労組法改正において、「不当労働行為」の対象が団体交渉拒否、支配介入、経費援助にまで拡大され、これらの行為も禁止の対象となった。そして、旧労組法が規定していた直接に刑罰を科す方式をあらため、労組法独自の救済制度を創設した。すなわち、不当労働行為の類型に該当する使用者の行為に対して、労働委員会という専門的な行政機関が、原状回復を中心的な目的とする救済命令を出し、使用者がそれに従わない場合に、過料もしくは刑罰を課すという方式を採ったのである。この不当労働行為救済制度は、現在まで、基本的に変更されていない。

なお、労組法7条は、不当労働行為についての労働委員会における救済（行政救済という）の根拠規定となるだけでなく、裁判所における救済（司法救済という）の根拠規定にもなる（医療法人新光会事件・最判昭和43・4・9判時515号29頁）。つまり、同条に該当する行為の無効確認、団交を求める地位の確認、不法行為に基づく損害賠償請求を労働者あるいは労働組合は裁判所に提訴することが可能である。

2 行政救済の概要

(1) 救済の構造

不当労働行為救済制度とは、使用者による不当労働行為が行われた場合に、労働委員会という集団的労使紛争に特化した専門的な行政機関が、裁判手続に準ずるような（準司法的な）手続で、不当労働行為の有無について判定を行い、救済命令を発する制度である。このような制度が設けられた理由は、不当労働行為によって生じた事態に対しては、事案の性格に応じた適切な是正措置が必要であり、そのために労使関係に精通した専門的な機関に担当させることが望ましいこと、および、その是正措置が迅速に行われる必要があることによる。同制度の趣旨に沿うように、不当労働行為の審査には公益委員のほか、参与委員として労使関係に精通した労働者委員および使用者委員が加わる。労働者委員は地域の労働組合の推薦に基づいて、使用者委員は地域の使用者団体の推薦に基づいて任命される。公益委員は、使用者委員および労働者委員の同意を得て任命される（労組法19条の12第3項）。

不当労働行為が行われた場合に、最初の判定機関となるのは、都道府県に設置された都道府県労働委員会である。都道府県労働委員会の審査においては、問題となった使用者の行為の不当労働行為該当性が審査され、該当すれば、救済命令または一部救済命令が発せられる。不当労働行為に該当しないと判断された場合には、棄却命令が発せられる。

都道府県労働委員会の命令に対して不服のある使用者または労働組合は、中央労働委員会に再審査の申立てを行うか、あるいは、所轄の地方裁判所に行政命令の取消訴訟を提起することができる。中央労働委員会に再審査が申し立てられた場合、中央労働委員会は、再度、使用者の行為の不当労働行為該当性を審査する。その審査の結果、発出された命令に不服がある場合には、地方裁判所（中央労働委員会の所在地が東京都にあるため、管轄は東京地方裁判所となる）に命令の取消しを求めて提訴することができる。

(2) 申立資格

不当労働行為の救済申立てを行うことができるのは、その対象となった労働者および労働組合である。すなわち、労組法7条1号および3号については、労働組合および労働者個人に申立資格が認められる（京都市交通局事件・最判平成16・7・12労判875号5頁)。同2号については、労働組合が申立人となる。

労働組合が申立人の場合には、当該組合が労組法2条ただし書の要件（自主性の要件）と5条の要件（民主性の要件）を具備している必要がある（こうした組合を労組法適合組合ともいう)。こうした要件を満たさない組合（憲法組合という)、たとえば労組法2条ただし書1号にいう管理職が加盟している組合は、労働委員会に対して救済を求めることはできない。そのような組合は、裁判所に対して、法的救済（不法行為に基づく損害賠償など）を請求することになる。

(3) 救済の意義と方法

労働委員会による不当労働行為の救済の意義について、最高裁は、「使用者による組合活動侵害行為によつて生じた状態を右命令によつて直接是正することにより、正常な集団的労使関係秩序の迅速な回復、確保を図るとともに、使用者の多様な不当労働行為に対してあらかじめその是正措置の内容を具体的に特定しておくことが困難かつ不適当であるため、労使関係について専門的知識経験を有する労働委員会に対し、その裁量により、個々の事案に応じた適切な是正措置を決定し、これを命ずる権限をゆだねる趣旨に出たものと解される」と述べている（第二鳩タクシー事件・最判昭和52・2・23判時840号28頁）。この趣旨から労働委員会には、救済について裁量が認められている。

具体的な救済の例としては、原職復帰命令や中間収入を控除しないバックペイ（解雇期間中の賃金相当額の支払い）命令、誠実団交命令、支配介入行為の停止命令、陳謝内容も含むポスト・ノーティス（文書の掲示）命令等がある。

3　不当労働行為の類型

(1)　不当労働行為の類型

労組法7条は、不当労働行為として禁止される種々の行為を列挙する。①不利益取扱い（1号）、②黄犬契約（1号）、③団体交渉拒否（2号）、④支配介入（3号）、⑤経費援助（3号）、⑥報復的不利益取扱い（4号）の6類型である。このうち、②は不利益取扱いの、また⑤は支配介入の特別な類型である。また⑥は付加的な特別の類型である。したがって、基本的な不当労働行為の類型は、①、③、④の3類型である。

不当労働行為の申立てが行われた場合、その行為がいかなる不当労働行為に該当するか、類型ごとに判断されるが、その結果、2つ以上の類型に同時に該当する場合もある。たとえば、労働組合の執行委員長に対する解雇は、不利益取扱いとともに、支配介入の不当労働行為に該当する。

(2)　不利益取扱い

(a)　概要

不利益取扱いの不当労働行為は、①労働組合の組合員であること、労働組合に加入したこと、労働組合を結成しようとしたこと、労働組合の正当な行為をしたことの、②故をもって、③解雇その他の不利益な取扱いをした場合に成立する。

このうち①の組合活動に関して「正当な行為」の意味が問題となるが、この点についてはすでに述べたところである（第17章参照）。③については、解雇、懲戒処分、配転などの人事処遇上の不利益、経済的な不利益（たとえば、残業をさせないこと）、精神的な不利益（仕事配分上の差別や屈辱的な業務を命ずること）

がある。また、組合活動上の不利益や、非組合員・別組合員と比較して差別的な取扱いが行われることも含まれる。

②の「故をもって」とは、不当労働行為の意思をもって使用者がそれをなしたことをいう。もっとも、使用者が「労働者Ａは労働組合員であるから、差別しよう」といったような、明確な意思をもっていたことまで明らかにしなければならないわけではない。不当労働行為意思の存在は、日頃から組合を嫌悪していた等の間接的な事実から推認されることになる。

不当労働行為意思の存否にかかわって問題となるのは、たとえば労働組合員である労働者に昇給の遅れがある場合に、労働者側が組合員であることを理由に人事考課において低い評価を受けたと主張し、使用者側が当該労働者の業務成績不良を主張する場合のように、これらの主張のいずれにも理由がある場合である。これを原因の競合という。

原因の競合がある場合には、仮に当該労働者が労働組合員でなかったり、あるいは労働組合としての正当な行為をしなかったならば、そのような不利益な取扱いはなされなかったであろうという関係があるか否かを審査し、そのような関係があるならば、不当労働行為が成立すると解すべきである。

(b) 不利益な取扱い

以下では、不利益な取扱いの例をいくつかあげておきたい。

(i) 採用拒否および企業変動と労働者の排除　不利益な取扱いに「採用」が含まれるか。この点について判例は、労働組合員であること等を理由とする採用拒否は、従前の雇用契約関係における不利益な取扱いにほかならないとして不当労働行為の成立を肯定すべき特段の事情がない限り、不利益な取扱いにあたらないとしている（JR北海道・JR貨物事件・最判平成15・12・22判時1847号8頁）。

この判例のいう「特段の事情」の存否が問題となる例としては、会社解散により労働者全員を解雇した後に、実質的に同一の企業を設立する偽装解散（たとえば太田鉄工所事件・大阪地判昭和31・12・1労民集7巻6号986頁）や、Ａ社から事業譲渡を受けたＢ社が、Ａ社の従業員のうち労働組合員である者あるいは熱心な組合活動を行う者を排除するといった例（青山会事件・東京高判平成14・2・27労判824号17頁）などがある。こういった場合においては、労働委員会は、旧会社と新会社の実質的な同一性と不当労働行為意思の存在を認めることによって、あるいは、その実態から事業譲渡に際しての一部従業員の労働契約の不継承を解雇とみることによって、新会社あるいは譲受会社への採用などを命じることができる。

(ii) **人事考課における不利益取扱いとその立証方法** 1960年代後半から、日本の企業の多くは、能力主義的人事管理の名の下で、人事考課制度（査定制度ともいう）を導入するようになった。人事考課は、労働者の業績や能力を個別に評価するものであり、その結果は、昇給や昇格、昇進、賞与額の算定に反映される。日本の雇用慣行では、労働者の職務範囲を明確にせず、集団主義的な体制で職務を遂行していくことが多いため、やる気や協調性（これを「情意的要素」と呼ぶ）、あるいは潜在的能力に対する評価の比重が高い。しかし、これらは数値によって客観的に表すことができないため、評価者である上司の主観が混入しやすく、そのため人事考課制度は、思想差別や性差別、そして組合差別の手段として悪用されやすい。人事考課を介して組合員を差別する場合には、不利益取扱いの不当労働行為に該当する。

一般に、不当労働行為の成立要件が満たされていることについては、申立人である労働組合または労働組合員たる労働者が証明しなければならない。しかし、これは申立人にとって大きな困難をともなう。申立人が人事考課の資料を入手することはほとんど不可能であり、また、使用者も人事上の機密事項であることを理由として、そのような資料を提出しない。また使用者の側が、当該労働者の業績や能力の低さを理由に人事考課の結果の正当性を主張する場合には、労働者の側は、比較可能な他の労働者と個別的に能力や業績が同等もしくは優れていることを証明しなければならない。その手間は膨大なものとなる。

このような事情の下で、労働委員会が採用しているのが、「大量観察方式」といわれる立証方法である。大量観察方式では、申立人である労働者の側で、差別の外形的事実（申立人組合の組合員グループと他組合あるいは非組合員グループとの間で、賃金や職位について一定の格差が存在すること）、および、使用者が申立人組合あるいはその組合活動を嫌悪していること（たとえば、日頃から反組合的な言動を行っていたこと等）の事実を立証すれば、当該格差を使用者の不当労働行為意思によるものと一応推認する。使用者はこの推認を覆すために、低査定の結果は組合嫌悪ゆえの不利益取扱いではなく、勤務成績不良などによるものであって、公正な査定の結果であることを証明しなければならず、それに失敗すれば、不当労働行為が認定される。

労働委員会におけるこうした判断手法は、学説においてもおおむね支持されており、また最高裁もその適法性を認めている（紅屋商事事件・最判昭和61・1・24労判467号6頁）。

最近の裁判例においては、まず使用者に対し当該組合員の能力、勤務実績が劣り、当該組合員に対する人事考課が正当であることを具体的事実に基づいて主張・立証させる方が実際上効率的であるとし、柔軟な考え方を示す裁判例もある（中労委（オリエンタルモーター）事件・東京地判平成14・4・24労判831号43頁）。

(3) 黄犬契約

使用者が、労働者を採用するにあたって、労働組合に加入しないこと、または労働組合から脱退することを条件として労働契約を締結することを、黄犬契約という。黄犬とは、英語の yellow dog に由来し、労働者の団結を破る卑劣なやつという意味である。このような契約を締結することは不当労働行為に該当する。

(4) 団体交渉拒否

団体交渉拒否（労組法7条2号）とは、使用者が労働組合との団体交渉を正当な理由なく拒否することをいう。これは、使用者が交渉のテーブルにつかないという場合のみならず、交渉には応じるものの、労働組合の要求や要請に対して誠実に対応しない場合も含む（詳しくは第16章参照）。

(5) 支配介入

(a) 意義

労働者が労働組合を結成、もしくは運営することについて、使用者がこれを支配したり、あるいは介入したりすることもまた不当労働行為にあたる。これを支配介入の不当労働行為という。

支配介入行為としては、組合結成のための準備行為への妨害や干渉、組合結成に対する非難、使用者の意に沿うような別組合の結成、組合からの脱退勧奨、組合役員選挙や組合の内部人事に対する干渉、組合の運動方針や組合活動に対する批判や妨害、組合幹部の買収、供応、組合大会や会合の監視、組合内部抗争への干渉、便宜供与（組合事務所や掲示板貸与、チェックオフなど）の一方的中止などがあげられる。

(b) 使用者による意見表明と支配介入

労働者や労働組合に言論の自由（憲法21条）が認められるように、使用者にも言論の自由は認められる。しかしながら、使用者が言論の自由に基づいて意見表明をする場合、それが労働組合ないし労働者の労働基本権の行使をおびやかす場合もある。

そこで、使用者が表明した意見の内容、意見表明の手段、方法、時期、発表者の地位、身分、意見表明の与える影響などを総合して判断し、当該意見表明が組合員に対し威嚇的効果を与え、組合の組織、運営に影響を及ぼす場合には、不当労働行為に該当すると解すべきである（プリマハム事件・最判昭和57・9・10労経速1134号5頁）。裁判例においてその発言が支配介入に該当するとされた事案としては、社長が、工場従業員とその父母の集会において、工場労組が企業連に加入したことを非難し、脱退しなければ人員整理もありうると述べた例（山岡内燃事件・最判昭和29・5・28判時29号21頁）、組合が上部団体の指示によるストライキに入る直前の時期に、管理者が組合員に対してストライキをすればライバル会社に顧客を取られてしまうと訴えた例（北日本倉庫幸運事件・札幌地判昭和56・5・8労判372号58頁）がある。他方、会社が経営危機の打開策を訴える中で、「ストライキをやれば会社はつぶれる」と発言しストライキの自粛を訴えた例においては、不穏当な部分はあるにせよ、全体としては会社の率直な意見表明の域にとどまると判断されている（日本液体運輸事件・中労委昭和57・6・2命令集71巻636頁）。

(6) 経費援助

使用者が、労働組合の運営のための経費の支払いにつき経理上の援助を与えることもまた不当労働行為にあたる。もっとも、使用者が労働組合の福利厚生のための基金などに寄附を行うこと、最小限の広さの事務所の供与を行うことは、不当労働行為にはあたらない。

(7) 複数組合間の差別

日本においては、一つの企業内に複数の組合が存在する場合があるが、憲法28条や労組法は、組合の組織形態（企業内組合か企業横断的な組合か、一般組合か管理職組合かあるいは混合組合か、正社員組合か非正規職組合か）、組合員数の多寡、組合の方針等に関係なく、平等に労働基本権を保障している（競合的組合主義、複数組合主義）。そのことから、使用者には、団体交渉を含むすべての場面で、各労働組合に対して中立的な態度を保持すること（中立保持義務）が求められる（日産自動車事件・最判昭和60・4・23労判450号23頁）。

判例では、団体交渉において、両組合に対して同じ条件を提示したが、その条件を一方組合は容易に了承し、他組合は了承しないことが分かっていながら、それに固執して団体交渉が進展しなかった場合（日本メール・オーダー事件・最判昭和59・5・29労判430号15頁）、一方組合の組合員には残業を命じながら他方組合の組合員にはこれを命じなかった場合（前掲・日産自動車事件）、あるいは一方組合には組合事務所や掲示板を貸与しながら他方組合にはこれを拒否した場合（日産自動車事件・最判昭和62・5・8労判496号6頁）などにおいて、支配介入の不当労働行為の成立が認められている。

もちろん、各組合の組織力や交渉力、あるいは方針の違いに応じて、使用者が誠実に合理的な対応をしている場合には、結果に違いが出ても不当労働行為とはならない。

4　不当労働行為の主体

(1) 行為者

不当労働行為を禁止される主体は「使用者」である（労組法7条本文）。しかし、労組法には「使用者」についての定義規定がなく、解釈によってそれを確定する必要がある。

この点、問題となっている行為が、解雇や団交拒否のような法律行為である場合、雇用主が「使用者」となる。

しかし、発言などの事実行為が問題となっている場合には、誰の行為が「使用者」の行為となるかを判断しなければならない。法人の代表者（社長、理事）の行為だけでなく、取締役、その他使用者の利益代表者である管理職の行為も、当然に使用者の行為とされる。また、その直下の職制のように「使用者の利益代表者に近接する職制上の地位にある者が使用者の意を体して」行為を行った場合には、使用者との間で具体的な意思の連絡がなくても使用者の行為とされる（東海旅客鉄道事件・最判平成18・12・8労判929号5頁）。さらに下位の職制の行為については、使用者と具体的な意思の連絡がなければ、使用者の行為とはみなされない。

(2) 労働契約の当事者以外の第三者

労働契約の一方当事者である使用者が、不当労働行為の主体である「使用者」に該当することについては疑いがない。問題は、直接の労働契約関係にない者も「使用者」に含まれるかである。とりわけ団体交渉の当事者となりうる者は誰か、という形で問題となる。

第1に、近い過去に使用者であった者は、ここにいう使用者にあたる。たとえば解雇された労働者が労働組合を結成あるいは加入し（駆け込み訴え）、当該労働組合が直ちに団体交渉の申込みをした場合、使用者には団体交渉応諾義務がある（日本鋼管鶴見造船所事件・東京高判昭和57・10・7労判406号69頁）。近い将来に使用者となる可能性の高い者についても同様である。

第2に、下請会社の労働者を事業所内で受け入れ、業務に従事させていた注文主が、独立企業としての実態を有さず、注文主が直接採用を決定している場合には、注文主が使用者となる。注文主は、解雇された労働者らの雇用問題に関する労働組合からの団体交渉の申入れに応じなければならない（油研工業事件・最判昭和51・5・6判時817号111頁）。

第3に、判例においては、「雇用主以外の事業主であっても、雇用主から労働者の派遣を受けて自己の業務に従事させ、その労働者の基本的な労働条件等について、雇用主と部分的とはいえ同視できる程度に現実的かつ具体的に支配、決定することができる地位にある場合には、その限りにおいて、右事業主は同条の『使用者』に当たる」とされている（朝日放送事件・最判平成7・2・

28労判668号11頁)。つまり、第三者(同事件では請負先)が、勤務時間の割り振り、労務提供の態様、作業環境の改善について決定している場合、当該第三者の使用者性は肯定され、団交に応じる義務が認められる。一方、当該第三者が関与・決定していない賃上げや一時金の支給、請負企業従業員の社員化については使用者性が否定され、これらが団交のテーマとなる場合、第三者はそれに応じる義務を負わない。

いずれにせよ、団体交渉の促進を目指している憲法28条やそれを具体化した労組法7条の下では、可能な限り問題を団体交渉を通じて解決することが望ましいことに鑑みれば、法的な労働契約関係の存否に固執するのではなく、問題となっている事項について実質的に解決できる者は誰かという観点から検討されるべきである。

〈参考文献〉

・中窪裕也ほか「第7条」、開本英幸「第27条」、道幸哲也「第27条の18」西谷敏ほか編『新基本法コンメンタール　労働組合法』(日本評論社、2011年)

・「労働法の争点」(2014年)第XIII章およびXIV章

・中窪裕也「不当労働行為制度の趣旨・目的」、野田進「不利益取扱いの禁止」、戸谷義治「団交拒否」、山本陽大「支配介入」、森戸英幸「労働委員会の救済命令」『講座労働法の再生5巻』(日本評論社、2017年)所収

第6部　労働関係の終了

第19章

雇用関係の終了と承継

Introduction

仕事を辞める、あるいは職を失うということは、労働者にとって、生活と自己存在にかかわる大きな出来事である。職業人生の終わりを迎えて仕事を辞める人、次の仕事に希望を託して辞めていく人、不本意ながら辞めさせられる人などさまざまであるが、雇用関係の終了は、事の重大性に鑑みて、いかなる場合にも公正に行われるよう、実体面・手続面双方からの法的規制が必要である。

本章では、雇用関係のうち期間の定めのない労働契約に基づく継続的な雇用関係の終了と承継をめぐる法的問題について検討する。ここで検討の対象とする雇用関係の終了とは、解雇、辞職、合意解約、定年解雇・定年退職、当事者の消滅（労働者の死亡、企業の清算終了）による、期間の定めのない労働契約の終了をいう。一方、雇用関係の承継とは、期間の定めのない労働契約が新しい企業に承継されることをいい、合併、事業譲渡、会社分割などの企業再編の際に問題となる。なお、期間の定めのある労働契約は、原則として期間の満了により終了するが、雇止め法理の確立により、かかる契約が反復更新された後に突如として更新がなされなくなった場合には、これも期間の定めのない労働契約の終了に類するものとして扱われるにいたっている（第8章を参照）。

1　解　雇

(1)　解雇法制の意義

解雇とは、使用者による労働契約の解約である。民法は、期間の定めのない労働契約につき、各当事者は、いつでも解約の申入れをすることができるとし、この場合において、雇用は解約の申入れの日から2週間を経過することによって終了すると規定している（民法627条1項）。民法は、2週間の予告期間を置くことを条件に、労働者には「退職の自由」を、使用者には「解雇の自由」を認めているのである。しかし、契約当事者に対等に「自由」を認めても、それがもつ意味や影響力は大きく異なる。「退職の自由」は、労働者を不当に拘束することを防止するものであるが、「解雇の自由」は、労働者の生活を直撃し、社会的にマイナスの波及効果をもたらしかねない。それゆえ、労働法は、民法が使用者に認めた「解雇の自由」を規制する方向で発達してきた。

(2)　法律による解雇の禁止

(a)　解雇における差別の禁止

差別的な解雇は、法律により禁止される。具体的には、労働者の①国籍・信条・社会的身分を理由とする解雇（労基法3条）、②組合所属または正当な組合活動等を理由とする解雇（労組法7条1項）、③性別を理由とする解雇（均等法6条4項）、④障害を理由とする解雇（障害者雇用促進法35条）が禁止される。

(b)　労働能力喪失中の解雇の禁止

使用者は、労働者が業務上負傷し、または疾病にかかり療養するために休業する期間およびその後30日間、ならびに産前産後の女性が労基法65条の規定によって休業する期間（原則として産前6週間、産後8週間）およびその後30日間は解雇してはならない（労基法19条1項本文）。業務災害については使用者に全く責任がないわけではないこと、産前産後の女性の身体は特別の保護を必要とすること、そして、業務災害や妊娠・出産により労働能力を喪失したこれらの期間中は、解雇されたときに次の職を探すことが困難であることが立法趣旨である。

この解雇禁止には、2つの例外がある。1つは、天災事変その他やむを得ない事由のために事業の継続が不可能となり、かつその事由について労基署の認定を受けた場合である。いま1つは、療養開始後3年を経過しても傷病が治癒しない労働者に対し、使用者が平均賃金の1200日分の打切補償（労基法81条）を行った場合である（労基法19条1項ただし書、2項）。

では、業務により疾病を患った労働者が労災保険法に基づき療養補償給付（労災保険法12条の8第1項第1号）等を受けるようになり、療養開始から長期間が経過してもその疾病が治癒しない場合、使用者は平均賃金の1200日分の打切補償を行うことにより、解雇制限から解放されるのか。この点について明文の規定は存在しないが、判例は、労災保険法の療養補償給付を受ける労働者が、療養開始後3年を経過しても疾病等が治らない場合には、使用者は労基法所定の打切補償を支払えば、解雇制限の除外事由を定める労基法19条1項ただし書の適用を受けることができると判示した（専修大学事件・最判平成27・6・8労判1118号18頁）。妥当な判断といえよう。

(c) 法律上の権利行使を理由とする解雇の禁止

法律上の権利行使を理由とする次のような解雇も明文で禁止されている。①育児休業・介護休業の申出、取得等、育児・介護休業法上保障されている権利を行使したことを理由とする解雇（育介法10条、16条など）、②パートタイム労働法上の紛争解決の援助や調停を申請したことを理由とする解雇（パート法24条2項）、労基署に労基法違反を申告したことを理由とする解雇（労基法104条2項）などである。

(d) 解雇権濫用法理と労契法16条

使用者による解雇は、法律上の制限以外のいかなる制約を受けるのか、過去には学説上の意見対立があった。具体的には、①市民法の原理に照らして、使用者には解雇の自由があり、これを一般的に制約することはできないとする解雇自由説、②憲法の生存権理念などから、使用者は解雇に正当な事由がある場合に限り、これをなしうるとする正当事由説、③使用者が解雇権をもつことは認めつつ、生存権理念を踏まえ、権利濫用禁止の一般原則（民法1条3項）により解雇権は大幅に制約されるとする解雇権濫用説などが存在した。最高裁は1975年に「解雇は、客観的に合理的な理由を欠き、社会通念上相当であると認められない場合は、その権利を濫用したものとして、無効とする」と判示して、③の立場に立つことを明らかにした（日本食塩事件・最判昭和50・4・25判時774号3頁）。そして、判例法理によるこの解雇制限は、解雇権濫用法理と呼ばれるようになった。

解雇権濫用法理は、その後、2003年に労基法18条の2として明文化され、2007年の労働契約法制定時に、同法16条に移された。民法上の解雇の自由は、同条により労働法的修正を受けている。

(3) 解雇の実体的規制

(a) 解雇事由

解雇事由を含む退職に関する事項は、就業規則の必要記載事項であり（労基法89条3号）、また、多くの労働協約にもこうした記載がみられる。就業規則や労働協約の趣旨に照らすと、本来はそれらの定める解雇事由を限定列挙と解し、具体的に定めのない事由による解雇は無効とすべきである。とはいえ、実際上の解雇事由はかなり広い。なぜならば、就業規則等には通常、具体的な解雇事由を列挙した後に、「その他、前各号に準ずるやむをえない事由」という包括的規定が存在するためである。

解雇権濫用法理は、①客観的に合理的な理由と、②社会通念上の相当性を欠く解雇は解雇権の濫用にあたり無効となると宣明する。①と②が明確に区別されない場合も少なくないが、「客観的に合理的な理由」は一応労働者の労働能力の低下(b)、労働者の義務違反や規律違反(c)、経営上の必要性(d)に分類することができる。

(b) 労働者の労働能力の低下を理由とする解雇

労働者の労働能力の低下を理由とする解雇は、病気等によって労働者が労働能力を喪失する場合のほか、労働者の勤務成績が振るわない場合になされる。しかし、解雇は労働者に大きな金銭的・精神的打撃を与えることから、やむにやまれぬ場合の最終的手段と考えるべきである。病気等による労働者の労働能力の低下を理由とする解雇については、労働者の就労不能状態ないし休職期間が長期化することが予想され、雇用を維持することがもはや現実的でないという場合に初めて有効となると考えるべきである。判例は、病気等に罹患し休職した労働者が、休職前の業務を十分に行えなくなったとしても、①その労働者が職種非限定の労働契約を締結しており、②その能力、経験、地位、使用者の規模や業種、その労働者の配置や異動の実情、難易等を考慮して、配置換え等により現実に配置可能な業務があり、かつ③その労働者が復職後の職務を限定せずに復職の意思を示している場合には、使用者から指示される配置可能な業務についての労務の提供を申し出ているものというべきであるとの判断枠組みを示しつつ、現実に復職可能な勤務場所があり、当該労働者が復職の意思を表明しているにもかかわらず、復職不可とした使用者の判断は、一定の休職期間中に病気が治癒した労働者には復職を命ずるとする就業規則の規定に反し無効であると判示した（東海旅客鉄道事件・大阪地判平成11・10・4労判771号25頁）。

労働者の労働能力の低下による勤務成績の不良を理由とする解雇についても、やはり解雇は最終的手段である。まず使用者の勤務評定が客観的かつ公平に行われていることが大前提となる。そのうえで、労働者の勤務成績不良に対して、使用者がこれを改善するための努力を行ったにもかかわらず効果がなく、今後もその状態が継続することが合理的に予測されるときに初めて、解雇は社会通念上相当であるといえる。

(c) 労働者の義務違反や規律違反を理由とする解雇

度重なる遅刻や早退、無届の欠勤、業務命令拒否（配転、出向、時間外労働勤務命令などの拒否）、企業秘密の漏洩、使用者の名誉・信用失墜行為などは、一般に、労働契約上の義務違反とされ、就業規則違反に該当する。問題の行為が今後も継続する可能性が高く、かつ、使用者が次に同じ行為が発見されたときには解雇をもって臨むということを警告していたにもかかわらず、同じ行為が行われたときに初めて、解雇は社会通念上相当といえよう。

ラジオニュースの担当アナウンサーが2週間に2度寝過ごして、放送時間に空白が生じるという事故を起こし、使用者が就業規則の「その他、前各号に準ずるやむをえない事由」に違反したとして行った解雇につき、最高裁は、事故を起こした本人に悪意ないし故意はなかったこと、先に起きてアナウンサーを起こすことになっていた者も寝過ごしたこと、本人が謝罪の意を表明していたこと、事故による放送空白時間はさほど長くなかったこと、本人には過去に事故歴がなく、勤務成績も悪くなかったことなどの理由をあげて、解雇は「いささか苛酷にすぎ」、「必ずしも社会的に相当なものとして是認することはできないと考えられる余地がある」と述べて、当該解雇を無効とした（高知放送事件・最判昭和52・1・31労判268号17頁）。妥当な判断である。

(d) 整理解雇（経営上の必要性による解雇）

使用者が経営上の必要性から余剰人員を削減するために行う解雇を整理解雇という。労働者側に原因のない解雇であることから、判例は一般の解雇に比べてより厳しい制約をかけており、「整理解雇の4要件（要素）」と呼ばれる基準に照らしてその有効性を判断してきた（大村野上事件・長崎地大村支判昭和50・12・24労判242号14頁）。なお、4つの要件は、法律上の要件ではないことから、最近では「4要素」と表現されることが多い。いずれの用語を選択しようとも、要件／要素のいずれか1つでも欠ければ整理解雇は権利濫用と判断される。

4要素の第1は、「人員削減の必要性」である。判例は、人員削減をしなければ倒産必至というほどの厳しい状況は求めておらず、累積赤字があるなど企業経営上ある程度の合理性があれば、人員削減の必要性を認めている。

第2は、「解雇回避努力」である。解雇を回避するために、使用者がほかの採りうる手段をとったということが求められている。たとえば、新規採用の抑制、残業の削減、役員報酬の削減、余剰人員の配置転換、出向、転籍、希望退職者の募集などがそのような手段としてあげられ、かかる手段をいっさい採ることなく行われた整理解雇は、社会通念上相当でないとされる（あさひ保育園事件・最判昭和58・10・27労判427号63頁）。

第3は、「人選の合理性」である。整理解雇の対象者となる労働者の人選にあたっては、まず基準が合理的でなければならず、かつその適用が公正でなければならない。人選基準としては、年齢、勤続年数、勤務成績、扶養家族の有無、転職の可能性などをあげうるが、不況や経営不振など労働者に責任のないことを理由として行われる整理解雇において、労働者の勤務成績のみを重視することには問題があるし、年齢と転職の可能性など相互に矛盾する基準もある（年齢が高く、それゆえに賃金コストが高い労働者の解雇は、使用者の経営上の負担を軽減するものの、当該労働者の再就職の可能性は若年者に比べて低い）。このようなことを踏まえて、整理解雇の対象者の人選にあたっては、いくつかの要素を複合的に用いることが求められる（ヴァリグ日本支社事件・東京地判平成13・12・19労判

817号5頁)。

第4は、「手続の妥当性」である。使用者は整理解雇を行う際に、労働者・労働組合と人員整理をするにいたった経緯を誠実に説明し、解雇回避手段、被解雇者の人数、人選、退職金、再就職のあっせんなどにつき協議をしなければならない。

(4) 解雇の手続的規制

(a) 解雇予告義務

労基法は労働者保護の観点から、使用者が解雇をしようとする場合には、少なくとも30日前に予告をするか、もしくは30日分以上の平均賃金(解雇予告手当)を支払わなければならない(労基法20条1項)と規定し、民法627条1項(2週間前予告をすれば労働契約を解約できる)に労働法的修正を加えている。解雇の予告日数は平均賃金を支払った日数だけ短縮できる(同2項)。

30日前の解雇予告もなく、解雇予告手当の支払いもなしに行われた解雇は、労基法20条違反であり、公法上は罰則の対象となる(労基法119条)。では、労基法20条違反はいかなる私法上の効果を有するのか。

判例によれば、使用者が労基法20条所定の予告期間を置かず、また予告手当を支払わずに労働者に解雇の通知をした場合、その通知は即時解雇としては無効であるが、「使用者が即時解雇を固執する趣旨でない限り、通知後同条所定の30日の期間を経過するか、または通知の後に同条所定の予告手当の支払をしたときは、そのいずれかのときから解雇の効力を生ずる」(細谷服装事件・最判昭和35・3・11判時218号6頁)。しかし、これに従えば、労働者は使用者が即時解雇に「固執」したという場合にしか予告手当を請求できないが、即時解雇に固執したという使用者の内心の意思の証明はきわめて困難である。

そこで、使用者が解雇予告も予告手当の支払いもなしに解雇を行った場合には、労働者は解雇無効の主張と解雇有効を前提とした予告手当請求のいずれかを選択できるとする、選択権説が唱えられるようになった。この説は、労働者が相当の期間内に選択権を行使しない場合には、解雇無効を主張できないとする。今日の多数説はこれであり、裁判例もこの立場に立つものがみられる。

(b) 就業規則・労働協約における解雇協議・解雇同意条項

就業規則・労働協約には、解雇にあたって労働組合との協議や労働組合の同意その他の手続を要する旨を定める条項が定められていることがある。これらの条項は労働契約の内容となる（労契法7条、労組法16条）ので、使用者がこれらに違反してなす解雇は無効である。

(5) 解雇無効の効果

(a) 解雇無効の意味

解雇無効の効果は、解雇がなかったものとして労働契約が存続することであり、労働者は職場復帰することができる。労働者は不当な解雇に対し、その無効および従業員としての地位の確認、さらに解雇期間中の賃金の支払いを請求することができる。

(b) 解雇期間中の賃金

解雇が無効となった場合、解雇期間中の不就労は、使用者の責めに帰すべき事由による履行不能となり、労働者はその間の賃金請求をすることができる（民法536条2項）。

解雇無効を争っている間、被解雇者が生活を維持するための収入を必要として、ほかの使用者のもとで就労することがある。このときに被解雇者が得た賃金を「中間収入」というが、被解雇者が無効判決を勝ち取り、元の職場に復帰して賃金を得られることになった際、使用者は賃金額から中間収入の額を控除することができるだろうか。

判例は、民法536条2項後段を根拠に、中間収入を労働者が債務を免れたことによって得た利益とみなし、解雇期間中の賃金から中間収入を控除できると解する。ただし、労基法26条が、使用者の責めに帰すべき事由による休業について、使用者に少なくとも平均賃金の60％に相当する休業手当の支払を義務付けていることに鑑みて、平均賃金額の60％に達するまでの部分については控除の対象としえないと解する（米軍山田部隊事件・最判昭和37・7・20判時309号2頁）。もっとも、60％を超える部分から控除する際には、その中間収入の発生期間が、賃金の支給対象期間と時期的に対応していることを要し、賃金の中に解雇期間中の一時金が含まれている場合には、この一時金も控除の対象となる

（あけぼのタクシー事件・最判昭和62・4・2労判506号20頁、いずみ福祉会事件・最判平成18・3・28労判933号12頁）。

中間収入を民法536条2項後段の「自己の債務を免れたことによって得た利益」と解する判例を、学説も概ね支持しているが、批判する説も存在する。批判説は、労働者が解雇期間中にほかの使用者に雇用されて収入を得るのは、その主体的決断によるものであって、これを履行不能を生じさせたのと同一の原因から生じた利益（たとえば、売主が留保していた建物が火災で焼失したときに売主が得た火災保険金）と同列に扱い「自己の債務を免れたことによって得た利益」とみなすことはできないとする。

(c) 損害賠償

被解雇者は不当な解雇により被った精神的苦痛に対する慰謝料を請求することができる。従業員としての地位確認と解雇期間中の賃金支払いが認められた事例では、それらによって精神的苦痛が慰謝されたとして、慰謝料請求が棄却されることが少なくなく、慰謝料請求が認容されたのは、解雇が労働者のHIV 感染を理由として行われた場合（HIV 感染者解雇事件・東京地判平成7・3・30労判667号14頁）や、労働者に対する報復目的で行われた場合（東京自動健康保険組合事件・東京地判平成18・11・29労判935号35頁）など、解雇の不当性が著しい事案に限定されている。

一方、被解雇者が解雇の効力は争わず、不法行為として損害賠償請求のみ行う事例も見られる。こうした事例においては慰謝料にとどまらず、逸失利益（転職に通常要する期間の賃金相当額）を請求できるとされている（三枝商事事件・東京地判平成23・11・25労判1045号39頁）。

(d) 解雇の金銭解決制度

解雇の金銭解決制度とは、当事者の申出により、使用者からの一定の金銭支払と引き換えに労働関係の終了を認める制度をいう。現在のところ、この制度は存在していないが、強い反対もある中で、2022年4月には制度創設ありきで、その中身をまとめた「解雇無効時の金銭救済制度に係る法技術的論点に関する検討会」報告書が出された。

同報告書は、無効な解雇がなされた場合、労働者の請求によって使用者が一定の金銭を支払い、当該支払によって労働契約が解消することを念頭におきつつ、これを可能にする法理論的構成として次の2つを並記している。すなわち、①使用者による解雇の意思表示がなされ、当該解雇が無効であるという要件を満たした場合に、(i)労働者に金銭救済を求めうる形成権が発生し、それを行使した効果として労働者から使用者に対する労働契約解消金債権が発生するとともに、(ii)使用者が当該労働契約解消金を支払った場合に労働契約が終了するとの条件つき労働契約終了効が発生するという構成（形成権構成）および②労働者の請求を容認する判決または労働審判が確定した場合、その効果として上記(i)(ii)の効果が発生するとの構成（形成判決構成）である。また、労働契約解消金は、バックペイ（遡及払いされる賃金）、不法行為による損害賠償、退職手当の各債権とは別個のものであること、同解消金の水準については、予見可能性を高めるために一定の算定式を設けることを検討する必要がある一方で、個別性を反映するために個別事情を考慮することも考えられること、考慮要素としては給与額、勤続年数、年齢、合理的な再就職期間、解雇に係る労働者側の事情、解雇の不当性などが考えられること、さらに、算定方法や考慮要素の検討にあたっては、労働契約解消金をどう定義し、同解消金によって補償すべきものを何とするか（契約終了後の将来得べかりし賃金等の財産的価値のほか、当該職場でのキャリアや人間関係等の現在の地位にあること自体の非財産的価値など）という点を勘案して政策的に判断すべきであることなどが提案されている。

労働者が解雇の不当性を争い、裁判で解雇無効・地位確認が認められても、労働者は就労請求権をもたないという判例が確立している（読売新聞社事件・東京高決昭和33・8・2判タ83号74頁）。このこと自体は、憲法27条が勤労者に勤労の権利を保障しているということを踏まえれば、大いに問題であるとはいえ、通説によれば、また法実務上も、使用者が労務の受領を拒否している場合には、労働者は職場復帰を果たしえない。また事例によっては労使当事者の信頼関係が崩れており、労働者が職場復帰を果たすために、あるいは使用者が職場に当該労働者を受け入れるために越えなければならない心理的ハードルが高くなっていることがある。そのため、解雇に関する訴訟や労働審判は、労働者の退職と一定の金銭の支払を内容とする和解で決着することが多い。

しかしながら、このことが、解雇の金銭解決制度を新たに導入するための合理的な理由になるとは思わない。不当な解雇に対し、職場復帰を希望せず、一定の金銭を受領して退職したいと思う労働者は、既存の制度下（民事訴訟労働審判制度における和解や労働局におけるあっせん等）でそれを実現している。新たな制度をつくれば、それはまず使用者に、違法な解雇をしても金銭さえ払えば雇用関係を終了させられるとの安心感を与えるだろう。また、労働契約解消金の水準が定まれば、使用者にとっては解雇のコストが予測可能となり、解雇をしやすくなるであろう。場合によっては使用者が同解消金の水準以下の金銭の支払を提案しつつ、労働者に退職勧奨をするようになることも出てくるだろう。そして、ひとたび解雇の金銭解決制度が定着すれば、使用者側にも解雇の金銭解決の申出権を認めようという動きが出てきて、これに抵抗できなくなるという恐れも生じる。以上のようなさまざまな理由から、解雇の金銭解決制度の創設には賛成できない。

2　辞職（任意退職）と合意解約

辞職（任意退職）とは、労働者が一方的な意思表示によって労働契約を解約することである。労働者は期間の定めのない雇用契約を締結している場合、2週間の予告期間さえおけば、いつでもこれを「解約」できる（民法627条1項）。期間の定めのある雇用契約の解約についても、「やむを得ない事由」があるときは「直ちに契約の解除」をすることができる（民法628条前段）。「解除」とは、一般には、契約を遡及的に解消することであるが、雇用関係においては解除の効果は遡及しないから（民法630条）、「解約」と「解除」は要件が異なるだけである。直ちに契約を解除することを正当とする「やむを得ない事由」には、賃金の不払い、セクシュアル・ハラスメント、パワー・ハラスメントなどをあげうる。一方、合意解約とは、労働者と使用者の合意により雇用契約を解約することである。合意に基づくので、2週間の予告期間は不要である。

労働者が熟慮を経ることなく「辞めます」という発言をしたり、辞職届や退職願などの文書を会社に提出したりすることがある。そこにいたる経緯はさまざまであるが、使用者からの圧力によるものであることも少なくない。たとえば、懲戒解雇をほのめかすなど、使用者が労働者に害悪が及ぶことを告げて恐怖心を植え付け、そのことにより労働者が退職の意思表示をしたと認められる場合には、強迫による取消しが認められる（民法96条1項）。また、使用者が、客観的には解雇事由または懲戒解雇事由が存在しないにもかかわらず、そうであるかのように労働者に誤信させた場合には、錯誤による取消しが認められる（同95条）。さらに、労働者が退職の意思がないにもかかわらず、反省の意を強調するために退職願を提出し、使用者もその真意を知りつつ受領したという場合、かかる意思表示は心裡留保として無効とされる（民法93条）。

しかし、多くの労働者は、早期退職の勧奨に渋々ながらも応じたなど、強迫や錯誤の法的要件は満たしえない状況の下で退職の意思表示をしている。そのため、それを事後的に撤回できるかという問題が浮上する。辞職は、雇用契約の解約という効果を発生させる労働者の一方的な意思表示であるので、その意思表示が使用者に到達した時点以降の撤回はできないが、合意解約は、労使の合意による雇用契約の解約なので、合意の成立（労働者からの申込みの意思表示に対して使用者が承諾の意思表示をする）までは、労働者側からなした解約の申し込みは撤回できる。判例は、労働者の辞職の意思が固い場合を除き、辞職の意思表示を合意解約の申込みと解することにより、撤回の可能性を認める傾向にある。とはいえ、最高裁は、人事上の決定権をもつ人事部長が退職願を受理した場合には、即時承諾の意思表示がなされ、合意解約が成立すると強く示唆しており（大隈鐵工所事件・最判昭和62・9・18労判504号6頁）、合意解約の申込みを受けた管理職が単独で承諾を与える決定権限を有しているか、という点は今後も争いになる。以上のような問題を解決するために、労働者が従属的な立場にあるということを念頭に置きつつ、解釈論的には、労働者からなされた退職（辞職、合意解約）の意思表示が、労働者の自由な意思に基づくと認めるに足る合理的理由が客観的に存在することの証明を使用者側に転換することが検討されなければならない。また、立法論的には、一定期間内であれば意思表示の撤回が可能であるとする法律規定を新設することが検討されるべきである。

3　定年と再雇用

(1)　定年制

定年制とは、労働者が一定の年齢に達したときに労働契約が終了する制度をいい、厳密には2種類のものがある。1つは定年解雇制であり、定年に達したときに使用者側から解雇の意思表示がなされ、これにより労働契約を終了させるものである。使用者は解雇予告をする必要がある（労基法20条）。もう１つは定年退職制であり、定年に達したときに当然に労働契約が終了するというものである。

定年制について、学説上は、労働者の労働能力とは無関係に、その者が一定年齢に達したことのみをもって一律に労働契約を終了させるものであり、合理性がなく違法・無効であるという説が存在する一方で、一定年齢を過ぎると平均的にみれば労働能力は年齢とともに低下し、労働者の労働能力を個別的に評価して解雇によって引退させるのは、評価の適正さの確保が容易ではないことなどを考えれば、必ずしも得策ではないなどの理由をあげて、定年年齢がある程度以上に設定させる限りは、必ずしも合理性がないとはいえないとする説などが存在する。しかし、判例および多数説は、定年制は人事の刷新など企業の運営の適正化のために行われるもので、一般的に不合理な制度ではないとし、その法的効力を承認している（秋北バス事件・最大判昭和43・12・25判時542号14頁）。

(2) 再雇用（継続雇用）制度

1986年制定の高年齢者雇用安定法（高年法）は、55歳以上の者を「高年齢者」と呼び、これに該当する人々の雇用の安定を図ることを目的としている。同法は当初、60歳定年制を事業主の努力義務としていたが、1994年の改正により、努力義務を法的義務に高め、60歳を下回る定年を禁止した（高年法８条）。

その後同法は2004年の改正により、65歳未満の定年を定める事業主に、その雇用する高年齢者の65歳までの安定した雇用を確保するため、①定年年齢の引上げ、②継続雇用制度の導入、③定年制の廃止、のいずれかの措置を講じることを義務付けた（高年法９条１項）。このうち、②の継続雇用制度を採用する企業が最も多く、2012年の法改正によって、事業主は継続雇用を希望する労働者の選別をすることが許されなくなった（高年法９条２項）。

事業主が高年法９条１項に違反し、そこに掲げるいずれの措置もとらない場合、厚生労働大臣は事業主に対し、必要な指導・助言・勧告をすることができ、勧告に従わない企業の名前を公表できる（高年法10条）。同条は、同法９条１項違反の公法的効果を定めた規定であるが、問題は私法的効力をいかに解すかである。同条項私法上の効力を認める学説も存在するが、多数説は義務内容の柔軟性（①〜③のいずれの措置をとるかは企業に委ねられている）と違反に対する行政措置規定（高年法10条）に鑑みて、その私法的効力を否定する。

近年、継続雇用後の労働条件をめぐる紛争がしばしば生じている。高年法は継続雇用制度下の労働条件設定について何ら規定していないが、厚労省の解釈によれば、労働条件は労使自治によって決定されるものとされ、再雇用条件が定年前と異なり労働者の希望に合致せず再雇用に至らない場合でも、同法に違反したことにはならない（厚労省・高年法Q＆A）。学説上は、継続雇用制度下での職種・労働条件が許容範囲を超える場合、使用者は継続雇用を拒否したとみなされ、労働者は不法行為による損害賠償とともに、地位確認請求をなしうるとする説も存在するが、多数説は、高年法9条1項の私法上の効力を否定し、労働者の地位確認請求は認めない。ただし、実質的にみて継続雇用といえないような労働条件での雇用は、「65歳までの安定した雇用を保障する」という高年法9条1項の趣旨に反する行為であるとして、労働者の損害賠償請求は肯定する。判例も多数説と同じ立場に立つ（トヨタ自動車ほか事件・名古屋高判平成28・9・28労判1146号22頁、九州惣菜事件・福岡高判平成29・9・7労判1167号49頁）。私見では、「65歳までの安定した雇用を確保する」という高年法の趣旨は、継続雇用を拒否した使用者による損害賠償という形での金銭の支払いによって担保されるとはいえない。憲法25条および27条を踏まえるならば、「安定した雇用」とは、継続雇用制度化での職務・労働条件が労働者の許容範囲内であり、当該労働者の尊厳が奪われない雇用と解されるべきである。判例、多数説のような公私法二元論には与しえない。

なお、2020年の高年法改正により、事業主には70歳までの就業確保措置の努力義務が追加された（高年法10条の2）。

4　労働者の退職時等の使用者の義務

労働者が退職する際、使用期間、業務の種類、その業務における地位、賃金または退職の事由（解雇の場合にはその理由を含む）について証明書を請求した場合には、使用者は、遅滞なくこれを交付しなければならない（労基法22条1項）。また、労働者が労基法20条1項所定の解雇予告の日から退職の日までの間に、解雇理由について証明書を請求した場合には、遅滞なくこれを交付しなければならない（労基法22条２項）。使用者は、これらの証明書に、労働者の請求しない事項を記入してはならない（労基法22条３項）。また、使用者は、あらかじめ第三者と謀り、労働者の就業を妨げることを目的として、労働者の国籍、信条、社会的身分もしくは労働組合運動に関する通信をし、または22条１項、２項の証明書に秘密の記号を記入してはならない（労基法22条４項）。

5　企業組織変更と労働契約

(1)　企業組織の変更と労働契約

企業競争力の強化や経営体制の効率化のために行われる合併、事業譲渡、会社分割などの企業組織変更は、労働者の雇用や労働条件に大きな影響を与える。経済のグローバル化による企業間競争の激化やバブル経済崩壊後の日本経済の低迷打開のため、1990年代後半以降、純粋持株会社の解禁、合併手続の簡素化・合理化、会社分割制度の導入などの法改正が行われ、企業組織変更が促進されてきた。企業組織変更の際に労働契約に生じる問題については、会社分割における労働者の承継ルールを定める労働契約承継法がある。他方で、事業譲渡に関する法的ルールは十分に整備されていない状況にある。

(2)　合　併

会社の合併には、Ａ会社がＢ会社に吸収される吸収合併と、Ａ会社とＢ会社が統合して新たにＣ会社を設立する新設合併とがある。合併では、消滅する会社の権利義務は、存続会社あるいは新設された設立会社にすべてそのまま承継される（包括承継という、会社法752条、756条）。労働契約も当然に承継されるため、事業譲渡の際の一部労働者の承継排除による雇用喪失や、会社分割の際の労働者の意に反する承継などの問題は生じず、労働者が合併の際に労働契約上の不利益をこうむることは考えにくい。

ただし、合併後に複数の労働条件が併存して労働条件の統一が図られる場合、一部の労働者の労働条件が不利益に変更されることがある。これは就業規則や労働協約の変更法理に従って解決される問題である。また、合併後の労働条件をめぐって労働組合が分裂、併存した結果、組合間差別が行われることもある（合併後分裂した労働組合の一方にのみ組合事務所等を貸与し、他方には貸与しなかったことが支配介入の不当労働行為に該当するとした例として、日産自動車事件・最判昭和62・5・8労判496号6頁）。

(3) 事業譲渡

事業譲渡とは、A会社（譲渡元会社）が土地・建物・機械設備、技術・信用・得意先関係、経営者・管理職・労働者などから構成される有機的一体として機能する財産である事業の全部または一部を、B会社（譲渡先会社）に譲渡することである。事業譲渡では、合併のような包括承継とは異なり、譲渡される権利義務（債権・債務）の範囲は両者の合意によって定められる。A会社で働く労働者の労働契約も、両者の合意によりB会社に承継されるかどうかが決まる（これを特定承継という）。そのため、譲渡の対象とされなかった労働者がB会社での就労を希望しても、A、B両会社が当該労働者をあらためて譲渡の対象とする合意をしなければ、それは認められないのが原則となる。

事業譲渡の際、雇用の喪失という大きな不利益を労働者がこうむることがあり、これが事業譲渡における法的紛争を生じさせる。たとえば、A会社の事業の全部をB会社に譲渡する契約が締結され、労働契約も譲渡の対象とされたが、一部の労働者の労働契約のみ譲渡の対象としない旨がA、B会社間で合意される。そして、その譲渡対象から排除された労働者がA会社に残ることとなったところ、A会社が解散し、労働者が解雇され、雇用を喪失してしまう場合がこれにあたる。特定承継の原則を貫けば、このような結果も当然ともいえる。しかし、実際には、事業譲渡前後でその事業内容、会社の所在地、電話番号などに全く変更がなく、一部労働者が労働契約の承継対象から排除されたこと以外には事業の実態が同一であるような場合もあり、A、B会社間の合意のみで、他に客観的理由のない解雇が行われたのと同様の結果を生じさせることがある。したがって、事業譲渡の際に特定承継の原則を貫くことは、解雇に客観的に合理的な理由を要求する解雇権濫用法理による規制（労契法16条）をかいくぐる結果をもたらすこともあるため、妥当でない。

このような不利益には、裁判上、いくつかの対応がされている。一つは、A、B会社間の事業譲渡契約における合理的な意思を探求し、譲渡の対象とされなかった労働者の労働契約がＢ会社に承継される意思があったと認定する方法である（タジマヤ事件・大阪地判平成11・12・8労判777号25頁）。また、このような合理的意思の探求という方法によらず、Ａ、Ｂ会社間の事業に実質的同一性が認められる場合に、Ａ会社による解雇とＢ会社による不採用は実質的にＢ会社による解雇に相当するとして、Ｂ会社に採用されなかった労働者によるＢ会社に対する労働契約上の地位確認請求を認めたものがある（新関西通信システムズ事件・大阪地決平成6・8・5労判668号48頁）。

他方、事業譲渡契約により承継対象となった労働者が譲渡先会社での就労を望まない場合、労働者はこれを拒否できると解される（民法625条1項）。したがって、譲渡元会社が承継予定労働者を承継させるには当該労働者の承諾を要するが、真意によらない承諾がなされないよう、当該労働者に対して事業譲渡に関する情報の説明をし、承諾に向けた協議をすることが求められている（平成28・8・17厚労告318号）。

(4) 会社分割

会社分割とは、分割しようとする会社（分割会社）が事業に関する権利義務の全部または一部を他の会社に承継させることであり（会社法2条29号、30号）、これらを既存の会社に承継させる吸収分割（同757条以下）と、新たに設立した会社に承継させる新設分割（同762条以下）とがある。会社分割を行うにあたり、会社は分割計画等を作成する（同758条、763条）。会社分割では、労働契約を含む権利義務は分割計画等の定めにしたがって、承継会社等（吸収分割の場合は承継会社、新設分割の場合は設立会社）に承継される（これを部分的包括承継という、労働契約承継法3条参照）。

労働契約承継法では、労働契約の承継については次のようなルールが設定されている。①承継される事業に主として従事する労働者で、分割計画等に承継する旨が記載されている労働者は、当然に承継される。この労働者は、後述の②および③のような異議申立ては許されず、承継が強制される（承継法3条）。他方、②承継される事業に主として従事する労働者ではあるが、分割計画等に承継する旨が記載されていない労働者は、承継を希望する場合に一定期間内に異議を申し出ると承継されたものとされる。③ほかの事業にも従事する労働者については、承継される事業に主として従事していない労働者で、分割契約等に承継する旨が記載されている労働者は、承継を希望しない場合に一定期間内に異議を申し出れば労働契約は承継されない（同5条）。

会社分割では、労働契約が当然承継され、異議を述べることができない労働者がいることから、分割にあたり事前の手続ルールが定められている（これらの手続に問題があった場合の労働契約承継の効力について争われた事例として、日本アイ・ビー・エム事件・最判平成22・7・12労判1010号5頁）。分割会社は、すべての事業場において当該事業場の労働者の過半数代表と協議して、労働者の理解と協力を得るよう努めるものとされ（承継法7条、7条措置）、また承継される事業に従事する労働者と個別に協議しなければならない（平成12年商法等改正法附則5条、5条協議）。さらに、承継される事業に主として従事する労働者および主として従事していないが承継の対象とされた労働者に対し、承継事業の概要や承継会社等での職務内容、就業場所等一定の事項について書面で通知しなければならない（承継法2条）。5条協議か行われなかったときやそれが行われても当該協議が法の趣旨に反する場合（例えば労働組合脱退と引き換えに承継の選択を迫ること、エイボン・プロダクツ事件・東京地判平成29・3・28労判1164号71頁参照）、労働者は労働契約承継の効力を争うことができる。また、2条の通知を違法に受けなかった場合も同様である（平成12・12・27労告127号）。

〈参考文献〉

・野田進・野川忍・柳澤武・山下昇編著『解雇と退職の法務』（商事法務、2012年）
・「労働法の争点」（2014年）解雇および第XIII章の各論考
・根本到「解雇権濫用法理」労働法の争点（2014年）74頁
・吉田美喜夫「解雇の合理的理由」労働法の争点（2014年）77頁
・藤原稔弘「整理解雇」労働法の争点（2014年）78頁
・山本陽大「解雇の救済方法」労働法の争点（2014年）82頁

第6部　労働関係の終了

第20章

セーフティネットと法

Introduction

2008年秋にアメリカの投資会社リーマン・ブラザーズが破綻し、これが引き金となって世界的金融危機が発生した（リーマン・ショック）。日本でもその影響を受け、その直後に失業率は5％台に達した。このときに大きな社会問題となったのが、大量の有期雇用労働者の雇止め（契約更新拒否）や派遣労働者の解雇（派遣切り）である。

また、2020年3月にILOがパンデミックと認めた新型コロナウイルスの感染拡大とそれに伴って世界中で生じた経済活動の停滞は、She-cession（「女性」Sheと「不況」Recessionとを合わせた造語。女性の雇用状況の悪化を表す用語）と呼ばれるほどに、非正規労働者および女性労働者を中心とした雇止めや離職という深刻な事態を引き起こした。

失業には、転職や進学のために労働者が選んで退職する場合（自発的失業）と、会社が倒産したり解雇によって失業する場合（非自発的失業）とがある。いずれの場合にも直ちに次の職が見つかればよいが、失業状態が一定期間続くと経済的にも精神的にもより困難な状況に追い込まれることになる。こうした事態に備えて用意しておくべき制度が「セーフティネット」といわれるものである。

1　多様なセーフティネット

社会保障の分野では、最低限度の生活を保障する制度である生活保護のことをセーフティネットということがあるが、雇用についてはそれ以前の段階でのセーフティネットが用意されている。雇用が安定している状態が理想であり、したがって、解雇されない（解雇権濫用法理）、職を失わないということが、最も重要なセーフティネットともいえる。また、企業に余剰人員が生じても、解雇を回避できれば望ましい。景気変動等により事業活動を縮小せざるをえなくなった事業主が、解雇を回避するために休業、教育訓練、出向の措置を講じる場合に、雇用保険法に基づいて「雇用調整助成金」が支給されるが（雇保則102条の3）、それはこの発想に基づいている。この制度は、リーマン・ショックの時や東日本大震災の時に、失業者を減らすのに大きく貢献したし（労働政策研究・研修機構『雇用調整助成金による雇用維持機能の量的効果に関する一考察』によれば、約150万人の雇用が維持された）、その後も大きな災害時に活用されている。

それ以外にも、失業中の生活を保障する制度として「失業等給付」があるし、再就職を有利にするための「職業能力の開発」や「職業紹介」の制度がある。

2　雇用保険

(1)　制度の概要

雇用保険法によって行われる制度には、失業等給付（10条以下）と雇用保険二事業とがある。

雇用保険法は、労働者を雇用するすべての事業に適用され（5条1項）、そこで雇用される労働者が被保険者となる（一般被保険者、高年齢継続被保険者、短期雇用特例被保険者、日雇労働被保険者）。ただし、週所定労働時間が20時間未満の者、31日以上の雇用が見込まれない者は、適用対象者から除外されている（雇保法6条）。これらの者は、失業しても雇用保険によってカバーされない。非正規雇用の多くが、こうしたセーフティネットから排除されている。非正規雇用が増加する中で、この拡充が大きな課題となっている。

雇用の保険料は労働者負担部分と事業主負担部分からなる。失業等給付・育児休業給付の保険料部分については労使折半負担であり、後述の雇用保険2事業に充てられる保険料については事業主のみが負担する。また、雇用保険の保険料は、一般の事業のほかに、農林水産・清酒製造の事業と建設の事業とに区

図表1　基本手当の給付日数

会社都合退職した場合（特定理由離職者を含む）

<table>
<tr><th>被保険者であった期間
区分</th><th>1年未満</th><th>1年以上
5年未満</th><th>5年以上
10年未満</th><th>10年以上
20年未満</th><th>20年以上</th></tr>
<tr><td>30歳未満</td><td rowspan="5">90日</td><td>90日</td><td>120日</td><td>180日</td><td>－</td></tr>
<tr><td>30歳以上35歳未満</td><td>120日</td><td rowspan="2">180日</td><td>210日</td><td>240日</td></tr>
<tr><td>35歳以上45歳未満</td><td>150日</td><td>240日</td><td>270日</td></tr>
<tr><td>45歳以上60歳未満</td><td>180日</td><td>240日</td><td>270日</td><td>330日</td></tr>
<tr><td>60歳以上65歳未満</td><td>150日</td><td>180日</td><td>270日</td><td>240日</td></tr>
</table>

自己都合退職した場合

<table>
<tr><th>被保険者であった期間
区分</th><th>1年未満</th><th>1年以上
5年未満</th><th>5年以上
10年未満</th><th>10年以上
20年未満</th><th>20年以上</th></tr>
<tr><td>全年齢</td><td>－</td><td colspan="2">90日</td><td>120日</td><td>150日</td></tr>
</table>

分されており、後二者の方がより保険料が高い。

(2)　失業等給付

失業等給付の中心は求職者給付である。これは基本手当（俗に失業手当といわれる）、技能修得手当、宿舎手当、傷病手当から成る。求職者給付は、職業能力の開発・向上に努め、熱心に求職活動を行うことを前提としている（雇保法10条の２）。

一般被保険者が基本手当を受給するためには、原則として、離職の日以前の２年間に、被保険者期間が通算して12か月以上あることが必要である（同13条１項）。倒産・解雇等による離職者や、有期労働契約の満了（雇止め）その他やむをえない理由による離職者の場合には、離職の日以前の１年間に被保険者期間が通算して６か月あれば受給しうる（同２項）。

「失業」とは、被保険者が離職し、労働の意思および能力を有するにもかかわらず、職業に就くことができない状態をいう（雇保法４条３項）。受給資格者が基本手当を受給するためには、公共職業安定所に出頭して求職の申込みをし、さらに4週間に1回出頭して、失業の認定を受けなければならない（同15条2項・3項）。失業の認定は、本人が職業紹介を受けるなどきちんと求職活動を行ったことを確認したうえで行われる（同5項）。

基本手当の日額は、離職前の6か月間の賃金総額（一時金は除かれる）に基づき計算される賃金日額の50％～80％である（雇保法16条・17条。賃金日額が低いほど支給率が高くなる。なお、60歳以上65歳未満の者については45～80％）。賃金日額については、上限と下限が定められている。

基本手当の給付日数は、倒産・解雇等により離職した者（特定受給資格者）の場合（雇保法23条）と、それ以外の離職者の場合（同22条）を分けたうえで、本人の算定基礎期間（被保険者であった期間）および年齢に応じ、図表1のようになっている。上が、「特定受給資格者」（倒産や解雇による離職者）および「特定理由離職者」（有期労働契約の満了後更新されない者、正当な理由がある自己都合離職者）の場合で、下がそれ以外の「一般の離職者」の場合である。

その他の失業等給付として、失業者の早期再就職を促進するための就職促進手当、移転費、広域休職活動費から成る就職促進給付（雇保法56条の3以下）、高年齢者等の雇用が継続され失業が回避された時に支給される雇用継続給付（同61条以下）、雇用されている労働者が職場外の教育訓練を受けた場合に支給される教育訓練給付がある（同60条の2）。

(3) 雇用保険二事業

雇用保険の中には、雇用安定事業と能力開発事業が設けられている（雇保法62条以下）。

雇用安定事業には、雇用調整助成金、定年年齢引上げ、雇用延長などの高年齢者雇用促進助成、離職者の再就職促進措置助成等の助成・援助措置があり、たとえば事業主が休業を実施した場合、一定の支給限度日数内で休業手当相当額の2分の1が支給される（中小企業の場合には3分の2）。

3 職業能力の開発

労働者が雇用機会を得るためには、職業能力を獲得したり向上させることが必要である。

職業能力の開発向上のための基本法が職業能力開発法であり、国と地方公共団体による公共職業訓練に加えて、事業主にも業務遂行過程での職業訓練（OJT: On the Job Training）や有給教育訓練休暇の実施等を求めている。

同法以外にもさまざまな給付によって労働者の職業能力向上が図られる。それらは、給付の内容によって、失業者を対象とするものと、現在雇用されている者を対象とするものがある。雇用保険法では、失業者に対する教育訓練給付等の給付のほかに、現在雇用されている者に対する教育訓練給付や能力開発事業（雇保法63条）として、事業主等の行う職業訓練への助成、有給教育訓練休暇への助成等が行われる。雇用保険の失業等給付を受けられない求職者には、無料の職業訓練の実施や、職業訓練を受講しやすくするための給付金が支給される（職業訓練の実施等による特定求職者の就職の支援に関する法律）。

4　職業紹介

労働者が実際に就職するには、何らかの形での職業紹介が必要となる。職業紹介は、「求人及び求職の申込みを受け、求人者と求職者の間における雇用関係の成立をあつせんすること」をいう（職安法4条1項）。かつては職業紹介のサービスは原則として国（公共職業安定所、通称ハローワーク）が独占して無料で提供されていたが、前世紀末から民間職業紹介事業が認められるようになった（1999年の職安法改正）。

現在では、港湾運送業務と建設業務を除くすべての業務で有料職業紹介が可能である（職安法30条、32条の11）。有料職業紹介事業を行おうとする者は、厚生労働大臣の許可が必要である（同30条）。無料職業紹介には、このような制限がない。求職者からの手数料の徴収は原則として禁止されているが、求人者からは上限付きの手数料あるいは手数料表による手数料の徴収が許される（同32条の3）。

以上のほか、刊行物への広告掲載、文書の頒布、インターネットなどによる募集は自由に行える。

〈参考文献〉

・『労働法におけるセーフティネットの再構築』日本労働法学会誌111号（法律文化社、2008年）の各論文
・湯浅誠『反貧困――「すべり台社会」からの脱出』（岩波新書、2008年）
・大阪弁護士会編『貧困を生まないセーフティネット』（明石書店、2010年）

事項索引

さ

な

は

●著者紹介

和田　肇（わだ・はじめ）
[第１章・第２章・第６章・第20章]
名古屋大学名誉教授
東京大学大学院法学政治学研究科修士課程修了

『労働法の復権』（日本評論社、2016年）
『講座労働法の再生４巻／人格・平等・家族責任』（共編著、日本評論社、2017年）
『コロナ禍に立ち向かう働き方と法』（共編著、日本評論社、2021年）など

相澤美智子（あいざわ・みちこ）
[第４章・12章・15章・19章 Intro, 1～4]
一橋大学教授
東京都立大学大学院社会科学研究科博士課程修了
博士（法学、一橋大学）
『雇用差別への法的挑戦／アメリカの経験・日本への示唆』（創文社、2012年、第６回西尾学術奨励賞受賞）
「人間の尊厳／労働法学からの考察」水林彪・吉田克己編『市民社会と市民法／ civil の思想と制度』（日本評論社、2018年）
『労働・自由・尊厳——人間のための労働法を求めて』（岩波書店、2021年）など

緒方桂子（おがた・けいこ）
[第３章・第５章・第７章・第10章・第11章・第13章・第17章・第18章]
南山大学教授
大阪市立大学大学院法学研究科博士課程修了

『講座労働法の再生３巻／労働条件論の課題』（共編著、日本評論社、2017年）
『労働法（有斐閣ストゥディア）　第３版』（共著、有斐閣、2019年）
『日本の法　第２版』（共著、日本評論社、2020年）
『事例演習労働法　第３版補訂版』（共編著、有斐閣、2019年）
『コロナ禍に立ち向かう働き方と法』（共著、日本評論社、2021年）など

山川和義（やまかわ・かずよし）
[第８章・第９章・第14章・第16章・第19章５]
広島大学教授
名古屋大学大学院法学研究科博士課程修了

「労働者による企業コンプライアンスの実現」『講座労働法の再生４巻／人格・平等・家族責任』（日本評論社、2017年）
『新基本法コンメンタール　労働基準法・労働契約法　第２版』（共著、日本評論社、2020年）
『コロナ禍に立ち向かう働き方と法』（共著、日本評論社、2021年）など

日本評論社ベーシック・シリーズ＝NBS

労働法　第３版
（ろうどうほう　だいさんぱん）

2015年３月20日第１版第１刷発行
2019年２月10日第２版第１刷発行
2023年３月10日第３版第１刷発行

著　者――――和田　肇・相澤美智子・緒方桂子・山川和義
発行所――――株式会社　日本評論社
〒170-8474　東京都豊島区南大塚3-12-4
電　話――――03-3987-8621（販売）-8592（編集）
振　替――――00100-3-16
印　刷――――精文堂印刷株式会社
製　本――――株式会社難波製本
装　幀――――図工ファイブ

　ISBN 978-4-535-80698-6